法藏知津

中國佛教研究集成

初 編

杜潔祥 主編

第5冊

僧肇思想研究
——以《肇論》爲中心(下)

王月秀 著

花木蘭文化出版社

國家圖書館出版品預行編目資料

僧肇思想研究——以《肇論》為中心（下）／王月秀 著—初
版—台北縣永和市：花木蘭文化出版社，2010〔民99〕
目 4+196 面；19×26 公分
（法藏知津——中國佛教研究集成 初編：第 5 冊）
ISBN：978-986-254-262-0（精裝）
1.（晉）釋僧肇　2.學術思想　3.佛教教理
220.9203　　　　　　　　　　　　　　　　99014044

ISBN - 978-986-254-262-0

9 789862 542620

法藏知津——中國佛教研究集成
初　編　第　五　冊　　　　　ISBN：978-986-254-262-0

僧肇思想研究——以《肇論》爲中心（下）

作　　者　王月秀
主　　編　杜潔祥
總 編 輯　杜潔祥
印　　刷　普羅文化出版廣告事業
出　　版　花木蘭文化出版社
發 行 所　花木蘭文化出版社
發 行 人　高小娟
聯絡地址　台北縣永和市中正路五九五號七樓之三
　　　　　電話：02-2923-1455／傳眞：02-2923-1452
電子信箱　sut81518@ms59.hinet.net
初　　版　2010 年 8 月
定　　價　初編 36 冊（精裝）新台幣 55,000 元　　版權所有·請勿翻印

僧肇思想研究
——以《肇論》爲中心（下）

王月秀　著

目

次

第五章　〈涅槃無名論〉探析

　　〈涅槃無名論〉，〔註1〕是僧肇繼〈物不遷論〉後所作的文章，主要在闡明「涅槃」的道理，恰與闡明「般若」道理的〈般若無知論〉、闡明緣起性「空」道理的〈不眞空論〉，以及闡明「物性」道理的〈物不遷論〉，形成一個由因果關係組合而成的有機體。然而自 1938 年湯用彤提出〈涅槃無名論〉是僞作之後，該篇的眞僞歷來頗有爭議，或有學者從體裁、文筆、史實和思想諸方面分析，認爲該篇不是僧肇所作，或有學者提出相反的論據，肯定它是僧肇眞作。關於〈涅槃無名論〉的眞僞問題，本文將於第六章探討。而本章，則站於〈涅槃無名論〉是僧肇所作的立場，來探討此文的要義，以窺見僧肇的涅槃思想。

　　〈涅槃無名論〉一文，是鳩摩羅什圓寂後（弘始十五年）、僧肇往生前（弘始十六年），僧肇所著，可分爲「前表後論」：〔註2〕

　　一、所謂「表」者，即指〈奏秦王表〉。僧肇主要在「稱嘆秦王」，以及「明作論因起」。〔註3〕本章將於第一節予以探討。

　　二、所謂「論」者，即指僧肇藉由難答的方式，敷演姚興之談，因而建立「涅槃無名」之說的〈九折十演者〉。當中，僧肇假托「無名」與「有名」二人對辯，以反顯「涅槃無名」的宗趣。「無名」是「涅槃無名」的建立者，

〔註1〕見《大正藏》冊四十五，頁 157 上～161 中。本章，凡引文引自〈涅槃無名論〉者，其出處多不贅言

〔註2〕唐・元康《肇論疏》卷下，〈涅槃無名論〉注云：「此論第四，明果，申涅槃教也。論文有二：前表，後論。」（《大正藏》冊四十五，頁 189 下）

〔註3〕見唐・元康：《肇論疏》卷下，《大正藏》冊四十五，頁 190 上。

代表僧肇自己，藉由回應「有名」者的詰難，來敷演涅槃並非語言文字所能名狀之理，來闡揚「無爲而無不爲」的大乘中觀涅槃法，共有十則，因此稱爲「十演」；「有名」是「涅槃無名」的質難者，是僧肇虛擬反「無名」涅槃或不解「無名」涅槃的時人，其所代表的角色與職份在提問，以折辨「無名」的理論，共有九則，因此稱爲「九折」。「九折」與「十演」交互爲文，以難答的方式舖成全篇，所以有「九折十演」〔註4〕之稱。

若論〈九折十演者〉的結構，可分爲兩個部分：第一部分，是從【開宗第一】至【玄得第七】，主要是在討論無名涅槃之體。始於「無名」者「開宗」，後「有名」者折問「覈體」、「徵出」、「搜玄」，「無名」者則逐一以「位體」、「超境」、「妙存」作答。這一部分，本章將於第二節予以探討。另一部分，是從【難差第八】至【玄得第十九】，「有名」者折問「難差」「責異」、「詰漸」、「譏動」、「窮源」、「考得」，「無名」者則逐一以「辯差」、「會異」、「明漸」、「動寂」、「通古」、「玄得」回應。這一部分，主要在討論眾生與涅槃的關係，本章將於第三節予以探討。此外，本章第四節，則先探討姚興〈答姚嵩書〉，後釐測僧肇翼姚興「涅槃無名」說的內容。

第一節 〈奏秦王表〉析義

〈奏秦王表〉的著作緣起，在於秦王姚興將〈答安成侯姚嵩書〉請僧肇裁示，因而僧肇著有〈奏秦王表〉，表彰自己承蒙拜讀秦王姚興〈答安成侯姚嵩書〉後贊賞的心得，以及解釋自己著述〈涅槃無名論〉的行爲動機。茲可分爲八要點：

一、稱嘆秦王

僧肇於表首，即表明對秦王姚興的稱嘆：

〔註4〕所謂「九折十演」的「折」、「演」義，可參唐・元康《肇論疏》卷下云：「折，謂摧折難家之意；演，謂演暢答家之意。」（見《大正藏》冊四十五，頁192上）；元・文才《肇論新疏》卷下云：「折，謂折辨。有名興難，曰折。演，謂流演。無名通情，曰演。」（見《大正藏》冊四十五，頁229下）。此外，明・德清《肇論略注》卷五，亦近同文才義，云：「折，謂折辨，有名立難；演，爲敷演，無名通理。謂其難有九，而演有十也。意蓋以涅槃有名而難，以無名而答，以顯無名之理。」（見《卍續藏》冊九十六，頁624上）

> 僧肇言，肇聞天得一以清，地得一以寧，君王得一以治天下。伏惟
> 陛下叡哲欽明，道與神會，妙契環中，理無不統，游刃萬機，弘道
> 終日，咸被蒼生，垂文作則。所以域中有四大，而王居一焉。

僧肇表示，自己曾聽聞，天得其道將能清明，地得其道將能安寧，君王得其
道將能善理天下。僧肇稱頌姚興君王聖智英明，萬民欽服，對於涅槃之道能
心領神會，玄妙的契會大道樞紐，對於一切道理沒有不能統貫，因而不但能
從容統御天下，處理萬端事務，並能鎮日不停的弘揚佛道，其神威能庇護蒼
生，又能垂示語言文字作為大眾的軌範。僧肇並以道大、天大、地大、人大
等四大為例，推崇姚興居其中的一位。僧肇於他處且強調：

> 陛下聖德不孤，獨與什公神契，目擊道存，快盡其中方寸，故能振
> 彼玄風，以啓末俗。

僧肇稱頌秦王有聖明德性將不孤，獨能與羅什默然神契，眼睛所視，即能知
曉大道的所在，能迅速將羅什的意旨表述出來，因而能弘揚佛法，啓發無知
的世人。

由以上兩段引文可知，僧肇概在拜讀姚興〈答安成侯姚嵩書〉後，認證
姚興文中所論契合佛道，並順便善巧的稱嘆聖德。

二、明涅槃之道

僧肇云：

> 涅槃之道，蓋是三乘之所歸，方等之淵府。渺漭希夷，絕視聽之域；
> 幽致虛玄，殆非群情之所測。

僧肇說明涅槃之道乃是聲聞、緣覺，以及菩薩等三乘的歸趣，是佛教大乘經
典立言的根本。此道並是汪洋無涯，無聲無形，超出世人能見能聞的域所；
幽玄而虛寂，非常人的情見所能測度。可知此段，僧肇揭示涅槃之道是無聲
無色，非常情所能測，是「三乘之所歸，方等之淵府」。

三、明己得涅槃思想的管道

僧肇云：

> 肇以人微，猥蒙國恩，得閑居學肆，在什公門下十有餘載。雖眾經
> 殊致，然涅槃一義，常以聽習為先。

此段，可證得僧肇有涅槃思想的管道。僧肇自謙，蒙受國恩，得以在學館聽

講，在羅什門下十多年。僧肇進而表示，雖然各部佛經所宣說的妙理不一，但是有關涅槃思想的道理，主要先從聽聞學習而來。由此可知，僧肇確有涅槃思想，其主要得取的管道是「聽習」。

四、明「諮參無所」

僧肇云：

> 肇才識暗短，雖屢蒙誨喻，猶懷疑漠漠。爲竭愚不已，亦如似有解。
> 然未經高勝先唱，不敢自決。不幸什公去世，諮參無所，以爲永慨。
> 〔註5〕

僧肇自謙才疏學淺，雖屢蒙教誨開導，卻未能透徹領悟大義。竭盡所能體悟涅槃的思想，似乎有所理解，但未經明師高士先示，不敢自倡個人新論點。不幸羅什去逝，喪失可諮詢參問的良師，而成永遠的遺憾。由此段文意可推測，僧肇對涅槃有新解，應是承師羅什實相思想而有所演進，但因未曾有人提及過，因而「不敢自決」。

五、轉述並稱頌姚興〈答安城侯姚嵩書〉要義：

（一）無爲宗極

僧肇云：

> 一日遇蒙〈答安城侯姚嵩書〉。問無爲宗極，何者？「夫眾生所以久流轉生死者，皆由著欲故也。若欲止於心，即無復於生死。既無生死，潛神玄默，與虛空合其德，是名涅槃矣。既曰涅槃，復何容有名於其間哉？」斯乃窮微言之美，極象外之談者也。自非道參文殊，德侔慈氏，孰能宣揚玄道，爲法城塹。使夫大教卷而復舒，幽旨淪而更顯。尋玩殷勤，不能暫捨，欣悟交懷，手舞弗暇。豈直當時之勝軌，方乃累劫之津梁矣。

此段可分爲兩部分：一、轉述姚興答姚嵩書：僧肇提及一日，蒙接皇上姚興答覆安城候姚嵩的書信。僧肇轉述該書信的內容。「問無爲宗極，何者」，乃僧肇轉述〈答安成侯姚嵩書〉中，姚興回應姚嵩「不審明道之無爲，爲當以何爲體」〔註6〕之語。「夫眾生所以久流轉生死……，復何容有名於其間哉」

〔註5〕見《大正藏》冊四十五，頁157上。
〔註6〕見唐‧道宣：《廣弘明集》卷十八，《大正藏》冊五十二，頁229中。

此段，應是僧肇轉述姚興回應姚嵩有關何是涅槃之語。〔註7〕亦即，姚興認為眾生長久以來，流轉輪迴於生死之中而不得解脫之因，在於執著種種貪愛欲望。若內心能息止一切的妄念，即可超脫生死輪迴之苦。既超脫生死，冥潛於心神，玄寂淡默，德合太虛，則為涅槃。姚興並表示，既是涅槃，豈有名字的存在。二、稱頌姚興的答問契道：僧肇在轉述之後，稱頌姚興所言，窮盡佛典精義的玄妙，將言語的象外之意皆闡明出來。僧肇讚姚興若非與文殊菩薩合道、與彌勒菩薩合德，豈能宣揚玄妙的道理，作為護法的城塹。僧肇並讚姚興，使佛法大教隱而復明，令幽深的意旨在一度淪沒之後，再度彰顯。僧肇自述己身再三翫味，愛不釋手，時有感悟，時而欣喜，交集在胸懷，連手舞足蹈的時間都沒有。末，僧肇再度稱頌姚興，豈只是當世的好軌範，更是累世累劫眾生欲度生死河流的橋樑。由此段可知，僧肇與姚興對「無為宗極」有一致的看法，皆認為「著欲」是眾生「久流轉生死」之因，唯有「欲止於心」，才能證得究竟的無為涅槃。此外，由僧肇附議姚興「復何容有名於其間」，可知〈涅槃無名論〉的篇名取於此。

（二）有無聖人

僧肇云：

> 論末章云：「諸家通第一義諦，皆云『廓然空寂，無有聖人』。吾常以為太甚徑庭，不近人情。若無聖人，知無者誰？」實如明詔！實如明詔！夫道恍惚窅冥，其中有精，若無聖人，誰與道遊？頃諸學徒莫不躊躇道門，怏怏此旨，懷疑終日，莫之能正。幸遭高判，宗徒　然，扣關之儔，蔚登玄室。真可謂法輪再轉於閻浮，道光重映於千載者矣。

此段可分為三部分：一、僧肇轉述部分姚興回覆姚嵩有關「諸法若空」，則「道何所益」之語：〔註8〕姚興於〈答安成侯姚嵩書〉末章中說，諸家解釋佛教的

〔註7〕見唐・道宣《廣弘明集》卷十八，《大正藏》冊五十二，頁229下～230上。
〔註8〕姚嵩於書信中，曾問姚興：「無理雖玄，將恐同彼斷常。常猶不可，況復斷耶？然則有無之肆，乃是邊見之所存。……諸法若空，則無罪福。若無罪福，凡聖無泮。二苟無泮，道何所益？」（見唐・道宣：《廣弘明集》卷十八，《大正藏》冊五十二，頁229中～下。）此段話，姚嵩針對部分世人偏執「空」的論點，以及唯恐姚興所言落於偏空，於是藉由與姚興書信，以闡揚羅什不偏執「有」、「無」一端的實相。關於姚興的答問內容，僧肇轉述一部分於〈奏秦王表〉，餘文可見於唐・道宣：《廣弘明集》卷十八，《大正藏》冊五十二，

第一義諦，都說廓廓然空虛寂寞，沒有聖人的存在。姚興批評此話違悖佛理，太不近人情。姚興質問，假如沒有聖人，誰能知曉涅槃的道理？二、僧肇評論姚興的答問內容：僧肇稱讚姚興的見解極正確，進而附議，道本是若「有」若「無」，其中有精妙的深義。假如沒有聖人，誰能與大道共遊？僧肇並有感，近來不少學佛者不明箇中道理，因而在佛道門前猶豫不決，整日對沒有聖人之說心存疑慮，卻乏人指正。三、僧肇稱頌姚興：僧肇表示，幸好有姚興高明的見解，使大家疑慮頓解，並使想入佛室習道的人，得以了知玄妙的涅槃勝義。末，僧肇稱頌姚興將純正的佛法重現於南贍部洲，令大道的光輝重新映照千載。由此段可知，僧肇與姚興皆反對「寂然空寂，無有聖人」之說，皆認同「若無聖人，誰與道游」。

六、明著論緣由與方式

僧肇云：

> 然聖旨淵玄，理微言約，可以匠彼先進，拯拔高士。懼言題之流，或未盡上意，庶擬孔《易》、《十翼》之作，豈貪豐文，圖以弘顯幽旨。輒作〈涅槃無名論〉，論有九折十演。博采眾經，託證成喻，以仰述陛下無名之致。豈曰關詣神心，窮究遠當。聊以擬議玄門，班喻學徒耳。

此段，揭示僧肇著作〈涅槃無名論〉的緣由與方式。首先，僧肇婉約表達姚興聖意淵深玄奧，道理微妙，言辭簡約，可使有一定佛學基礎的先進大德、高才俗士受益匪淺，更上一層樓。但惟恐一些滯文守句之輩不能盡解姚興的旨意，因此僧肇解釋著作〈涅槃無名論〉之因，在於欲仿孔子為發揮《易經》義涵而作「十翼」，非為貪求書面文字的豐富，只是冀盼能弘揚顯說秦主姚興深幽的旨意。僧肇並解釋〈涅槃無名論〉有「九折十演」，會博采眾經，引經據典，皆是為了將姚興有關涅槃「無名」的觀點釋說明白。僧肇自謙的澄清，著作此論並非在宣告自己已證得微妙的聖心，也並非在表示已窮究高遠聖妙的道理，僅是純粹在闡明個人對涅槃思想所理解的部分，以資學佛者參考。

由此段可知，僧肇著論緣由，在於「懼言題之流，或未盡上意」；其著論目的，在「圖以弘顯幽旨」；其著作方式，是「擬孔《易》、《十翼》之作」。此外，僧肇並提及〈涅槃無名論〉中會有「九折十演」之因，在於「仰述陛

頁 230 上。

下無名之致」，而其爲文方式是「博采眾經，託證成喻」。

七、明演論宗旨

僧肇云：

> 今演論之作旨，曲辨涅槃無名之體寂，彼廓然排方外之談。

僧肇闡明〈涅槃無名論〉的撰作宗旨，是以曲折的方式演繹辨明無名涅槃的寂靜本體，並駁正世人對涅槃種種不當的認知。

八、敕令繕寫

僧肇於〈奏秦王表〉末段自謙：

> 條牒如左，謹以仰呈。若少參聖旨，願敕存記，如有其差，伏承指
> 授。僧肇言。

僧肇對姚興說，今將文章條列記錄如左，恭敬仰呈聖上。若有合乎聖意，盼姚興能敕令保留。若有不當之處，更盼姚興能予以指正。而姚興在過目〈涅槃無名論〉後的態度爲何？此答案，可見於《高僧傳》：

> 興答旨慇懃，備加贊述。即敕令繕寫，班諸子姪。其爲時所重如此。
> 〔註9〕

由姚興「敕令繕寫，班諸子姪」的行爲，可見僧肇〈涅槃無名論〉頗受姚興喝采，並爲時人所重視。

由本節所探討的〈奏秦王表〉一文可知，姚興於〈答安成侯姚嵩書〉中，曾表述自己對「無爲宗極」、有聖人「知無」，以及涅槃非「有名」等見解。僧肇在拜讀姚興〈答安成侯姚嵩書〉之後，著〈奏秦王表〉來稱頌、附議，及申論姚興的涅槃之見，從中可知僧肇著作〈涅槃無名論〉的緣由，是爲翼姚興的涅槃思想；其著作宗旨，是「曲辨涅槃無名之體，寂彼廓然排方外之談」；其著作方式，是「擬孔《易》、《十翼》之作」、「博采眾經，託證成喻」。此外，姚興有無肯定〈涅槃無名論〉，則據其「敕令繕寫」等行爲即可見之。

第二節　有關涅槃之體的對話

本節，旨探討「九折十演」中，「無名」者與「有名」者針對涅槃本體討

〔註9〕見梁・慧皎：《高僧傳》卷六，《大正藏》冊五十，頁366上。

論的對話。所探討的篇文，主以【開宗第一】至【玄得第七】爲中心。

一、導言——【開宗第一】

僧肇以「無名」者爲代言人，於十演之一的【開宗第一】中，提綱挈領表述「涅槃無名」的主張，〔註10〕啓開有關「涅槃」的話題。

（一）立說觀點——涅槃是「應物之假名」

「無名」者云：

> 泥曰、泥洹、涅槃，此三名前後異出，蓋是楚、夏不同耳。云涅槃，音正也。〔註11〕經稱有餘涅槃、無餘涅槃者，秦言無爲，亦名滅度。無爲者，取乎虛無寂寞，妙絕於有爲；滅度者，言其大患永滅，超度四流。斯蓋是鏡像之所歸，絕稱之幽宅也。而曰有餘、無餘者，良是出處之異號，應物之假名耳。

此段，主要闡述涅槃的類別、稱謂、定義，以及用處。意謂「泥曰、泥洹、涅槃」三名先後異出，其意皆同，僅譯音有別。其中，「涅槃」之稱乃爲正音。「無名」者並表示，佛經中所提及的「有餘涅槃」、「無餘涅槃」，漢譯爲「無爲」，並譯爲「滅度」。譯爲「無爲」之故，取其虛無寂寞，妙然迥異於「有爲」；譯爲「滅度」之故，取其滅盡煩惱，度脫生死。「無名」者進而說明「無爲」與「滅度」，皆爲闡明涅槃體性本空，泯絕名言相狀。而涅槃二分爲「有餘」、「無餘」之因，主爲隨順世俗、應機說法，究竟言，二者皆是假有之名。可見，「無名」者於「折」、「演」對辯的起處，即開門見山點出涅槃是「假名」的「無名」。

（二）證成其說

「無名」者提出涅槃是「無名」之後，進而以四點證成其說。

〔註10〕 參明·德清《肇論略注》卷五：「開示涅槃無名之正義，爲下答難之綱宗，亦猶四論之宗本也。一論大旨，不出此章。」（見《卍續藏》冊九十六，頁 624 上～下）

〔註11〕 唐·元康《肇論疏》卷下云：「泥曰、泥洹、涅槃下，此少許語，諸本不定。或在九折之前，或在十演之後，或在開宗之後。今謂在前爲便，取此爲定也。又有本於此語之前表文之後，題涅槃論名，然後始言泥洹、泥曰等語，亦可然也。」（見《大正藏》冊四十五，頁 191 下）元康提及〈涅槃無名論〉「泥曰……涅槃，音正也」此段經文，諸本所置不一，皆可，而認爲置於〈九折十演者〉首較妥。筆者考其文意，認爲元康個人的置法較能圓通緊銜上下文中有關有餘、無餘涅槃的論述，因此取之。

1、描述「涅槃之爲道」:「無名」者云:

> 余嘗試言之:夫涅槃之爲道也,寂寥虛曠,不可以形名得;微妙無
> 相,不可以有心知。超群有以幽升,量太虛而永久。隨之弗得其蹤,
> 迎之罔眺其首。六趣不能攝其生,力負無以化其體。潢漭惚恍,若
> 存若往。五目不睹其容,二聽不聞其響。冥冥窅窅,誰見誰曉?彌
> 綸靡所不在,而獨曳於有無之表。然則言之者失其眞,知之者反其
> 愚,有之者乖其性,無之者傷其軀。

「無名」者描述「涅槃之爲道」的各種樣貌,諸如寂寥虛曠,非外在形名可
得;微妙無相,非內在心識所能認知。超出三界九有之外,升入凡情不可測
知之境。其量等同太虛,能永久長存。欲隨之在後,卻不得其蹤;欲迎之在
前,卻不見其貌。能超脫生死輪迴,縱使自然造化之力亦無能變異其體。猶
如大氣渺茫恍惚,若存若亡。五目不能見其容狀,二聽不能聞其聲響,涅槃
之道如此幽深玄妙,非世人所能見識、聞曉。徧布天地之間,無所不在,卻
又超出「有」、「無」之外。末,「無名」者表示,涅槃若假言語表述,將喪失
眞實面貌。若有人用心識去認知涅槃,則此人將淪爲愚者。若將涅槃定之爲
「有」,則乖違道性;若將涅槃定之爲「無」,則傷害道軀。由此段的描述可
知,涅槃是「無名」、「無相」,非言語所能表詮,非心知所能識及,非五目二
聽等感官所能見聞,非「有」、「無」一端能定之。

2、舉聖者行事證涅槃之道:「無名」者云:

> 所以釋迦掩室於摩竭;淨名杜口於毗耶;須菩提唱無說以顯道,釋
> 梵絕聽而雨華。斯皆理爲神御,故口以之而默,豈曰無辯?辯所不
> 能言也。

「無名」者舉聖者行事爲證:一、《大智度論》載,佛初成道,閉門於摩竭
陀,寂靜不說法;〔註12〕二、《維摩經》載,文殊菩薩詢問維摩詰居士,何
謂不二法門,維摩詰默然無言;〔註13〕三、《般若經》載,須菩提依幻化之
喻,說而無說甚深般若之理,以顯實相,諸天神聽而無聽,雨華供之,以表
悟道。〔註14〕「無名」者舉此三例,證明涅槃非語言所能表述,因而與理相

〔註12〕參《大智度論》卷七:「釋迦文尼佛,得道後五十七日,寂不說法。」(見《大
　　　正藏》冊二十五,頁109中)
〔註13〕參《維摩詰所說經》卷二,《大正藏》冊十四,頁551下。
〔註14〕參《摩訶般若波羅蜜經》卷七,《大正藏》冊八,頁276上～277上。

契的聖者僅能「掩室」、「杜口」、「無說以顯道」，以及「絕聽而雨華」。

3、引聖言的「非有非無」明涅槃：「無名」者云：

> 經云：眞解脫者，離於言數，寂滅永安，無始無終，不晦不明，不寒不暑，湛若虛空，無名無說。論曰：涅槃非有，亦復非無，言語道斷，心行處滅。尋夫經論之作，豈虛構哉？果有其所以不有，故不可得而有；有其所以不無，故不可得而無耳。

「無名」者援引經論聖言，闡明涅槃之道是「非有非無」。首先「無名」者引經說明，涅槃是眞解脫，離於言語相數，能令諸惱俱寂、萬苦都滅。涅槃無起始、無終了，不像日夜明晦反覆，不像四季有寒暑變遷。涅槃清徹明亮，猶如虛空，是言語文字所不可表詮。次，「無名」者並引論說明，涅槃既非有，亦非無，非言語所能表達斷盡，非心識所能掌握。「無名」者就此強調，經論如此描述涅槃，非屬虛言。事實上，涅槃的確非有非無，因此絕不可執著「有」、「無」的一端詮之。由此段聖言之語的援引可證，涅槃是「無名無說」、「湛若虛空」、「非有」、「非無」、「言語道斷，心行處滅」。

4、釋涅槃「非有非無」：「無名」者云：

> 何者？本之有境，則五陰永滅；推之無鄉，而幽靈不竭。幽靈不竭，則抱一湛然；五陰永滅，則萬累都捐。萬累都捐，故與道通洞；抱一湛然，故神而無功。神而無功，故至功常存；與道通洞，故沖而不改。沖而不改，故不可爲有；至功常存，故不可爲無。然則有無絕於內，稱謂淪於外，視聽之所不暨，四空之所昏昧。恬焉而夷，怕焉而泰，九流於是乎交歸，眾聖於是乎冥會。斯乃希夷之境，太玄之鄉，而欲以有無題榜，標其方域，而語其神道者，不亦邈哉！

「無名」者於本演末了，以交互爲文的方式，推論涅槃「非有非無」之因。意謂涅槃若從「有」處尋，則因世間法皆由五蘊和合而成，本質寂滅虛無，煩惱俱盡而能與道爲一，沖虛不改，因此不可視爲「有」。反之，涅槃若從「無」處尋，則因幽深靈妙的佛道聖境恒久妙存，證理悟道湛然常在，神運無礙而無功，以致能至功常存，因此不可視爲「無」。如此，涅槃的存在非「實有」，亦非「實無」，以致無與其相符的稱謂，非耳目感官所能及，亦非禪定修行所能證知。涅槃是恬淡平等，寧靜交泰，九界眾生皆交歸於此，聖神亦冥悟證會於此。涅槃非「有」、「無」一端能表述，非稱謂能名狀，非視聽能及，非禪定能證。「無名」者繼而以「有無絕於內，稱謂淪於外」，總結涅槃不可執

爲實有或實無。末，「無名」者質問，涅槃是無聲無色之境，虛玄至極之鄉，若欲以「實有」、「實無」來標示存在與否，並表明其所居的方所，卻又認爲涅槃是玄妙之道，豈非離道更遠？

由此段可知，涅槃有沖虛不改之體，不可以「實有」定之；涅槃有隨緣應化之用，不可以「實無」定之。涅槃是「有無絕於內，稱謂淪於外」，是無名無相，是非「有」、非「無」。

本演主在呼應篇名，說明涅槃是「無名」。儘管涅槃分爲「有餘」、「無餘」兩類，亦僅是「出處之異號，應物之假名」。涅槃「無名」的緣故，在於本身非視聽能及，非禪定能證，非形名可得，無有方所，無可名狀。然而，卻不可視爲「實無」，原因在於涅槃「神而無功」，能「至功常存」；反之，亦不可視爲「實有」，原因在於涅槃「與道通洞」，能「沖而不改」。因此，涅槃是「無名」，是「非有非無」。

二、討論「名」、「實」的關係——【覈體第二】與【位體第三】

（一）「有名」者

僧肇假異議者「有名」，於九折之一的【覈體第二】，對【開宗第一】所提及的「有餘、無餘者，良是出處之異號，應物之假名」有意見，而發難。「有名」者的基本論點是，「名」必有「實」與之相應。

1、反駁觀點——「名號不虛生，稱謂不自起」：「有名」者云：

夫名號不虛生，稱謂不自起。經稱有餘涅槃、無餘涅槃者，蓋是返本之眞名，神道之妙稱者也。

「有名」者肯定，凡是名號，絕不平白無實的產生；凡是稱謂，絕不平白無故的自起。佛經中所提及的有餘、無餘涅槃，應皆有實質意義與之相應的眞名，有著神道的妙稱。可知，「有名」者主張名實必相符，反對【開宗第一】「假名」非實之說。

2、證成其說——涅槃是「眞名」、「妙稱」：

（1）「有餘涅槃」爲證：「有名」者云：

有餘者。謂如來大覺始興，法身初建。澡八解之清流；憩七覺之茂林。積萬善於曠劫；蕩無始之遺塵。三明鏡於內；神光照於外。結僧那於始心，終大悲以赴難。仰攀玄根；俯提弱喪。超邁三域，獨踏大方。啓八正之平路；坦眾庶之夷途。騁六通之神驥；乘五衍之

> 安車。至能出生入死，與物推移。道無不洽；德無不施。窮化母之
> 始物；極玄樞之妙用。廓虛宇於無疆；耀薩雲於幽燭。將絕朕於九
> 止，永淪太虛，而有餘緣不盡，餘跡不泯，業報猶魂，聖智尚存，
> 此有餘涅槃也。經云：陶冶塵滓，如鍊真金，萬累都盡，而靈覺獨
> 存。

「有名」者以「有餘涅槃」爲證。認爲所謂的「有餘涅槃」，即指如來始成正
覺，初立法身，得八解脫的功德，猶如沐浴於清流；開七覺支的心華，猶如
憩息於茂林。於三大阿僧祇劫中，修積六度萬行，並將無始無明的煩惱洗滌
清淨，沒有塵垢遺留。宿命明、天眼明、漏盡明等三種神通皆具足，猶如大
圓鏡，能鑑照不同根器的眾生，並且適機說法。由於修道之始，即發大菩提
心，有著欲渡盡有情眾生的弘誓大願，因此終會成就大慈大悲的功德，救苦
救難，廣度眾生。仰上證悟佛道，俯下拯世濟俗。超越欲、色、無色等三界
生死輪迴的過程，並有別於二乘，能獨踐大乘之道。開啓通向涅槃解脫的八
正平直大道，坦平眾多險曲的邪門外道之說，使眾生齊歸於佛。善用各種化
物應機的神通，來化度萬有，猶如良馬的馳騁；使眾生各隨其宜，乘坐人乘、
天乘、聲聞乘、緣覺乘、菩薩乘等安穩的五車，各至果地。眾生在生死輪迴
之中，佛亦隨順眾生而出生入死，應機施教，引領成佛。將真理普潤於世間，
將德行等施於眾生。佛能窮契因緣生物之理，也能窮極妙道變化之用。法界
虛空，盡遍無疆；一切智智，無幽不照。佛的行蹤，將絕止於三界眾生所處
的九地，永入寂滅的太虛。僅存渡化眾生的緣未盡，教示道義的行跡未泯。
有業必有報，猶如魂魄的隨身。聖智尚存不滅，這即是「有餘涅槃」。末，「有
名」者並引聖言爲證，說明「有餘涅槃」去除煩惱，猶如冶鍊真金。礦穢去
而真金現，煩惱盡而靈覺存。

由此段可知，「有名」者以「有餘涅槃」爲例，透由該涅槃的功德、行跡
來證明名實必相符。尤其是末段「有餘緣不盡，餘跡不泯，業報猶魂，聖智
尚存」、「萬累都盡，靈覺獨存」，更證實著「有餘涅槃」是名實如一。

（2）「無餘涅槃」爲證：「有名」者云：

> 無餘者，謂至人教緣都訖，靈照永滅，廓爾無朕，故曰無餘。何則？
> 夫大患莫若於有身，故滅身以歸無；勞勤莫先於有智，故絕智以淪
> 虛。然則智以形倦，形以智勞，輪轉脩途，疲而弗已。經曰：智爲
> 雜毒，形爲桎梏；淵默以之而遼，患難以之而起。所以至人灰身滅

> 智，捐形絕慮；內無機照之勤，外息大患之本；超然與群有永分，
> 渾爾與大虛同體；寂焉無聞，怕（泊）爾無兆；冥冥長往，莫知所
> 之。其猶燈盡火滅，膏明俱竭，此無餘涅槃也。經云：五陰永盡，
> 譬如燈滅。

「有名」者以「無餘涅槃」為證。認為「無餘涅槃」的「無餘」，即指至人教化眾生的緣已盡，靈妙照耀眾生的智慧亦滅，在虛空中沒有任何朕兆。原因在於，一切苦患以身為本，因此要滅身以歸「無」；一切辛勤勞累的有為，皆來自於世俗的智慮，因此要泯絕俗智，以契「虛」義。否則，俗智為形軀所累，將疲倦不堪；形軀為俗智所制，將日夜勞作。智、形相役，輪轉於生死的長途，將極為疲苦而不能終止。「有名」者並引聖言，說明俗智猶如雜毒，形軀猶如桎梏，幽微之道因之而愈趨愈遠，病患災難因之而生起。因此，至人捐棄其形患，斷絕其思慮，內無心智機巧緣照之勞，外亦不再受此身之苦。超然於有情眾生之外，渾然與太虛大道同體。寂無音聲，淡無形兆，冥然而往，莫知何去。形軀與智慮徹底斷滅，猶如燈盡火滅，燈油與光亮俱竭，此謂「無餘涅槃」。於此，「有名」者再度引聖言為證，說明五陰永盡，譬如燈滅。

由此段可知，「有名」者依名求實，認為「無餘涅槃」既名「無餘」，即意謂「教緣都訖，靈照永滅，廓爾無朕」、「灰身滅智，捐形絕慮」、「五陰永盡，譬如燈滅」……等。亦即，「有名」者以滅身歸無，絕智淪虛，來詮釋「無餘」。此種僅詮「無餘」字面義的觀點，以及「燈滅」的譬說，顯然與部派佛教，甚至與原始佛教「一切皆『空』」之見同出一轍。

3、從效益作難：「有名」者云：

> 然則有餘可以有稱，無餘可以無名。無名立，則宗虛者欣尚於沖默；
> 有稱生，則懷德者彌仰於聖功。斯乃典誥之所垂文，先聖之所軌轍，
> 而曰：「有無絕於內，稱謂淪於外，視聽之所不暨，四空之所昏昧。」
> 使夫懷德者自絕，宗虛者靡託，無異杜耳目於胎殼，掩玄象於宵外，
> 而責宮商之異，辨玄素之殊者也。子徒知遠推至人於有無之表，高
> 韻絕唱於形名之外。而論旨竟莫知所歸，幽途故自蘊而未顯。靜思
> 幽尋，寄懷無所。豈所謂朗大明於冥室，奏玄響於無聞者哉？

「有名」者繼上的立說與論證之後，詰難「無名」者之說自相矛盾，不足以成立。引文內容可分為兩點：一、述己說的效益：「有名」者表示，有餘涅槃

可以有稱謂，無餘涅槃可以無名。無餘涅槃「無名」的成立，可使宗奉沖虛寂默，以虛無爲依歸的人，更欣喜的崇尚無餘涅槃；有餘涅槃「有名」的成立，可使懷仰聖德者更加崇仰有餘涅槃的聖功德行。這些皆是佛經中所垂訓的明文，過去諸聖所依循的軌轍。二、詰難：「有名」者反對「無名」者定義涅槃爲「有無絕於內，稱謂淪於外，視聽之所不曁，四空之所昏昧。」認爲「無名」者對有餘、無餘涅槃錯誤認知的結果，將使懷仰聖德者絕望，使宗奉沖虛空無者無所依託。「有名」者批評「無名」者的立說，無異閉塞人的耳目、回歸母親的胎殼、掩蔽天象於雲霄之外，卻要大家分辨五音之異、黑白之殊。「有名」者還批評「無名」者所提出的，推離至人於「有」、「無」之域，唱高調以絕滅一切名相。「有名」者認爲「無名」者此說，將使大家不明瞭其所論的宗旨是什麼，即使仔細尋思，深深探究，仍未能使人有安頓身心的處所。「有名」者最後質疑，「無名」者的立說，那裏能夠照亮暗室，並且演奏美妙的音樂給未聞者聽呢？

由此段可知，「有名」者反對「無名」者「無名」的立說，而認爲有餘涅槃可「有稱」，無餘涅槃可「無名」。「有名」者並自認己說將可吸引崇尚「有」或「無」的人崇仰涅槃，由此而批評「無名」者「無名」的立說，將使「懷德者自絕，宗虛者彌託」、「寄懷無所」，不利大、小乘的弘揚。

本折，「有名」者先立說己意，然後問難。以「聖智尚存」定義「有餘涅槃」，以「灰身滅智」定義「無餘涅槃」，二者之別，在於是否內外俱盡。可知「有名」者依名求實，判定有餘、無餘涅槃皆具名副其實的實質功效。就此，「有名」者質疑「無名」者若認爲涅槃是「無名」，是「非有非無」，將有「懷德者自絕，宗虛者彌託」的災難。根據本折「有名」者內、外俱盡，「廓爾無朕」的觀點，明顯可知與姚興〈與安成侯嵩書〉所駁正的成實宗「廓然空寂，無有聖人」相互呼應，由此可推論，此處僧肇所假的「有名」者的身分，應爲成實宗、或類此宗者。

（二）「無名」者

僧肇以「無名」者作爲代言人，於「十演」之二的【位體第三】，提出回應之見。「無名」者主要以三點，來回應【覈體第二】「有名」者關於「覈體」的發難：

1、回應一——駁「名實相符」：本回應，主要是「無名」者立論「假名」，來反駁「有名」者名必有實的觀點。

（1）以「假名」觀回應之：「無名」者云：

> 有餘、無餘者，蓋是涅槃之外稱，應物之假名耳。而存稱謂者封名，
> 志器象者耽形。名也，極於題目；形也，盡於方圓。方圓有所不寫，
> 題目有所不傳。焉可以名於無名，而形於無形者哉？

「無名」者強調，「有餘」、「無餘」只是涅槃的外在稱號，隨順應物的假名。
然而世人常一聽到稱謂，便受封於名；一看到物象，便耽著於形，不能明瞭
名言的功效僅局限在某一論題之內，亦不能明瞭形相的描繪僅局限在方圓等
形式之中。「無名」者表示，涅槃是超乎方圓與名題的局限，如此豈能賦予「無
名」之物一妥善的稱謂？又豈能用形狀妥善說明「無形」之物？由此段可知，
「無名」者重申【開宗第一】「有餘、無餘者，良是出處之異號，應物之假名」
的觀點，認為「名」並非能與「實」相應，涅槃是「方圓有所不寫，題目有
所不傳」，不能「名於無名」、「形於無形」。

（2）以「權寂」說回應之：「無名」者云：

> 難序云：有餘、無餘者，信是權寂致教之本意，亦是如來隱顯之誠
> 跡也。但未是玄寂絕言之幽致，又非至人環中之妙術耳。

「無名」者定位前一難序中，「有名」者所說的「有餘」、「無餘」涅槃之理，
實是如來立教的本意，在為主張「無餘」的人顯現「有餘」的權相，為主張
「有餘」的人顯現「無餘」的寂相。亦是如來隨機應化，因權現而顯、因寂
滅而隱的兩種實跡。「無名」者並強調，「有名」者所說的「有餘」、「無餘」
涅槃之理並未溯及玄妙寂靜、非能言詮的真理的幽深境地，亦非屬聖人守於
中道的高妙方法。此段，「無名」者肯定前一難有關「有餘」、「無餘」涅槃的
立說，但認為「有名」者所言的層次，僅點出如來權寂致教的本意、隱顯的
誠跡，卻未能表明究竟之說。

（3）以「正觀」回應之：「無名」者云：

> 子獨不聞正觀之說歟？《維摩詰》言：我觀如來無始無終，六入已
> 過，三界已出。不在方，不離方。非有為，非無為。不可以識識，
> 不可以智知。無言無說，心行處滅。以此觀者，乃名正觀；以他觀
> 者，非見佛也。

「無名」者詢問「有名」者是否沒聽聞「正觀」之說？「無名」者援引《維
摩經》，經文提及已觀如來無始無終，超越生死，脫離三界。不在方所，亦不
離方所；既非有為，亦非無為；不可用六識辨別之，亦不可用惑智覺知之。

無言無說，心智絕滅。「無名」者表示，以此觀法，名爲「正觀」。若以他種觀法，不見如來。此段，「無名」者援引維摩詰居士觀如來的「正觀」之說，以闡述觀涅槃時，若能觀得「無始無終」，方而不方，爲而不爲，識而不識，「無言無說，心行處滅」，則名爲「正觀」。此段，「無名」者提供體悟涅槃「無名」的方法，在於「正觀」。

（4）以「無名之道」回應之：「無名」者云：

> 《放光》云：佛如虛空，無去無來，應緣而現，無有方所。然則聖
> 人之在天下也，寂寞虛無，無執無競，導而弗先，感而後應。譬猶
> 幽谷之響，明鏡之像。對之弗知其所以來，隨之罔識其所以往。恍
> 焉而有，惚焉而亡。動而逾寂，隱而彌彰。出幽入冥，變化無常。
> 其爲稱也，因應而作。顯跡爲生，息跡爲滅。生名有餘，滅名無餘。
> 然則有無之稱，本乎無名。無名之道，於何不名？

此段，可分爲三點：一、援引聖言爲證：「無名」者援引《放光經》，經文提及佛如虛空，沒有來去的蹤跡，應緣而現身，沒有一定的方所。二、描述聖人的行跡：「無名」者描述聖人在天下，寂寞虛無，無所執著，亦無所競爭。化導眾生，卻不強行在前。心懷大悲渡生的弘願，當感知眾生有求時，必有所回應援助。「無名」者並描述聖人猶如深谷的迴響，明鏡的映像。與之迎面，卻不知從何處來；隨而觀之，卻不知從何處去。恍惚間似乎是「有」，卻又似乎是「無」。動時更是寂靜，隱時更是彰顯。出入幽冥，變化無常。三、涅槃是「無名」：「無名」者由此導出，涅槃的名稱是適機而作。顯跡爲生，息跡爲滅。有形時，名爲「有餘」；形滅時，名「無餘」。然而關於「有」、「無」的稱呼，根本上其實是「無名」。「無名」者在此批評「有名」者何必強欲名之。由本段可知，關於涅槃「有餘」、「無餘」的稱謂，是「因應而作」，根本上是「無名」，毋須強爲之名。

（5）以「歸乎無名」回應之：「無名」者云：

> 是以至人居方而方，止圓而圓，在天而天，處人而人。原夫能天能
> 人者，豈天人之所能哉？果以非天非人，故能天能人耳。其爲治也，
> 故應而不爲，因而不施。因而不施，故施莫之廣；應而不爲，故爲
> 莫之大。爲莫之大，故乃返於小成；施莫之廣，故乃歸乎無名。

「無名」者以至人爲例，說明涅槃無定形、無定名之理。意謂至人居於方則方，止於圓則圓，在天即爲天形，在人即爲人形。如此能天能人，並非具「天」

或「人」的身分所能及，必是「非天非人」才能「能天能人」。至人的教化，是隨應眾生，無刻意有為，以致成就反而很大，所以能返於「小成」。同時，至人的教化，是因機說法，無所施設，以致施設的成就反而很廣，所以能回歸「無名」。由此段可知，「無名」者應當是描述悟道得涅槃的至人，是「非天非人」，其治化眾生，是「應而不為，因而不施」，因而能「返於小成」，「歸乎無名」。

由本回應可知，「無名」者主要是以「假名」觀，來反駁「有名」者所提出的「名號不虛生，稱謂不自起。經稱有餘涅槃、無餘涅槃者，蓋是返本之真名，神道之妙稱」此種「名必有實」的論點。「無名」者表示，「有餘」、「無餘」是涅槃的「外稱」、應物的「假名」，是「權寂致教」的本意，是「無言無說，心行處滅」，是「本乎無名」，而所謂「正觀」，即是觀「無名」涅槃之法。末，「無名」者以至人為例，強調其「非天非人」的特質，並以至人治化眾生的「應而不為」、「因而不施」，導出「小成」、「無為」，與本回應「假名」觀相呼應。

2、回應二——駁「有」、「無」：本回應，主要是「無名」者以涅槃之道「非有非無」，來駁正「有名」者的「有」、「無」觀點。

（1）引聖言回應之：「無名」者云：

> 經曰：菩提之道，不可圖度，高而無上，廣不可極；淵而無下，深不可測。大包天地，細入無間，故謂之道。然則涅槃之道，不可以有無得之，明矣。而惑者觀神變，因謂之有；見滅度，便謂之無。有無之境，妄想之域，豈足以標榜玄道，而語聖心者乎？

「無名」者援引聖言，以明涅槃之道，來反駁「有名」者有關「有」、「無」的執見。經說，菩提之道不可以思慮得之，至高無上，廣大而無極致；至深無下，幽深而不可測度。大可包天地，細可入無間，因此稱為「道」。「無名」者並以涅槃之道不可以「有」或「無」得之，來批評同如「有名」者等迷惑的人，覩佛神通變化，便說是「有」；覩佛滅度，便說是「無」。末，「無名」者表示，「有」和「無」的境界，是虛妄存想的領域，豈足能標示玄妙的道理以明聖心？由此段可知，「無名」者強調「涅槃之道，不可以有無得之」，「有無之境」是「妄相之域」，惑者不可執「有」、「無」的一端。

（2）再引聖言回應之：「無名」者云：

> 意謂至人寂怕無兆，隱顯同源，存不為有，亡不為無。何則？佛言：

　　吾無生不生，雖生不生；無形不形，雖形不形。以知存不爲有。經
　　云：菩薩入無盡三昧，盡見過去滅度諸佛。又云：入於涅槃而不般
　　涅槃。以知亡不爲無。亡不爲無，雖無而有；存不爲有，雖有而無。
　　雖有而無，故所謂非有；雖無而有，故所謂非無。然則涅槃之道，
　　果出有無之域，絕言象之徑，斷矣！

「無名」者表示，悟道的至人寂默淡泊，沒有形體跡兆，或隱或顯，同出一
源，存在時不能定爲「有」，消失時不能定爲「無」。「無名」者並引兩則聖言，
分別說明「存不爲有，亡不爲無」的道理：一、「存不爲有」：佛說，我沒有
存在，也沒有不存在，所以雖然看似存在，其實並沒有眞的存在；我沒有形
體，也不是沒有形體，所以雖然看似有形體，其實並沒有眞的有形體。二、「亡
不爲無」：經說：菩薩證悟，入無盡法的禪定三昧，完全見到過去滅度的諸佛
菩薩。經又說：入於涅槃，卻不是眞的入涅槃。「無名」者並表示，由於「亡
不爲無」，因而雖然看似不存在，其實並非眞的不存在，因此是「非無」；由
於「存不爲有」，因而雖然看似存在，其實並非眞的存在，因此是「非有」。
至此，「無名」者歸結判定涅槃的道理，是超出「有」、「無」的言說範圍，而
從言語名相的道路則不可通達。由此段可知，「無名」者旨在援引聖言，說明
涅槃之道超越有無，斷絕言象，是「非有非無」。

　　由本回應可知，「無名」者主繼【開宗第一】，進一步闡發涅槃之道是「非
有非無」，以反駁【覈體第二】「有名」者執「實有」、「實無」的觀點。

　　3、回應三——釋名「無餘」涅槃：「無名」者在上兩點回應中，闡述涅
槃是「無名」、「非有非無」後，於本回應，則重點式指出【覈體第二】中，「有
名」者對「無餘」涅槃認知的謬誤，並作一釐清。

　　（1）評謬誤處：「無名」者云：

　　子乃云：聖人患於有身，「故滅身以歸無；勞勤莫先於有智，故絕智
　　以淪虛。」無乃乖於神極，傷於玄旨者也。

「無名」者對【覈體第二】「有名」者所定義的「無餘涅槃」，即「夫大患莫
若於有身，故滅身以歸無；勞勤莫先於有智，故絕智以淪虛」有意見。亦即
「有名」者認爲，聖人以身爲大患，因此要滅身以歸無；辛勤勞累的一切有
爲，皆是因爲先有智慮，因此要斷絕智慮，以入於虛空。「無名」者則批評「有
名」者此種將一切歸於「無」之說，悖違神妙至理，有傷幽玄經旨。

　　（2）引聖言明「涅槃」是「無相」、「無心」：「無名」者云：

> 經曰：法身無象，應物而形；般若無知，對緣而照。萬機頓赴，而
> 不撓其神；千難殊對，而不干其慮。動若行雲；止猶谷神。豈有心
> 於彼此，情繫於動靜者乎？既無心於動靜，亦無象於去來。去來不
> 以象，故無器而不形；動靜不以心，故無感而不應。然則心生於有
> 心；象出於有象。象非我出，故金石流而不焦；心非我生，故日用
> 而不動。紜紜自彼，於我何為？

「無名」者援引聖言說明之。經說：法身本無真的「象」，應物時才有形；般若本無真的「知」，隨緣時才起鑑照之用。佛能在同一時隨應頓現，處理芸芸眾生的祈求，心神卻無受撓累。佛並能在同一時，適性回答眾生同時俱發的千難萬問，思慮卻不受干擾。佛「動」時，如行雲，運行不息；佛「靜」時，如谷神，能響應一切。「無名」者就此表示，佛無心於彼此之分，無妄情繫著於動靜之行。由於無心於動靜，所以能有感必應；由於無象於去來，所以能隨器現形。由此可知，佛本是「無心」，因眾生期望佛有心的存在，佛始有心；佛本是「無相」，因眾生期望能目睹佛相，佛始有相。因此，佛相並非是佛本然顯現，猶如熾烈的火鎔流金石卻不為之焦，佛也因本身無我而無災患；佛心並非由佛本然生起，因此即使日日用之，實際上則是如如不動。「無名」者最後說明，紛紛擾擾皆來自於眾生之見，與佛無絲毫關係。由此段文意可知，「無名」者主在援引聖言，說明佛本是「無相」、「無心」。假若佛有相、有心，必是緣於眾生的分別妄作。

（3）舉例明「無餘涅槃」：「無名」者云：

> 所以智周萬物而不勞，形充八極而無患。益不可盈，損不可虧。
> 寧復痾癘中逵，壽極雙樹，靈竭天棺，體盡焚燎者哉？而惑者居
> 見聞之境，尋殊應之跡，秉執規矩而擬大方，欲以智勞至人，形
> 患大聖。謂捨有入無，因以名之。豈謂採微言於聽表，拔玄根於
> 虛壞者哉？

「無名」者歸結，聖智鑑照萬物，卻不辛勞；聖形充滿八方，卻無罹患。若欲增益，卻不可使之盈滿；若欲減損，卻不能使之虧少。「無名」者舉例說明，佛陀在行向拘尸那城時，並非真的中途染疾、壽盡於雙樹林、其遺體並被火化，由此批評「有名」者等惑者，局限於所見聞的境況，卻要尋求如來隨機應變的形跡；取圓規方距，卻要擬測浩大無形的方所，還以為佛等同凡夫，因有心智而感勞倦，因有身形而有患苦，甚至還認為佛棄捨生命的「有」，而

入一切皆「空」（實無）。「無名」者批評「惑者」此見，並不能在言語之表中採摭微言大義，也並不能在虛寂之中求得大道。由此段可知，「無名」者以佛「痾癩中逹」，卻非眞的「體盡焚燎」的事跡，表明「無餘涅槃」的定義，並非像「有名」者所認爲的「捨有入無」。

由本回應可知，「無名」者主在指出「有名」者對「無餘涅槃」的認知謬誤。「無名」者認爲涅槃本身是「無形」、「無相」，是「無器而不形」、「無感而不應」。既是無身，便無身患，也不可能「捨有入無」。「無名」者並表示，若涅槃有形、有身、有相、有動靜，必是人心分別所致成。由「無名」者的文意可見，明顯在批評「有名」者有分別心，不能「採微言」、「拔玄根」。

由本演可知，「無名」者面對【覈體第二】「有名」者依名循實的發難，主要以「假名」、「非有非有」，以及涅槃是「無心」、「無相」等三點回應之：一、涅槃「有餘」、「無餘」的稱謂，是「因應而作」，是「外稱」，是「無名」，由此反駁「有名」者的「眞名」、「妙稱」之說；二、涅槃之道是「非有非無」，由此反駁「有名」者執「實有」、「實無」的觀點；三、涅槃本是「無心」、「無相」，本是無身，由此反駁「有名」者所認知的「無餘涅槃」必須「灰身滅智」的定義。

由本對話可知，【覈體第二】「有名」者對有餘、無餘涅槃的定義有誤，原因在於「有名」者僅詮有餘、無餘涅槃的字面義，未能確切領會眞正所謂的「有餘涅槃」，已經斷盡作爲生死之因的煩惱，但是由前世惑業所造成的果報身尙餘世間，生死之果尙待盡者。「有名」者亦未能確切領會眞正所謂的「無餘涅槃」，與「有餘涅槃」相對，是指生死之因果皆盡，不再受生於世間三界者。此外，「有名」者並認爲「無名立，則宗虛者欣尙於沖默；有稱生，則懷德是者彌仰於聖功」，將無餘涅槃歸爲小乘所屬，將有餘涅槃歸爲大乘所有。可見，「有名」者偏執「有」或「無」，尙無法理解大乘中觀佛學非有非無、不落兩邊的中道思想，也未能理解「名實無當」之理。因而「無名」者在【位體第三】，則以涅槃是「假名」，是「非有非無」回應之。又由於「有名」者對有餘涅槃的詮釋尙差強人意，對無餘涅槃的詮釋則有千萬里之謬，所以「無名」者並特以涅槃是「無名」、「無象」，來說明無餘涅槃並非是「灰身滅智」、「捨有入無」。要之，「無名」者說明涅槃權巧分爲「有餘」與「無餘」，皆是「假名」，二者實際上並非有異，來回應「有名」者覈實涅槃之體的答難。

三、討論涅槃何能出於「有」、「無」之外──【徵出第四】與【超境第五】

（一）「有名」者：

僧肇假異議者「有名」，於「九折」之二的【徵出第四】，針對【位體第三】「無名」者所提出的「涅槃之道，果出有無之域」發難，推徵為何涅槃之道出於「有」、「無」之外。

1、立說「有無二法」：「有名」者云：

> 夫渾元剖判，萬有參分。有既有矣，不得不無；無自不無，必因於有。所以高下相傾，有無相生，此乃自然之數，數極於是。以此而觀，化母所育，理無幽顯，恢詭譎怪，無非有也。有化而無，無非無也。然則有無之境，理無不統。經云：有無二法，攝一切法。又稱三無為者，虛空、數緣盡、非數緣盡。數緣盡者，即涅槃也。

「有名」者表示，自渾沌一體，至天地始分，既有「有」，則必有「無」。「無」不會自己成為「無」，必是相對於「有」，才有所謂的「無」。因此，「高」與「下」是相依而存，「有」與「無」是相生，這是自然的定數，而定數的根本即在於此。

依此看來，造化之母所孕育的萬物，在道理上沒有幽暗莫測、或明顯易知的區別。無論多麼離奇神異之物，無一不是「有」。「有」終將化為「無」，亦即沒有一物最後不是「無」。如此，「有」、「無」的境界，都能統攝在自然道理之中。「有名」者援引聖言，意謂「有」、「無」二法，統攝一切法。又說，有三種「無為」：虛空、數緣盡、非數緣盡。「有名」者並表示，數緣盡者，即是涅槃。由此段可知，「有名」者以老子「有無相生」為前提，並援引我國傳統宇宙生成論的思想，推論出「有無之境，理無不統」、「有無二法，攝一切法」。此外，據「有名」者視「三無為」中的「數緣盡」為涅槃，可見「有名」者以實「無」來詮釋涅槃。

2、詰難「非有非無」：「有名」者云：

> 而論云：有無之表，別有妙道，妙於有無，謂之涅槃。請覈妙道之本。果若有也，雖妙非無。雖妙非無，即入有境。果若無也，無即無差。無而無差，即入無境。總而括之，即而究之，無有異有而非無：無有異無而非有者，明矣。而曰：有無之外，別有妙道；非有非無，謂之涅槃。吾聞其語，未即於心也。

「有名」者以「有」必「實有」、「無」必「實無」的立場，詰難「無名」者的「非有非無」。「有名」者提及「無名」者曾表示，「有」、「無」之外另有高妙的道理，妙在「非有非無」，此名涅槃。「有名」者在此以推論方式，覈察「妙道」的根本，認為若妙道真的存在，雖妙卻不是「無」，則將入「有」境；若妙道實際上不存在，是「無」，即無差等，則將入「無」境。「有名」者就此總括言之而認為，推究妙道的根本，若不是「有」，即是「無」，不可能像「無名」者所言的，是「非無」。反之，「有名」者並認為，推究妙道的根本，若不是「無」，即是「有」，不可能像「無名」者所言的，是「非有」。「有名」者表示「非有非無」不足成立是十分清楚的。最後，「有名」者詰難「無名」者，豈可言「有」、「無」之外，另有妙道；「非有非無」，即是涅槃。末，「有名」者表示，自己聽聞「無名」者「非有非無」之說，未能了然於心。由此段可知，「有名」者不認同「無名」者「有無之表，別有妙道」的觀點，而認為涅槃「非無」，即入「有」境；涅槃「非有」，即入「無」境，絕不可能是「非有非無」。

由本折可知，「有名」者主以「有」、「無」必二分的立場，論證「有」、「無」相待，「非有」即是「無」，「非無」即是「有」，不能認同「無名」者「有無之外，別有妙道；非有非無，謂之涅槃」的觀點。「有名」者詰難「無名」者，「有無二法，攝一切法」，有無之外，豈可有涅槃之體？

（二）「無名」者：

僧肇以「無名」者為代言人，於「十演」之三的【超境第五】，回應【位體第四】「有名」者的詰難。

1、明「有無法」是俗諦：「無名」者云：

> 有無之數，誠以法無不該；理無不統。然其所統，俗諦而已。經曰：
> 真諦何耶？涅槃道是。俗諦何耶？有無法是。何則？有者，有於無；
> 無者，無於有。有無，所以稱有；無有，所以稱無。然則有生於無；
> 無生於有。離有，無無；離無，無有。有無相生，其猶高下相傾，
> 有高必有下；有下必有高矣。然則有無雖殊，俱未免於有也。此乃言
> 象之所以形；是非之所以生。豈是以統夫幽極，擬夫神道者乎？

「無名」者首先附議「有名」者所認為的，「有」與「無」可包涵萬法，統括萬理，但隨即表示，「有」與「無」所統攝的，僅是俗諦。「無名」者援引聖言為證，來說明真諦是「涅槃道」，俗諦是「有無法」，並以推論方式解釋聖

言。認爲所謂「有」，是相對於「無」來言「有」；所謂「無」，是相對於「有」
來言「無」。擁有他人所沒有的「有」，因此稱爲「有」；沒有擁有他人所擁有
的「有」，因此稱爲「無」。「有」與「無」有著相生的關係。一旦離開「有」，
則沒有「無」的存在；反之，一旦離開「無」，則沒有「有」的存在。「有無
相生」，猶如高低的相互依存，有高必有下，有下必有高。「無名」者由此判
定，「有」與「無」之說雖然不同，但皆屬於俗諦的「有」，「無名」者隨之解
釋這亦是「有」與「無」相對世界之所以形成、是非判斷所以生成之因。最
後，「無名」者詰難「有名」者，豈可認爲「有」與「無」足以統攝涅槃幽玄
的道理，足以推擬涅槃神妙的道理呢？由此段可知，「有名」者認爲「有無之
數，誠以法無不該，理無不統」，「無名」者附議之，但認爲「有名」者所言，
僅在俗諦的層次，而「涅槃道」屬於眞諦，不可假「有無相生」的俗諦說之。

2、明「出有無」與「三無爲」：「無名」者云：

> 是以論稱出有無者，良以有無之數，止乎六境之內。六境之內，非
> 涅槃之宅，故借出以祛之。庶悕道之流，彷彿幽途，託情絕域，得
> 意忘言，體其非有非無。豈曰：有無之外，別有一有而可稱哉？經
> 曰：三無爲者，蓋是群生紛繞，生乎篤患。篤患之尤，莫先於有；
> 絕有之稱，莫先於無。故借無以明其非有。明其非有，非謂無也。

此段，「無名」者主在更一步解釋【位體第三】中，自己所提出的「出有無」
論點，以及分析【徵出第四】「有名」者所提出的「三無爲」：一、「出有無」：
「無名」者表示，自己會提及「出有無」，實是因爲「有」與「無」僅止於六
根所觸及的六境。而六境之內，並非是涅槃的居宅，所以借用「出」字來化
除「有」、「無」相對的說法。好讓希求眞理者，對於彷若幽深之途的涅槃能
情有寄托，得其意，忘其言，體會箇中「非有非無」的道理。至此，「無名」
者批評「有名」者豈可認爲「有」、「無」之外，另別有一可稱涅槃之道的「有」。
二、「三無爲」：「有名」者在【徵出第四】，判定涅槃屬於「三無爲」中的「數
緣盡」。「無名」者則解釋佛經會提及「三無爲」，應是因爲眾生生死往來紛擾
不停而產生大患，大患最嚴重的，莫過於以執「有」爲最先。然而，若要斷
除其篤患根本的「有」，其對治之道，最重要的即是「無」。因此，佛經才會
借「無」以明「非有」之理。但佛經明其「非有」，並非要令人執「無」。

由此段可知，【徵出第四】「有名」者曾詰難「無名」者，涅槃豈可「出
有無」，「有名」者並以「三無爲」來證成己說。「無名」者則於此段加以回應，

解釋自身表示涅槃「『出』有無」的原因，在於「六境之內，非涅槃之宅」，但是並非眞的表示「有無之外」存在一「有」。此外，「無名」者解釋佛經會提及「三無爲」，用意在對治篤患最甚的執「有」者，明「非有」並非眞的在說「無」。換句話言，以「三無爲」爲涅槃者，是方便「俗諦」之談，是爲駁正世人的「有」執；反之，以「非有非無」爲涅槃者，是在詮說無可名狀的「眞諦」。

由本演可知，「無名」者主在回應【徵出第四】「有名」者關於「有」、「無」的詰難，主以三點回應之：一、明「有名」者所認知的「有無法」僅屬俗諦，「涅槃道」則屬於眞諦，不可以「有無相生」的俗諦說之。二、明涅槃「『出』有無」之因，在於「六境之內，非涅槃之宅」。三、明「三無爲」，是善巧對治之方。

由本對話可知，循名求實的「有名」者，於【徵出第四】，主要針對【位體第三】「涅槃之道，果出有無之域」而發難。認爲「有無二法，攝一切法」，因此提問有無之外，豈有涅槃之體？「無名」者於【超出第五】則表示，「有名」者所認爲的「有無二法，攝一切法」，僅屬俗諦，而「涅槃道」則屬於眞諦，不可同等視之，並指出「有名」者引以爲證的「三無爲」，僅是善巧對治之方。

四、討論涅槃何能「不出不在」──【搜玄第六】與【妙存第七】

（一）「有名」者：

僧肇假異議者「有名」，於「九折」之三的【搜玄第六】，針對【超出第五】「無名」者所表示的「涅槃既不出有無，又不在有無」發難。「有名」者云：

> 論旨云：涅槃既不出有無，又不在有無。不在有無，則不可於有無
> 得之矣；不出有無，則不可離有無求之矣。求之無所，便應都無。
> 然復不無其道。其道不無，則幽途可尋。所以千聖同轍，未嘗虛返
> 者也。其道既存，而曰：不出不在，必有異旨，可得聞乎？

「有名」者首先援引【超出第五】「無名」者所論：「涅槃既不出有無，又不在有無」，然後質疑涅槃既不在「有」、「無」之內，則不可以「有」、「無」得之；涅槃既不超出「有」、「無」，則不可離開「有」、「無」來尋求之。「有名」者以兩難的方式推論，既然涅槃於「有」、「無」內外皆不可求，即意謂涅槃

並不存在。但「無名」者卻又表示涅槃之道並非不存在。「有名」者申論，既然涅槃之道如「無名」者所言，並非不存在，則應有幽深的途徑以供尋求，使千萬佛聖同此一轍，皆能依循證道，而未徒勞而返。「有名」者認爲「無名」者既然認爲涅槃是存有，並且「不出不在」，想必另有異旨，於是請求「無名」者解釋之。由此段可知，「有名」者根據「無名」者所表示的涅槃是「不出不在」，並且「不無其道」，而加以推論必有一「幽途可尋」的涅槃之道，就此詢問「無名」者。

（二）「無名」者：

僧肇以「無名」者爲代言人，於「十演」之四的【妙存第七】，回應【搜玄第六】「有名」者關於「其道既存，而曰不出不在，必有異旨，可得聞乎」的提問。「無名」者以「妙存」爲目，乃喻涅槃存於不即不離之間，存於非有非無之中，以顯「涅槃無名」的幽妙存在。

1、「無言言之」：「無名」者云：

> 夫言由名起，名以相生，相因可相。無相無名，無名無說，無說無聞。經曰：涅槃非法，非非法，無聞無說，非心所知。吾何敢言之，而子欲聞之耶？雖然，善吉有言：眾人若能以無心而受，無聽而聽者，吾當以無言言之。庶述其言，亦可以言。

此段，可分爲三點：一、明「言」、「名」、「相」的關係：「無名」者表示，凡言說的生起，必是因爲名稱的緣故；名稱的生起，必是因爲有相的緣故；有相的生起，必是因爲有可相之物的緣故。反之，若沒有相，則沒有名稱；沒有名稱，則沒有言說；沒有言說，則聽不到什麼。二、援引聖言：經說，涅槃不在「有無法」中，也不離「有無法」，是無所聽聞，亦無所可說，並非心智所能知。三、「無言言之」：「無名」者在援引聖言之後表示，自己豈敢言「無聞無說」的涅槃。若「有名」者眞欲聽曉涅槃爲何不出不在，則由於須菩提曾說過，若大家能以「無心」而受，「無聽」而聽，我便當能以「無言言之」。「無名」者就此表示，自己將試予說明涅槃之理。

由此段可知，「無名」者透露要回答【搜玄第六】「有名」者提問的困難處，在於「涅槃非法，非非法，無聞無說，非心所知」，於是仿傚須菩提，以「無言」的方式顯道。由此段亦可知，求道者必須備有「無心而受」、「無聽而聽」等純然不計執的工夫，才能悟得「無名無說」的眞理。要之，此段表明「無名」者的答難方式是「無言言之」。

2、以「即真」工夫引領妙悟玄道:「無名」者云:

> 淨名曰:不離煩惱,而得涅槃。天女曰:不出魔界,而入佛界。然
> 則玄道在於妙悟;妙悟在於即真。即真,則有無齊觀;齊觀,則彼
> 己莫二。所以天地與我同根;萬物與我一體。同我,則非復有無;
> 異我,則乖於會通。所以不出不在,而道存乎其間矣。

「無名」者援引聖言,提供悟得涅槃玄道的方式。《維摩詰經》說,不離開煩惱,即能得到涅槃。天女亦說,不出魔界,即能入佛界。「無名」者表示,既然如此,則可知若要體會玄妙的道理在於能妙悟。妙悟的方式,在於不離萬物,如此即能知曉根本道理。若能即萬物本身而知曉其根本道理,則能夠平等看待「有」、「無」。若能平等看待「有」、「無」,便能人我無二,如此天地萬物與我將是同根一體。天地萬物與我是同根一體,則不再有「有」、「無」之分,反之,若認爲天地萬物與我不是同根一體,則不能和會一通。「無名」者最後歸結,若能等同齊視「有」、「無」,則能夠明瞭涅槃之道存在於「有」、「無」之外,以及「有」、「無」之內。

由此段可知,「無名」者提供悟得玄道的工夫論,在於「即真」,使「有無齊觀」,「彼己莫二」。如是將能明瞭天地萬物與自己是同根一體,而道即在「不出不在」中。

3、述聖人境界明「不出不在」:「無名」者云:

> 何則?夫至人虛心冥照,理無不統。懷六合於胸中,而靈鑒有餘;
> 鏡萬有於方寸,而其神常虛。至能拔玄根於未始,即群動以靜心。
> 恬淡淵默,妙契自然。所以處有不有;居無不無。居無不無,故不
> 無於無;處有不有,故不有於有。故能不出有無,而不在有無者也。

「無名」者繼上,以獲得正果的至人爲例,說明道存在於「不出不在」之間。意謂至人的心是虛靜,能冥會鑑照萬物,並能潛通至理,無理不統。胸懷天地四方,而不失靈明鑑察;鏡照宇宙萬有,而其神識常虛。所以能在萬象未始之前,超悟玄妙之理。處於千有萬變之中,而心能虛靜。至人有恬淡淵默的特質,能妙悟契合自然之理。因此至人能處於「有」中,卻不等同於「有」,因此至人在「有」中,並非真的等同於「有」;處於「無」中,卻不等同於「無」,因此至人在「無」中,並非真的等同於「無」。「無名」者由此歸結,涅槃猶如至人,皆是「不出有無」,亦「不在有無」。

4、以「無相」、「無心」明涅槃:「無名」者云:

然則法無有無之相；聖無有無之知。聖無有無之知，則無心於內；
法無有無之相，則無數於外。於外無數，於內無心，彼此寂滅，物
我冥一，怕（泊）爾無朕，乃曰涅槃。涅槃若此，圖度絕矣。豈容
可責之於有無之內，又可徵之有無之外耶？

「無名」者繼上表示，諸法沒有絕對的「有」或「無」的「相」，因此能「無相」於外；聖人沒有絕對的「有」或「無」的「知」，因此能「無心」於內。於外「無相」，於內「無心」，彼此皆歸於寂滅，物與我冥然為一，寂然而沒有任何朕兆，此名「涅槃」。「無名」者表示，如此「無相」、「無心」的涅槃，與有分別的思慮完全斷絕關係，那能像「有名」者所認為的，涅槃能在「有無之內」、又能在「有無之外」求得。由此段可知，「無名」者說明涅槃「於外無數」、「於內無心」，不可求於「有無之內」與「有無之外」。

由本演可知，「無名」者主在回答【搜玄第六】中，「有名」者關於「其道既存，而曰不出不在，必有異旨，可得聞乎」的提問。「無名」者的回應可分為四大點：一、說明答難的方式是「無言言之」。二、提供「即真」的工夫論，使「有無齊觀」、「彼己莫二」，引領妙悟「不出不在」的玄道。三、描述聖人境界，以明「不出不在」。四、說明涅槃是「無相」、「無心」，因而不可求於「有無」之內或外。

由本對話可知，於【搜玄第六】，「有名」者主要針對【超出第五】「無名」者所表示的「涅槃既不出有無，又不在有無」，而詢問「無名」者，如何求得一「幽途可尋」的涅槃之道。於【玄得第七】，「無名」者則以「無言」的方式闡述，認為要有「即真」的工夫，以妙悟「不出不在」的玄道，並進而說明，涅槃是「無相」、「無心」，因而不可求於「有無」之內或外。

由本節有關〈九折十演者〉中涅槃本體的討論可知，在【開宗第一】「無名」者將涅槃的定義、類別、特色皆提挈出來，推證涅槃是「無名」，是「非有非無」後，接著「有名」者與「無名」者分別對涅槃「名」與「實」、涅槃與「有」、「無」的關係、涅槃如何尋得等問題作討論。「有名」者代表依名循實的世人，在二元對立的思考模式下，以「聖智尚存」定義「有餘涅槃」，以「灰身滅智」定義「無餘涅槃」，認為「有」、「無」即是「實有實無」，質疑涅槃若如「無名」者所言的「不出不在」，則要如何尋得，就此詰難「無名」者之說。「無名」者代表僧肇個人，主以大乘中觀涅槃學的立場，來回答「有名」者的興難。「無名」者闡明涅槃是「無名」、「無象」、「無心」，其本體是

「非有非無」。涅槃雖分「有餘」與「無餘」，卻僅是「假名」、「稱號」。「無名」者並表示，涅槃是眞諦，「有名」者所認爲的「有無二法，攝一切法」是俗諦，二者不可同等而喻，因而涅槃可超於「有」、「無」之外。此外，「無名」者並提供尋得「不出不在」的涅槃玄道的方式，在於「即眞」。

第三節　有關涅槃與眾生關係的對話

本節，旨探討「無名」者與「有名」者有關涅槃與眾生的討論對話。所探討的篇文，主以【難差第八】至【玄得第十九】爲中心。

一、討論三乘之位與涅槃的關係——【難差第八】與【辯差第九】

（一）「有名」者

僧肇假異議者「有名」，於「九折」之四的【難差第八】，駁難「有名」者有關三乘修證的結果豈可有階位之別。

1、立說「妙一無差」的玄道

「有名」者云：

> 涅槃既絕圖度之域，則超六境之外。不出不在，而玄道獨存。斯則窮理盡性，究竟之道，妙一無差，理其然矣。

此段，主在說明「有名」者已認同「無名」者所言，涅槃是離言絕慮、非心思所能圖度的境域，是超出六境之外。涅槃不出於「有」、「無」之外，亦不在於「有」、「無」之內，自有玄妙之理獨然存在。此乃窮極萬物深妙之理，究盡諸法所稟之性，已達究竟之道，而所謂至理即是如此，僅有一體的玄妙，絲毫無別。由此段可知，「有名」者肯定「究竟之道，妙一無差」。

2、引聖言明「三乘之道」

「有名」者援引聖言：

> 而《放光》云：三乘之道，皆因無爲而有差別。佛言：我昔爲菩薩時，名曰儒童，於然燈佛所，已入涅槃。儒童菩薩時於七住，初獲無生忍，進修三位。

《放光經》說，聲聞、緣覺、菩薩的修證結果，皆因無爲而有三乘三地之別。佛說，我過去身爲菩薩時，名叫儒童，在燃燈佛處已悟入涅槃境界。儒童菩薩當時是在十住的第七不退住，剛證得無生忍，以後尚須進修八住、九住及

十住等三種位次。

3、詢問「三乘之道」

「有名」者云：

> 若涅槃一也，則不應有三。如其有三，則非究竟。究竟之道，而有
> 升降之殊。眾經異說，何以取中耶？

「有名」者認為涅槃若是一乘大道，則三乘修證的結果不應有三位之別。若
有三位之別，則涅槃不應算是根本大道。「有名」者質疑終極之道，卻有上下
位級之別，實有矛盾處，由此表示，諸經說法不一，教人如何取其中道？

由本折可知，「有名」者雖已理解「無名」者「玄道獨存」之理，卻持有
先設的立場，認為涅槃若是一乘大道，則修證涅槃者不應有三位之別；若有
三位之別，則涅槃不算是究竟至極的大道。由此提問，如何從「眾經異說」
中「取中」。

（二）「無名」者

僧肇以「無名」者為代言人，於「十演」之五的【辯差第九】，回應【難
差第八】「有名」者所責難的三乘修證之位豈有別。

1、「理無差」立說

「無名」者云：

> 然究竟之道，理無差也。《法華經》云：第一大道，無有兩正。吾以
> 方便，為怠慢者於一乘道，分別說三。三車出火宅，即其事也。以
> 俱出生死，故同稱無為；所乘不一，故有三名。統其會歸，一而已
> 矣。

「無名」者開門見山立說，涅槃之道推究至極，在道理上並沒有差別。「無名」
者引據《法華經》〔註15〕說，第一大道，沒有兩個正途。我以方便法，為怠
慢者於一乘道分別說三。並援舉該經〈譬喻品〉「三車出火宅」之喻，說明佛
為方便指引，而說三乘，使出生死，若統其會歸，僅有一乘而無分別。「無名」
者區分，由於究竟之道皆超越生死有為，所以同稱「無為」；由於超越生死的

〔註15〕僧肇概援引自姚秦‧鳩摩羅什譯《妙法蓮華經‧方便品》：「如來但以一佛乘
故，為眾生說法，無有餘乘，若二，若三。……諸佛以方便力，於一佛乘分
別說三。」此外，並援引《妙華蓮華經‧譬喻品》：「舍利弗！如彼長者，初
以三車，誘引諸子，然後但與大車。……如來亦復如是，初說三乘，引導眾
生，然後但以大乘而度脫之。」（見《大正藏》冊九，頁7中；13下）

途徑不同，所以有聲聞、緣覺、菩薩三乘之名。但是統歸會通，只有一乘法而已。由此段可知，「無名」者解釋三乘差別之說所以能成立，乃因屬於方便法，而涅槃究竟之道是「理無差」。

2、明涅槃「無差別」

「無名」者云：

> 而難云：「三乘之道，皆因無為而有差別」，此以人三，三於無為，非無為有三也。故《放光》云：涅槃有差別耶？答曰：無差別。但如來結習都盡，聲聞結習不盡耳。

「無名」者分析【難差第八】中，「有名」者會質疑《放光經》「三乘之道，皆因無為而有差別」之因，在於「有名」者誤解經意，以為有三乘，即有三種「無為」，以致與自身持說的「涅槃一也」相違。「無名」者點出，這是「有名」者自身將人分成三種，以為有三種人入於三種「無為」，實際上，「無為」並非有三種。「無名」者援引《放光經》，說明涅槃並沒有差別，只是如來斷絕一切煩惱習氣，而聲聞乘雖斷煩惱，習氣卻未斷盡。

由此段可知，「有名」者慣性思考，以為既有三乘，則應相對有三種涅槃。「無名」者則表示，眾生出生死而證得的「無為」涅槃，並沒有分成三種，是人有分別心，才誤以為涅槃有三種。而有三乘之分，在於眾生有根器高下之殊，斷習有盡或不盡的分別，以致雖皆證得同一的「無為」涅槃，卻有升降的住位之別。

3、舉喻以明彼岸無異

「無名」者云：

> 請以近喻，以況遠旨。如人斬木，去尺無尺，去寸無寸，修短在於尺寸，不在無也。夫以群生萬端，識根不一，智鑒有淺深，德行有厚薄，所以俱之彼岸，而升降不同。彼岸豈異？異自我耳。然則眾經殊辯，其致不乖。

「無名」者援舉淺近的譬喻，來比況涅槃無別的奧旨。誠如有人斬木，斬去一尺無一尺，斬去一寸無一寸。長短的計量根據，皆在於木頭的尺寸，而不取決於木頭被斬去後的「無」。由此，「無名」者表示，眾生心識不一，根機萬殊，智慧的鑑別有淺有深，道德的行為有厚有薄，所以雖皆證得「無為涅槃」，住位卻有升降之別。並非涅槃有差別，而是在於證得涅槃者識根不一，結習有盡、不盡所致成。最後，「無名」者解釋各種佛經說法不一，其歸趣是

一致，並不相違背。由此段可知，「無名」者舉「如人斬木」的例子，來說明眾生萬端，舉凡「識根」、「智鑑」、「德行」皆有別，因而有三乘的不同，但並非即表示所證的涅槃亦因此有三種。此外，「無名」者並強調眾經異說，其旨卻同。

由本演可知，【難差第八】「有名」者認為，涅槃是一，則不應有三乘；若有三乘，則涅槃應有三，由此開展「難差」的詰難。「無名」者於本演，則旨明眾生修道的條件有異，縱斷煩惱，卻因根器有殊，而有習氣殘餘或斷淨等情形，以致有三乘之別，但三乘所證會的「無為」涅槃則無異。亦即，「無名」者以三乘有異，涅槃無別來答難。

由本對話可知，【難差第八】中，「有名」者誤解經文「三乘之道，皆因無為而有差別」，以為有三乘，便相對有三涅槃，因而與自己所認知的涅槃是一之說相違，由此提問。【辯差第九】中，「無名」者則解釋涅槃究竟之道則是「理無差」，並非像「有名」者所認為的既有三乘，則應相對有三種涅槃。並解釋，「如來結習都盡，聲聞結習不盡」，眾生實因「識根不一，智鑑有淺深，德行有厚薄」，有根器高下之殊，才有所謂的三乘之別，但所證會的無為涅槃則無異。「無名」者最後強調「眾經殊辯，其致不乖」，暗示「有名」者勿執文一端。

二、討論是否有三乘之異──【責異第十】與【會異第十一】

（一）「有名」者

僧肇假異議者「有名」，於「九折」之五的【責異第十】，以「我與無為」為論題，對「無名」者在【辯差第九】所言「彼岸豈異？異自我耳」有意見，而責問「無為」涅槃既是無別，為何修證的人有三種。

1、詢問「我與無為」的關係

「有名」者云：

> 俱出火宅，則無患一也；同出生死，則無為一也。而云：彼岸無異，「異自我耳」。彼岸，則無為岸也；我，則體無為者也。請問我與無為，為一為異？

「有名」者表示，三乘皆逃出火宅，則皆免患；同樣超越生死輪迴，則將抵達相同的無為涅槃。「無名」者卻言彼岸沒有不同，不同在人。「有名」者質疑：彼岸，是「無為」岸；我，是體證「無為」者。那麼我與「無為」是同

或是不同？由此段可知，「有名」者主在詢問「我與無爲，爲一爲異」。

2、「我與無為」的兩難推論

「有名」者云：

> 若我即無爲，無爲亦即我，不得言無爲無異，異自我也。若我異無爲，我則非無爲。無爲自無爲，我自常有爲，冥會之致，又滯而不通。

「有名」者以兩難方式推論「我與無爲」的關係。假若「體無爲者」即是「無爲」涅槃，則所證的「無爲」涅槃也就等同「體無爲者」，如此「無名」者即不可認爲「無爲」涅槃相同，所不同的是「體無爲者」。反之，假若「體無爲者」與所證的「無爲」涅槃不同，則表示「體無爲者」並非眞的證得「無爲」涅槃，因而「無爲」涅槃自是「無爲」涅槃，「體無爲者」則常「有爲」，如此所謂體證者與無爲涅槃冥會一致的說法，則又說不通。此段，「有名」者主要是以推論方式，證明「我即無爲」的合理，來駁正「無名」者「彼岸無異，『異自我』」的謬誤。

3、詰難「三乘之名」

「有名」者云：

> 然則我與無爲，一亦無三，異亦無三。三乘之名，何由而生也？

「有名」者繼上的推論後，小結，認爲若「體無爲」者即是「無爲」涅槃，如此並沒有所謂的三乘。反之，若二者毫無關係，可更證明並無三乘人的存在。如此，三乘的說法由何而來？

由本折可知，「有名」者反對三乘的存在，於是透過兩難的推論，證明「我即無爲」，由此批評「無名」者的三乘之別將無法成立。「有名」者並表示，若「我異無爲」，將更無三乘存在的可能，由此暗示「無名」者三乘之說的自相矛盾。

（二）「無名」者

僧肇以「無名」者爲代言人，於「十演」之六的【會異第十一】，會通解釋三乘的相異，以回應【責異第十】中「有名」者的興難。

1、認同「我即無為」

「無名」者云：

> 夫止此而此，適彼而彼。所以同於得者，得亦得之；同於失者，失

亦失之。我適無爲，我即無爲。

「無名」者認同【責異第十】中「有名」者所推論的「我即無爲」，但是不認同「有名」者的無三乘之說。「無名」者表示，止於此岸，則同於「生死」；到達彼岸，則同於「無爲」涅槃。所以「體無爲」者能證得「無爲」涅槃時，「無爲」涅槃即等同「體無爲」者。相反的，「體無爲」者未能證得「無爲」涅槃時，則表示「無爲」涅槃與「體無爲」者相異。可知，當「體無爲」者能證得「無爲」涅槃時，「我即無爲」。此段，「無名」者認同「有名」者「我即無爲」之說，並加以申論。

2、舉譬「三鳥出網」以明「何乖不一」

繼上，「無名」者解釋三乘「不一」的理由：

> 無爲雖一，何乖不一耶？譬猶三鳥出網，同適無患之域。無患雖同，而鳥鳥各異。不可以鳥鳥各異，謂無患亦異。又不可以無患既一，而一於眾鳥也。然則鳥即無患；無患即鳥。無患豈異？異自鳥耳。

「無名」者援舉「三鳥出網」爲例，解釋「無爲」涅槃並沒有差別，爲何自己要說，「體無爲」者有三呢？譬如有三隻鳥逃離羅網，同到無患之處。無患之處相同，鳥與鳥卻彼此不同。然而吾人卻不可因鳥鳥彼此不同，而說無患之處亦不同。亦不可因無患之處是同一，而認爲眾鳥彼此亦同。如此，鳥即是「無患」；「無患」即是鳥。「無名」者強調，無患之處豈是有異？不同在於鳥自身。此段，「無名」者舉譬，說明「無爲雖一，何乖不一」之由。

3、明「異自我」

「無名」者云：

> 如是三乘眾生，俱越妄想之樊，同適無爲之境。無爲雖同，而乘乘各異。不可以乘乘各異，謂無爲亦異。又不可以無爲既一，而一於三乘也。然則我即無爲；無爲即我。無爲豈異？異自我耳。

「無名」者繼上，同理說明三乘眾生皆欲跳出無名妄想的樊籬，共同往適「無爲」解脫之境。「無爲」解脫之境是相同，但是乘與乘卻是各異。然而，卻不可基於乘與乘各異，而認爲「無爲」解脫之境亦各異。亦不可因三乘欲至相同的目的地，而將三乘說成是一。「無名」者在歸結「我即無爲，無爲即我」之後，與上一段「三鳥出網」之例相同，皆爲呼應【辯差第九】「此以人三，三於無爲，非無爲有三」，而大力強調「無爲」並無異，差異僅在於人自身。此段，「無名」者順著「三鳥出網」之喻，同理證明「我」即「無爲」，「無爲」

無異，有「異」處在於證涅槃者。

4、明有三乘

「無名」者云：

> 所以無患雖同，而升虛有遠近；無爲雖一，而幽鑒有淺深。無爲，
> 即乘也；乘，即無爲也。此非我異無爲，以未盡無爲，故有三耳。

「無名」者歸結，說明「無患」之處雖然相同，三鳥飛升至「無患」之處卻有遠近之別，同理，「無爲」涅槃雖然相同，但是體證「無爲」涅槃的三乘，其所鑑照的智慧亦有淺深之異。「無爲」涅槃可說即是三乘，三乘即是「無爲」涅槃。有三乘之名，並非即連帶表示「無爲」涅槃是不同。有三乘的緣故，實是因爲三乘證得「無爲」涅槃之後，結習有盡、不盡之別。由此段可知，「無名」者強調「無爲」涅槃即是三乘，但不因三乘有「三」，而使「無爲」涅槃亦有「三」。三乘有「三」之因，在於三乘證得同一的「無爲」涅槃之後，結習有盡、不盡之別，所鑑照的智慧有淺深之異，因而有三乘之名。

由本演可知，「無名」者主要在進一步闡明【辯差第九】中，自己所曾言的「彼岸豈異？異自我耳」等語，以反駁【責異第十】「有名」者所持的「我與無爲，一亦無三，異一無三」等見。「無名」者表示，就境界而言，能證的「三乘」，與所證的「無爲」涅槃，相即不異，但不因此表示「我」（三乘）沒有「三」。易言之，「無爲」與三乘並無不同，不同的是修證涅槃的三乘有智鑒的深淺、德行的厚薄，達到涅槃的徒徑不同，以致有三乘之名。

本對話，旨在探討證涅槃者是否有三乘之異。【責異第十】中，「有名」者對「無名」者的「彼岸豈異？異自我耳」有意見，認爲若「我即無爲」，而「無爲」是一，則不應有「三乘之名」。「無名」者於【會異第十一】中，肯定「我即無爲」的合理性，但仍是認爲「異自我」。亦即，「無名」者強調，「我」即「無爲」，「無爲」無異，而會導致「異自我」之因，在於三乘「幽鑑有淺深」，結習有盡、不盡之別，使得雖然同證「無爲」涅槃，卻有三乘之別。

三、討論結習是頓盡或漸盡──【詰漸第十二】與【明漸第十三】

本對話意旨，古今詮釋者大多歸類於，「有名」者與「無名」者在討論「悟」是頓或漸的問題，而認爲僧肇主張漸悟，反對頓悟。如元康釋名【明漸第十三】時，即言「明三乘漸悟」，〔註16〕又如古今首先提出〈涅槃無名論〉僞作

───────────────

〔註16〕見唐・元康：《肇論疏》卷下，《大正藏》冊四十五，頁 198 中。

論的湯用彤,即根據本對話,懷疑〈涅槃無名論〉是宋初頓漸爭論者所作,
或持漸悟說的慧觀所作,或是呵彌竺道生大頓悟說者所作。〔註 17〕關於湯氏
的疑點,將另文討論。然而關於詮釋者認為本對話旨在討論「悟」的頓漸,
以及僧肇持有漸悟說等觀點,筆者認為有待再商榷。因為根據本對話可知,
以「無名」者為己代言人的僧肇,並不反對頓悟的思想,但「悟」是頓或漸
的問題討論並非是本對話的重心,僧肇在本對話重在表述行者即使證得涅槃
果位,結習隨智力仍然有盡、不盡之別,以致諸如證得涅槃果位的二乘行者
結習未盡,仍有賴「日損」的漸盡工夫。亦即,本對話旨明結習是重惑,不
可頓盡。

(一)「有名」者

僧肇假異議者「有名」,於「九折」之六的【詰漸第十二】,詰難「無名」
者於【會異第十一】曾提及的「以未盡無為,故有三」之說。

1、「理無餘翳」立說

「有名」者云:

> 萬累滋彰,本於妄想。妄想既祛,則萬累都息。二乘得盡智,菩薩
> 得無生智。是時妄想都盡,結縛永除。結縛既除,則心無為。心既
> 無為,理無餘翳。

「有名」者表示,萬般煩惱苦累的滋生,根本上皆來自於無明妄想。若能祛
除妄想,將能停息苦累。體證「涅槃」時,二乘得盡智,菩薩得無生智。如
此妄想都盡,結縛永遠除去。結縛既除,則心即是「無為」。心既是「無為」,
依理而言,則無復有翳障未盡。此段可見,「有名」者認為,若能證得「無為」
涅槃,即等同「妄想都盡,結縛永除」,心將是「無為」,並且「理無餘翳」。

2、引聖言駁「體而未盡」

「有名」者云:

> 經曰:是諸聖智不相違背,不出不在,其實俱空。又曰:無為大道,
> 平等不二。既曰無二,則不容心異。不體則已,體應窮微,而曰:
> 體而未盡,是所未悟也。

「有名」者援引聖言為證。佛經說,聲聞、緣覺、菩薩等三乘聖者的智慧沒

〔註 17〕見湯用彤:《漢魏兩晉南北朝佛教史》(下),臺北:駱駝出版社,1996 年 1
月一版二刷,頁 670~673。

有互相違背之處，不超出世間，亦不在世間，實際上皆立基於「空」性的基礎上。佛經又說，「無為」的大道，平等不二。「有名」者由此表示，「無為」涅槃既是不二，則不容許體證「無為」涅槃者的聖心有異。行者不能體證「無為」涅槃即罷，一旦有體證，則應體證窮盡至最微妙之處。於此，「有名」者定位「無名」者所言的「體而未盡」，仍是指行者尚未悟入涅槃的境界。此段可見，「有名」者仍是循名求實，認為行者「不體則已，體應窮微」，若「體而未盡」，則仍屬「未悟」。據文意，可知「有名」者在批評「無名」者，豈可言證得「無為」涅槃者體證的不夠徹底。「有名」者並劃分「體而未盡」仍屬「未悟」，認為若有證悟，即應「體應窮微」，由此來詰難「無名」者「未盡無為」之說。

　　由本折可知，「有名」者認為能證得「無為」涅槃，則「理無餘翳」，而且「不體則已，體應窮微」，由此表示【會異第十一】「無名」者所提及的「以未盡無為，故有三」之說，仍屬「未悟」的境界，「無名」者不可言已證涅槃。由此可知，「有名」者「結縛永除」、「理無餘翳」之說，與僧肇〈奏秦王表〉中所提及的姚興批評成實宗「廓然空寂」之說相似，可推知此折的「有名」者明顯可代表小乘執「空」的成實宗。

　　（二）「無名」者

　　僧肇以「無名」者為代言人，於「十演」之七的【明漸第十三】，闡明結習是重惑，不可頓盡，以反駁【詰漸第十二】中「有名」者所倡導的「理無餘翳」的「頓盡」說。

　　1、明「所乘不一」

　　「無名」者云：

　　　　無為無二，則已然矣。結是重惑，而可謂頓盡，亦所未喻。經曰：
　　　　三箭中的，三獸渡河。中渡無異，而有淺深之殊者，為力不同故也。
　　　　三乘眾生俱濟緣起之津，同鑒四諦之的，絕偽即真，同升無為。然
　　　　其所乘不一者，亦以智力不同故也。

此段，可分為三點：一、指出謬誤：「無名」者表示，關於「無為」涅槃非異的道理，「有名」者雖已能了然於胸，卻未能明瞭結習是無始以來累積的重惑，不可頓盡。二、援引聖言二喻為例：佛經說，三人射箭，同中靶心；象、馬、兔等三獸過河，所渡的河是相同。「無名」者說明，關於三箭的入的，以及三

獸的入水，皆有淺深之別，這是因為射箭者的射力，以及三獸渡河的能力，有所不同之故。三、申說「所乘不一」之理：「無名」者表示，三乘眾生皆乘渡生死之河的梁筏，皆明鑑苦、集、滅、道等四聖諦法的真義，自能斬斷煩惱，證悟涅槃，同升「無為」涅槃。但是所乘之道有聲聞、緣覺、菩薩等三乘之別，這是因為斬斷習氣的智力有所不同的緣故。

由此段可知，「無名」者先是點出「有名」者未能明瞭「結是重惑」，不可頓盡。繼而引喻說明眾生所證的「無為」涅槃是相同，但因各自「智力不同」的緣故，所以有三乘之別。

2、明結習不能「頓盡」

「無名」者云：

> 夫群有雖眾，然其量有涯，正使智猶身子，辯若滿願，窮才極慮，莫窺其畔。況乎虛無之數，重玄之域，其道無涯，欲之頓盡耶？書不云乎：為學者日益；為道者日損。為道者，為於無為者也。為於無為，而曰日損，此豈頓得之謂？要損之又損之，以至於無損耳。
>
> 經喻螢日，智用可知矣。

「無名」者表示，萬物種類雖然很多，數量卻是有限。雖是如此，但是當行者的慧智才能同如「智慧第一」的舍利弗，以及「辯才第一」的富樓那，並且窮其才能，極其思慮，亦不能窺知萬物種類的全部。「無名」者詢問，何況虛無的「空」義，玄之又玄的涅槃境界，其道理是無有窮盡，行者豈可因證得涅槃而頓斷了盡重重結習？「無名」者繼而援引《老子》「為學日益，為道日損」之文，來說明所謂的「為道者」，即是以「無為」的心去處理諸事的人。以「無為」的心去處理諸事，此稱「日損」之因，在於「為道者」無法頓然獲得永斷煩惱的智力。「無名」者強調，眾生的結習有賴「損之又損」，以至於無損的工夫。「無名」者並援引佛經說，二乘斬斷習氣的智力，猶如螢火之微；菩薩永斷習氣的智力，喻同日光之明。至此，「無名」者小結，二乘與菩薩智慧的力用，即可見於斬斷習氣盡或不盡上。

「為學者日益，為道者日損」，原是老子用來說明求道者必須要有「日損」俗智的工夫，以達聖人「無知」、「無為」的境界，在【明漸第十三】中，則成為「無名」者用來說明證得涅槃者本身所餘存的習氣，有賴「為於無為」的「日損」工夫才能斷盡。由此可知，「無名」者雖假借老子的語彙，其義涵則不同，亦可知，「無名」者強調行者證得涅槃後，結習隨三乘智力而有盡、

不盡之別，對於餘存的習氣，必須要有「爲於無爲」的「日損」工夫。此外，亦可知「無名」者的「漸盡」說，可與【辯差第九】「如來結習都盡，聲聞結習不盡」相互呼應，意謂著由於三乘的智用不同，所以三乘的結習不可皆頓盡。

由本演可知，「無名」者旨以結習「漸盡」說，來駁正【詰漸第十二】中「有名」者的結習「頓盡」說。「無名」者主要有兩點主張：一、結習是重惑，即使行者皆證得涅槃，卻不能皆「頓盡」結習，聲聞、緣覺等行者必須有賴「損之又損」的工夫才能祛盡結習。二、三乘斬斷結習的智力有別，結習因而有盡、不盡之殊，並不像「有名」者所言的，「妄想都盡，結縛永除」。

本對話，旨在討論證得涅槃果位的行者，其結習是「頓盡」，或者仍有賴「日損」的「漸盡」工夫。「有名」者反對【會異第十一】「無名」者的「未盡無爲，故有三」之說，認爲一旦行者證得「無爲」涅槃，即等同「妄想都盡，結縛永除」、「理無餘翳」，並認爲「體而未盡，是所未悟」。「無名」者則回應，結習是重惑，證得涅槃者往往囿於智力而不能頓盡，常有賴「漸盡」的「日損」工夫。

本對話，易令人混淆誤判「無名」者以「漸悟」說，駁正「有名」者的「頓悟」說。但考察內文，實可發現「有名」者與「無名」者主在針對【會異第十一】「未盡無爲，故有三」作討論，二者主以不同類型的頓悟立場，討論頓悟者的結習是頓盡或漸盡。

如何證明「有名」者與「無名」者皆持頓悟說呢？「有名」者持頓悟說，顯見於【詰漸第十二】「妄想都盡，結縛永除」、「則心無爲」、「理無餘翳」。「無名」者持頓悟說，明顯可見於【明漸第十三】「絕僞即眞，同升無爲」。再者，根據「無名」者他處的立說，諸如【妙存第七】「玄道在於妙悟，妙悟在於即眞」、【會異第十一】「我適無爲，我即無爲」、「無爲即乘也，乘即無爲也」，皆可證明「無名」者乃持頓悟說。此外，自【譏動第十四】以下的幾則對話，亦可見得「無名」者以頓悟作爲持說的立場。

那麼「有名」者與「無名」者的頓悟說，有何差別呢？據本對話可知，「有名」者以爲行者既證得涅槃，即「妄想都盡，結縛永除」、「理無餘翳」、聖智「俱空」，並且「不體則已，體應窮微」。「有名」者此種觀點，如同於【覈體第二】中，以爲「無餘涅槃」即是「教緣教訖，靈照永滅，廓爾無朕」、「灰身滅智，捐形絕慮」、「猶燈盡火滅，膏明俱竭」，有著執文生義、二元對立的

思考作風。「無名」者於本對話中，說明頓悟者在證得涅槃後，因智力緣故，往往不能頓然斷盡重重的結惑，因此必須有賴「爲即無爲」的「日損」工夫。吾人若檢討「有名」者與「無名」者的頓悟說，可知「無名」者之說較符合常理，原因在於「有名」者忽略頓悟者所祛盡的煩惱，乃是屬於「事惑」，有關障覆中道之理的「理惑」，頓悟者則尚未斷盡，實有賴「無名」者所提供的「日損」工夫才行。

四、討論「動」、「寂」的關係──【譏動第十四】與【動寂第十五】

（一）「有名」者

僧肇假異議者「有名」，概對【明漸第十三】「無名」者「損之又損之」的「漸盡」工夫有感而發，而於「九折」之七的【譏動第十四】，質疑涅槃若是寂滅，證涅槃者何能「進修」、「積德」？「有名」者主援引聖言以問難：

> 經稱：法身已上入無爲境，心不可以智知，形不可以象測，體絕陰入，心智寂滅。而復云：進修三位，積德彌廣。夫進修本於好尚，積德生於涉求。好尚，則取捨情現；涉求，則損益交陳。既以取捨爲心，損益爲體。而曰：體絕陰入，心智寂滅。此文乖致殊，而會之一人，無異指南爲北，以曉迷夫。

「有名」者提及，佛經說，佛的眞身已上入無爲的境界，其心智不可用俗智測知，其形體不可用世間相狀測擬，佛的眞身的形體實超絕五陰、六入而無相，其心智實是寂滅。但佛經又說，爲了證入「無爲」涅槃，行者必須進修三位，使所積累的功德更爲廣大。「有名」者表示，行者進修三位，本出於對涅槃有所愛好與崇尚；積累功德，則生於對涅槃欲加涉入與追求。由於有所好尚，行者將顯現取優捨劣的心意；由於有所涉求，行者的形體將有減損或增益。至此，「有名」者質疑佛經所言「體絕陰入，心智寂滅」，與佛經他文，有文義相違、自相矛盾之處，而會之於求道者身上，則猶如指南爲北來曉示迷路者。

本折，「有名」者旨援引佛經二說：一、「上入無爲境」的法身，「體絕陰入，心智寂滅」；二、「進修三位，積德彌廣」，來表示「文乖致殊」，由此興難。亦即，「有名」者主在質難證得涅槃的行者，何能在證入涅槃寂靜之境後，又能進修涉動。

（二）「無名」者

僧肇以「無名」者爲代言人，於【動寂第十五】，回應【譏動第十四】中，

「有名」者「譏動」的興難。

1、明「爲即無爲」

「無名」者云：

> 經稱：聖人無爲，而無所不爲。無爲，故雖動而常寂；無所不爲，
> 故雖寂而常動。雖寂而常動，故物莫能一；雖動而常寂，故物莫能
> 二。物莫能二，故逾動逾寂；物莫能一，故逾寂逾動。所以爲即無
> 爲；無爲即爲。動寂雖殊，而莫之可異也。

「無名」者援引聖言「聖人無爲，而無所不爲」，推演「動靜一如」之理。意謂聖人因爲「無爲」，所以雖然隨時有救苦救難、渡化眾生的菩薩行，其實內心常是寂靜，因而現象界萬物的流變不能影響其心識，因此愈是應對進退於萬象變千的動態環境中，心愈是寂靜；聖人因爲「無所不爲」，所以雖然看似寂靜，其實常因感應到眾生的需求而化身千萬，以救苦救難，因此心愈是寂靜，則愈能有深刻感應而有渡化眾生的菩薩行。「無名」者由此歸結「爲即無爲，無爲即爲」。「動」、「寂」雖殊，但並非不同。

由此段可知，「無名」者主要在說明「爲」的「動」，以及「無爲」的「寂」，二者功用雖不同，但究竟上則是相同，亦即「動」即「寂」，「爲即無爲，無爲即爲」。「無名」者以「逾動逾寂」、「逾寂逾動」的合理，來表示證得七住以上涅槃境界的「體無爲者」，其進修三位雖屬漸修的活動，但其「動」實無礙「體無爲者」的「寂」體，由此駁正「有名」者「譏動」之誤。

2、駁聖心的「有」、「無」說

「無名」者云：

> 《道行》云：心亦不有，亦不無。不有者，不若有心之有；不無者，
> 不若無心之無。何者？有心，則眾庶是也；無心，則太虛是也。眾
> 庶止於妄想，太虛絕於靈照。豈可止於妄想，絕於靈照，標其神道，
> 而語聖心者乎？

「無名」者援引聖言，來說明心是「不有不無」。《道行經》〔註18〕說，心亦不是眞實的存在，亦不是眞實的不存在。不是眞實的存在，所以不像眾生以爲自己的心是眞實的存在；不是眞實的不存在，所以不像太虛無情而絕然沒有眞實的心的存在。「無名」者解釋，「有心」，是眾生以爲自己的心眞實的存

〔註18〕概援引自後漢・支婁迦讖譯《道行般若經・道行品》：「心亦不有，亦不無，亦不能得，亦不能知處。」（《大正藏》冊八，頁425下）

在；「無心」，是太虛無情而沒有眞實的心的存在。「無名」者表示，眾生的「有心」是停留於妄想之域，太虛的「無心」是絕意鑑照一切。如此豈可將停留於妄想之域的「眾庶」心，以及斷絕靈明玄照的「太虛」心，標示爲聖神的道路，並將「眾庶」心與「太虛」心說成是聖者的心呢？此段，「無名」者主在說明聖心不是「有心之有」，不是「無心之無」，在語意中點出「有名」者誤將聖心與「眾庶」心、「太虛」心混同。

3、明聖心「不有不無」

「無名」者云：

> 是以聖心不有，不可謂之無；聖心不無，不可謂之有。不有，故心想都滅；不無，故理無不契。理無不契，故萬德斯弘；心想都滅，故功成非我。所以應化無方，未嘗有爲；寂然不動，未嘗不爲。經云：心無所行，無所不行。信矣！

「無名」者繼上後強調，聖心不是眞實的存在，但不可由此判定是眞實的不存在；聖心不是不眞實的存在，但不可由此判定是眞實的存在。聖心不是眞實的存在，因而絕滅一切心識妄想，所以功行圓滿卻不居功；不是眞實的不存在，因而妙契一切玄理，所以能盛弘一切功德。「無名」者歸結，因此聖人應化無窮，未嘗算是刻意有作爲；寂靜不動，未嘗算是沒有作爲。「無名」者並援引聖言爲證說，聖人的心念是沒有刻意要有所作爲，因而能成就一切事。誠如聖言所言。由此段可知，「無名」者主在說明聖心是「不有不無」，因而不可根據「應化無方」或「寂然不動」，而判定聖心是「有爲」或「不爲」的一方。

4、明「心彌虛，行彌廣」

「無名」者云：

> 儒童曰：昔我於無數劫，國財身命，施人無數，以妄想心施，非爲施也。今以無生心，五華施佛，始名施耳。又，空行菩薩入空解脫門，方言：今是行時，非爲證時。然則心彌虛；行彌廣。終日行，不乖於無行者也。是以《賢劫》稱無捨之檀；《成具》美不爲之爲；禪典喝無緣之慈；《思益》演不知之知。

「無名」者提及，儒童菩薩說，過去我曾在極漫長的時間中，將無數的國家財富，以及個人身命，佈施給許多人，但是由於我是以妄想心來刻意進行佈施，所以不算是眞的佈施。如今我以不刻意有爲的心念，雖僅簡單以五莖蓮

花獻呈燃燈佛，卻才堪稱是眞正的佈施。「無名」者並提及，修空行的菩薩入空解脫門時說，現在是施行空解脫的時候，不是求證自己是否有解脫相的時候。「無名」者由此表示，心越是虛寂，積德行事愈是廣博。雖鎮日行事，卻與無行事者無別。「無名」者再度援引聖言，以證己說。謂，《賢劫經》稱頌無捨而施行彌勤的佈施，《成具經》讚美不刻意有爲的爲，宣講禪法的典籍大唱無刻意攀緣的慈悲，《思益經》演說無刻意有知的眞知。

此段，「無名」者旨在援引聖言，來說明聖人對「施」、「行」、「捨」、「爲」、「慈」、「知」等，皆非刻意爲之。可知，「無名」者的「心彌虛，行彌廣」之說，概在論證「涉求」非「損益交陳」，「好尙」非「取捨情現」，以反駁「有名」者所認爲的「心智寂滅」與「積德彌廣」是自相矛盾之說。

5、明「不盡有為，不住無為」

「無名」者云：

> 聖旨虛玄，殊文同辯。豈可以有爲便有爲，無爲便無爲哉？菩薩住盡不盡平等法門，不盡有爲，不住無爲，即其事也。而以南北爲喻，殊非領會之唱。

「無名」者最後表示，佛經意旨是非常虛無玄妙，各經文字的敘述即使有異，但所欲辯明的義趣則是同一。由此來批評「有名」者，豈可執著文句，以爲經說「有爲」，便眞的是「有爲」；經說「無爲」，便眞的是「無爲」。「無名」者並以菩薩爲例，說明菩薩住於盡不盡平等法門時，不全然停頓在有所作爲上，也不滯留在無所作爲上。「無名」者在肯定菩薩無執之心行事之後，批評「有名」者以「指南爲北」爲喻，實是未能領會聖人玄妙之語。由此段可知，「無名」者主在說明「聖旨虛玄，殊文同辯」，絕不可執文一端，而以爲是眞理，由此批評「有名」者「非領會之唱」。

由本演可知，「無名」者旨在回應【譏動第十四】中，「有名」者「譏動」的興難。其回應之說，可分四點：一、明「爲即無爲」、「逾動逾寂」、「逾寂逾動」等說合理，以駁正「有名」者所以爲的，「心智寂滅」的「寂」不可有「進修三位」的「動」。二、明聖心是「非有非無」，非等同「有心之有」、「無心之無」，以駁正「有名」者「取捨爲心，損益爲體」之說。三、援引聖言，明「心彌虛，行彌廣」，以駁正「有名」者「動」與「寂」不可兼具之說。四、明「聖旨虛玄，殊文同辯」，籲「有名」者不可執文。要之，「無名」者旨以「動」與「寂」非異，來回應「有名」者「譏動」之說。

本對話，旨在探討心智寂滅，是否有進修、積德的可能，亦即在討論「動」與「寂」是否能「會之一人」。內容是，「有名」者於【譏動第十四】中，以慣性思考的方式，設「動」與「寂」是對立矛盾，由此質疑證入寂靜涅槃者，何以能進修涉動。「無名」者則於【動寂第十五】，說明聖人是以無爲的心，來無所不爲，其心是「非有非無」，由此論證菩薩漸修，雖有「好尚」、「積德」，卻無礙「無爲涅槃」的體。「無名」者實合理成立「動」與「寂」可兼俱之說。

五、討論涅槃有無始終──【窮源第十六】與【通古第十七】

（一）「有名」者

僧肇假異議者「有名」，於「九折」之八的【窮源第十六】，以涅槃「有始有終」說，詰難「無名」者的涅槃「無始無終」說。「有名」者云：

> 非眾生無以御三乘，非三乘無以成涅槃。然必先有眾生，後有涅槃，是則涅槃有始，有始必有終。而經云：涅槃無始無終，湛若虛空。則涅槃先有，非復學而後成者也。

「無名」者曾於【開宗第一】、【位體第三】分別援引聖言，說明涅槃「無始無終」，「有名」者於【窮源第十六】，則以兩難的方式推論「無名」者此說不可成立：一、「有名」者順著常人慣性思考的方式表示，沒有眾生，將不能駕御三乘。眾生沒有駕御三乘，將不能達到涅槃。因而，必先有眾生，才有所謂的涅槃。如此，涅槃是有起源，既有起源，則必有終點。二、「有名」者提及「無名」者曾在【開宗第一】、【位體第三】所援引的聖言，即涅槃是沒有始終，澄澈的猶如虛空。「有名」者推論，依經意可知，涅槃必是先有，不是透由眾生修學而後才有。可見，「有名」者在語意中，點出「無名」者既言涅槃「無始無終」，卻又強調三乘須有「進修」、「日損」的工夫，彼此實有自相矛盾處。

由此段可知，「有名」者藉由涅槃與眾生的關係，論證涅槃「有始有終」說的合理，以及點出「無名」者的涅槃「無始無終」說的謬誤。意謂若先有眾生，才有涅槃，則涅槃必是有始有終；若涅槃是無始無終，即表示涅槃早於眾生存在，則眾生不必透由修學來得涅槃。「有名」者由此暗示「無名」者既強調「進修」，則涅槃「無始無終」說將不得成立。

（二）「無名」者

僧肇以「無名」者爲代言人，於「十演」之九的【通古第十七】，回應【窮

源第十六】中「有名」者對涅槃有無始終的論點。

1、明「物我不異」

「無名」者云：

> 夫至人空洞無象，而萬物無非我造。會萬物以成己者，其唯聖人乎！
> 何則？非理不聖；非聖不理。理而爲聖者，聖不異理也。故天帝曰：
> 般若當於何求？善吉曰：般若不可於色中求，亦不離色中求。又曰：
> 見緣起爲見法；見法爲見佛。斯則物我不異之效也。

「無名」者表示，所謂體證涅槃境界的聖（至）人是虛空無實象，而萬物無不是由聖人所造。會歸萬物，而成一體者，唯有聖人能作到。「無名」者解釋其因在於，沒有證得緣起性空之理，將不能成爲聖人；沒有聖人，將不能證得緣起性空之理。由於證得緣起性空之理，所以能成爲聖人，而成爲聖人者將不違背緣起性空之理。「無名」者援引聖言爲證。天帝釋問：般若應當於何處求？解空第一的須菩提答：般若不可在現象界中求得，也不可離開現象界求得。須菩提又答：能見緣起，則能見法；能見法，則能見佛。「無名」者解釋聖言，認爲這皆是萬物性空之理與聖人非相異的效用所致成。由此段可知，「無名」者藉由推論聖人與萬物的關係、聖人與眞理的關係、般若與「色」的關係，以及佛與緣起法等關係，來論證「物我不異」之理，亦即論證眾生與涅槃是不異。

2、明涅槃是「浩然大均」

「無名」者云：

> 所以至人戢玄機於未兆，藏冥運之即化；總六合以鏡心，一去來以
> 成體。古今通；始終同。窮本極末，莫之與二。浩然大均，乃曰涅
> 槃。

「無名」者接續表示，聖人收斂心神，使其智證理，冥然相契，而不存朕兆，並使其智鑑照潛藏在萬象變化之間的眞諦，而與萬物同體。聖人的心皎潔如明鏡，能很清楚宇宙上下四方的事理。昔、今、未等三世皆在一念之中成爲一體。古、今是相通，始、終是相同。窮究其本，極盡其末，二者並非相異。如此，浩浩然廣無邊際，所有差別皆是均一無異，此名涅槃。此段，「無名」者以聖人境界來定義「涅槃」。意謂證入涅槃的聖人，以智鑑理，能與萬物齊一，因而視古今、始終、本末等皆「浩然大均」。可知，「無名」者當是暗示涅槃「浩然大均」，並非屬於有始有終、或無始無終的討論範疇，以此駁「有

名」者。

3、明涅槃即是眾生

「無名」者云：

> 經曰：不離諸法，而得涅槃。又曰：諸法無邊，故菩提無邊。以知涅槃之道，存乎妙契；妙契之致，本乎冥一。然則物不異我；我不異物。物我玄會，歸乎無極。進之弗先；退之弗後。豈容終始於其間哉？天女曰：耆年解脫，亦何如久？

「無名」者援引聖言明「涅槃」非「終始於其間」。經說，不離諸法，而能證得涅槃。又說，諸法無邊際，所以菩提亦無邊際。據此可知，欲知涅槃之道，取決於能否妙契諸法實相。妙契的極致，根本上即是與物冥合為一。如此物不是不同於我，我亦不是不同於物。我與萬物玄妙的契會，歸於無極的境界。欲推涅槃向前，卻不能使之爭先；欲推涅槃向後，卻不能使之落後。如此，豈能容許恆存於中間的涅槃有所謂的始、終呢？最後，「無名」者援引聖言以駁「有名」者之說。即《維摩詰經·觀眾生品》中，天女曾問，老人家證得涅槃，要如何才算久？

由此段可知，在「無名」者的思維模式中，「菩提」與「涅槃」是相通，而文中的「我」義同上段引文，皆是指「體無為者」，亦即指眾生。「無名」者主在說明眾生與涅槃是不異，沒有孰先孰後的問題，因為根本無從比較。這猶如「耆年解脫」，非屬久近之時，則如何計其久長。要之，「無名」者以涅槃即是眾生，來質問「有名」者「豈容終始於其間」。

由本演可知，「無名」者旨以眾生即是涅槃，彼此之間不存在先後的關係，來反駁【窮源第十六】中「有名」者所倡的涅槃「有始有終」說。「無名」者在回應過程中，透露物、我、聖人、萬物、真理、般若、色、佛、緣起法、眾生、涅槃等等，彼此皆是「不異」。此說，與僧肇〈不真空論〉「即萬物之自虛」、「契神於即物」相互呼應。「無名」者強調萬物即是真理，眾生即是涅槃，涅槃「有始有終」說的命題並無存在的可能。

本對話，旨在藉由涅槃與眾生的關係，來討論涅槃是否有始有終。【窮源第十六】中「有名」者推證先有能證的眾生，才有所證的涅槃，因而涅槃「有始有終」說必合理成立，並暗示「無名」者涅槃「無始無終」說是謬誤。【通古第十七】中，「無名」者則以「智」與「理」冥然為一、「物我不異之效」等說，證明眾生即是涅槃，二者無先無後，因而涅槃是無始無終。

六、討論衆生能否得涅槃──【考得第十八】與【玄得第十九】

（一）「有名」者

僧肇假異議者「有名」，於「九折」之九的【考得第十八】，質疑衆生能否證得涅槃。「有名」者云：

> 經云：衆生之性，極於五陰之內。又云：得涅槃者，五陰都盡，譬猶燈滅。然則衆生之性，頓盡於五陰之內；涅槃之道，獨建於三有之外，逈然殊域，非復衆生得涅槃也。果若有得，則衆生之性不止於五陰。必若止於五陰，則五陰不都盡。五陰若都盡，誰復得涅槃耶？

「有名」者首先援引聖言說，衆生的體性，極止於色受想行識等五蘊之內。又說，證得涅槃者，五蘊都盡，猶如燈滅。「有名」者依順聖言表示，若得涅槃，衆生的體性將一時頓盡於五蘊之內。涅槃的道理，獨自建立於三界之外。「有名」者就此推論出，涅槃與衆生乃處於迥異的境域，不可言「極於五陰之內」的衆生能證得涅槃。「有名」者接著設論，若衆生果能證得涅槃，則衆生的體性必然不極止於五蘊之內。假若衆生之爲衆生，在於其體性極止於五蘊之內，則五蘊不會有皆滅盡之時。末，「有名」者詢問，若衆生能證得涅槃，在證得涅槃時，五蘊必皆滅盡，則衆生喪失成爲衆生的資格條件，則證得涅槃者究竟是誰？

由此段可知，有關「有名」者「五陰永滅」的持說觀點，乃延續【開宗第一】「本之有境，則五陰永滅」，以及【覈體第二】「五陰永盡，譬如燈滅」，而有關「得涅槃」的持說觀點，則延續【妙存第七】「淨名曰：不離煩惱，而得涅槃」、【通古第十七】「經曰：不離諸法，而得涅槃」。「有名」者於此段中，根據聖言設立兩命題：一、衆生之爲衆生，其條件是「極於五陰之內」；二、證得涅槃者，必「五陰都盡」。「有名」者據此推論，由於證涅槃者必「五陰都盡」，則證涅槃者必不是「極於五陰之內」的衆生。此外，衆生與涅槃「逈然殊域」。易言之，「有名」者在說明：一、衆生若能證得涅槃，即表示「五陰都盡」，則不符「極於五陰之內」的衆生身分；二、衆生若一旦「五陰都盡」的證得涅槃，即喪失衆生的身分，則孰能證得涅槃。可知，「有名」者暗示聖言自相矛盾。

（二）「無名」者

僧肇以「無名」者爲代言人，於「十演」之末的【玄得第十九】，回應【考得第十八】中「有名」者質疑衆生證得涅槃之說，並對〈涅槃無名論〉作一

結語。

1、以「著」分真偽

「無名」者云：

> 夫真由離起；偽因著生。著故有得；離故無名。是以則真者同真；
> 法偽者同偽。子以有得為得，故求於有得耳。吾以無得為得，故得
> 在於無得也。

「無名」者表示，當遠離一切名言相狀的執著時，真理即顯現。反之，當執著一切名言相狀時，偽知邪理即生起。有執著，則有所謂的「有得」；遠離執著，則是「無名」。因此以無執之心親近真理，則將與之冥契；以有執之心取法偽知邪理，則將與之合一。由此，「無名」者區分自己與「有名」者對「得」的認知殊處在於，「有名」者是以執著於得涅槃的心態而欲得涅槃，因此以為求得涅槃的方式，取決於冀能有所得的心行之中。「無名」者表示自己，是以不執著於得涅槃的心行而得涅槃，因此能在無所得之中獲證涅槃。

由此段可知，「無名」者強調「著則有得，離故無名」，依此說明自己是「無得為得」，「有名」者是「有得為得」。亦即，「無名」者與「有名」者成道工夫之別，在於心行取法「無得」（無執）或「有得」（有執），而兩者能否得涅槃，亦隨「無得」或「有得」的心行工夫而有真（得）、偽（得）之別。

2、明眾生即是涅槃

「無名」者云：

> 且談論之作，必先定其本。既論涅槃，不可離涅槃，而語涅槃也。
> 若即涅槃以興言，誰獨非涅槃，而欲得之耶？何者？夫涅槃之道，
> 妙盡常數。融冶二儀；滌蕩萬有。均天人；同一異。內視不己見；
> 返聽不我聞。未嘗有得；未嘗無得。經曰：涅槃非眾生，亦不異眾
> 生。維摩詰言：若彌勒得滅度者，一切眾生亦當滅度。所以者何？
> 一切眾生本性常滅，不復更滅。此名滅度，在於無滅者也。然則眾
> 生非眾生，誰為得之者？涅槃非涅槃，誰為可得者？

「無名」者以眾生即是涅槃的持說立場，回應「有名」者的質疑之見。「無名」者表示，談論問題，必先確定所欲談論的根本對象。既欲談論涅槃，則不可離開涅槃而論涅槃。若不離涅槃而論，則孰能獨自否定涅槃的存在，卻又欲證得涅槃？「無名」者勾勒涅槃之道的相狀，是玄妙超越世相常理。是融貫天地，能均平天人；是滌蕩萬物，能齊同一異。又，「無名」者分別以視聽兩

方面而論，說明涅槃之道無相無聲，超越能所，縱使眼不循色的「內視」，耳不循聲的「返聽」，涅槃之道仍非吾人所能視能聽。「無名」者並以雙絕言語說明涅槃之道，是寂漠沖虛，以致眾生未曾眞正證得；是寂滅玄靜、平等無二，以致眾生未曾沒有眞正證得。「無名」者並援引聖言。佛經說，涅槃不等同眾生，也不是不等同眾生。維摩詰居士說，若彌勒菩薩能滅障度苦，得證涅槃，一切眾生亦應得證涅槃。「無名」者解釋，理由在於一切眾生的體性畢竟寂滅，所以不應在證得涅槃時再次滅度。「無名」者並解釋「滅度」之名爲「滅度」之因，在於諸法本不起，本是無滅。末，「無名」者反問「有名」者，若眾生不等同證得涅槃的眾生，則孰能證得涅槃？若涅槃不等同眾生所欲證得的涅槃，則孰是眾生所欲證得的對象？

由此段可知，「無名」者主要在「定其本」，說明眾生體性畢竟寂滅，毋須五蘊滅盡後，才證得涅槃。眾生即是涅槃，因而眾生必證得涅槃的命題，是不容質疑，由此反駁「有名」者有關眾生不得涅槃的推論判定，以及點出「有名」者有關孰得涅槃的問題沒有存在的可能。

3、明得涅槃之方

「無名」者云：

> 《放光》云：菩提從有得耶？答曰：不也。從無得也？答曰：不也。從有無得耶？答曰：不也。離有無得耶？答曰：不也。然則都無得耶？答曰：不也。是義云何？答曰：無所得，故爲得也，是故得無所得也。無所得謂之得者，誰獨不然耶？

「無名」者援引《放光經》分別說明，菩提（涅槃）並非從「有得」、「無得」、「有無得」、「離有無得」、「都無得」等方式獲得。原因在於，以無所執「得」的心行欲證涅槃，則能證得涅槃，因此證得涅槃的理由在於持有無所執「得」的心行。「無名」者並判定「無所得」即是「得」，意謂持有無所執「得」的心行，即能證得涅槃。末，「無名」詢問有誰不是如此？可知，「無名」者援引聖言說明持有無所執「得」的心行，必能證得涅槃。反之，若執「得」證涅槃的心行，欲「得」證涅槃，將是徒勞。

4、結　語

「無名」者云：

> 然則玄道在於絕域，故不得以得之；妙智存乎物外，故不知以知之。大象隱於無形，故不見以見之；大音匿於希聲，故不聞以聞之。故

能囊括終古，導達群方，亭毒蒼生，疏而不漏。汪哉洋哉，何莫由之哉！故梵志曰：吾聞佛道，厥義弘深，汪洋無涯，靡不成就，靡不度生。然則三乘之路開，真偽之途辨，賢聖之道存，無名之致顯矣。

「無名」者繼上後表示，玄妙的道理有別世理，因而不能以刻意有得的方式去求得；玄妙的智慧存置於物外，因而不能以俗知惑見去知之；大象隱遯於沒有形象之中，因而要以無心見之的方式才能見得；大音匿藏在無聲之中，因而要以無心聞之的方式才能聽聞得到。因此，涅槃之道能囊括古今，導引啟悟九界眾生，養育蒼生，猶如天網恢恢，疏通卻不遺漏。所以說，涅槃之道的作用是非常廣大，有誰不因涅槃而成就。「無名」者並援引聖言為證。梵志說，我聽聞佛道，其義多麼弘大深遠，廣大無邊，眾生沒有不因此而成就，沒有不因此而得度。「無名」者最後總歸結，三乘之路得以打開，真偽之途得以明辨，賢聖之道得以存在，涅槃無名的旨趣由此而顯名。

此段可分為三部分：一、明方法論：「無名」者分別說明玄道、妙智、大象、大音，皆是要以無執、無分別、無刻意有為的心才能會意獲悉。二、明涅槃之用：「無名」者說明涅槃之道能導達群方，眾生由此成就、解脫。三、呼應篇旨：「無名」者告示三乘之路、真偽之途、賢聖之道皆已揭示，涅槃「無名」之理也已顯明。可知，「無名」者在全篇文末，說明欲得涅槃的方法、涅槃本身的效用，來引導眾生有方法、有信心的證得涅槃，並點出本篇要義在開啟三乘之路，辨別真偽之途，護存賢聖之道，尤其是在彰顯「無名」的涅槃之道。

本演，「無名」者旨回應「有名」者關於孰得涅槃的問題。「無名」者分別對得涅槃的方法、得涅槃的對象，以及得涅槃的對象與涅槃的關係，加以說明。內容提及「著則有得，離故無名」，唯有無執無著，「得無所得」，才能真正得涅槃。眾生即是涅槃，孰得涅槃的問題並不存在。此外，「無名」者說明涅槃之道的效用，並且回顧〈涅槃無名論〉的要義，呼應涅槃是「無名」的篇名。

由本對話可知，「有名」者於【考得第十八】中，以五陰若都盡，誰將得涅槃，導出證得涅槃者的身分條件問題。「無名」者於【玄得第十九】，則說明眾生本性常滅，即是涅槃，回應「有名」者孰得涅槃的問題不得成立。「無名」者並說明得涅槃的方式，是以無所得的方式而得，不同「有名」者的「有得」。

本節，旨探討〈九折十演者〉中，有關「有名」者與「無名」者討論涅槃與眾生關係的對話內容。二者討論的主題，分別是三乘之位與涅槃的關係、是否有三乘之異、頓悟涅槃者的結習是頓盡或有賴漸盡的工夫、「動」與「寂」是否能「會之一人」、涅槃有無始終，以及眾生可否得涅槃等問題。

「有名」者仍是以二元對立思考的方式來提問，並且常常執文一端，揭示經說的矛盾，認爲有三乘，即應有三種涅槃；認爲「我即無爲」，三乘沒有存在的可能；認爲「理無餘翳」，既證入涅槃，則不應「體而未盡」；認爲既證入寂靜涅槃，爲何還要進修積德；認爲所證的涅槃是由能證的眾生證得，所以涅槃是有始有終；認爲眾生得涅槃，即是五陰都盡，則孰得涅槃。

「無名」者於回應的過程中，屢次說明眾經雖異說，其究極眞理則是相同，勸籲「有名」者不可執文，而其回應的內容包含：涅槃是「理無差」，不因有三乘，而相對有三種涅槃。就境界而言，三乘與涅槃是不異，但就「事」上言，眾生根器有殊、智鑒有別、德行有厚薄，因而有三乘之名。此外，結習是重惑，證涅槃者的智力有別，往往不可頓盡，有賴「日損」的「漸盡」工夫。聖心是「無爲而無不爲」，是「非有非無」，以致雖有「好尚」、「積德」的「動」，卻無礙「無爲涅槃」的體「寂」。「智」與「理」冥然爲一，眾生即是涅槃，二者無先無後，因而涅槃是無始無終。眾生本性常滅，即是涅槃，沒有所謂孰得涅槃的問題。

第四節　探僧肇翼姚興「涅槃無名」之說

就〈奏秦王表〉可知，僧肇著作〈涅槃無名論〉的緣由，主要是「擬孔《易》、《十翼》之作」，以弘揚並發揮姚興〈與安成侯嵩書〉中的涅槃「無名」思想。僧肇〈涅槃無名論〉中，有那些顯著之處，明顯是呼應姚興、姚嵩的對話內容呢？本節將分成兩部分，先探討姚興〈與安成侯嵩書〉的書信內容，爾後，將耙梳〈涅槃無名論〉內文，以探僧肇翼姚興「涅槃無名」說的內容。

一、姚興〈與安成侯嵩書〉要義

姚興與安成侯姚嵩書信往復五回，一是姚興〈與安成侯姚嵩義述佛書〉；二是姚嵩〈謝後秦主姚興珠像表〉、〈上後秦主姚興佛義表〉；三是姚興〈答安成侯姚嵩〉；四是姚嵩〈重上後秦主姚興表〉；五是姚興〈重答安成侯姚嵩〉。

其中，最後二回，關於姚嵩的稱揚、秦主的回答，其書信的內容多涉及

儀禮、稱譽，較無關思想論議，因而本節僅對前三回有關姚興對佛學的理解、姚嵩的質疑，以及姚興辯駁姚嵩之見等三回議論內容作探討。

（一）姚興〈與安成侯姚嵩義述佛書〉

姚興致書給姚嵩，主要是附上自己曾諮問羅什的〈通三世論〉，以及羅什回覆的書信。姚興會附上與羅什往返討論的書信之因，在於姚興與羅什書信時，曾提及三世有無等論題。姚興有四點見解，其中關於通三世的論點，已得羅什印可。但其餘三點，因羅什已逝的緣故，姚興不能得知己說正確與否，因而致書給姚嵩，并附曾與羅什書信的內容，轉請姚嵩裁決自己的佛學見地。由此可見，〈與安成侯姚嵩義述佛書〉中，除了簡對姚嵩表明來信涵義，尚包括：

1、姚興致羅什的〈通三世論〉

姚興爲諮詢羅什而寫的〈通三世論〉，旨在表達「三世一統」的思想：

> 余以爲三世一統，循環爲用。過去雖滅，其理常在。〔註19〕

姚興認爲有所謂的「三世一統」說，能令昔、今、未等三世相互循環不息，以資爲用。過去雖滅，其理恆存。姚興並云：

> 所以在者，非如阿毘曇注言：五陰塊然，喻若足之履地。眞足雖往，厥跡猶存。當來如火之在木，木中欲言有火耶，視之不可見；欲言無耶，緣合火出。經又云：聖人見三世，若其無也。聖無所見，若言有耶，則犯常嫌。明過去未來雖無，眼對理恒相因。苟因理不絕聖見，三世無所疑矣。〔註20〕

姚興援引聖言，來證成己說。意謂「三世一統」說能成立之由，並非像《阿毘曇》注所言的，五蘊實存，譬若雙足必行走實地。凡所走過，其跡痕仍是眞實存在。姚興認爲「三世一統」說，應當如火之在木中，吾人若欲說火確實在木中，眼睛卻不能得見。反之，若欲說火確實不在木中，當因緣和合時，木中則有火出。姚興再度援引聖言。佛經說，聖人見昔、今、未三世，猶如不存在。三世在聖人眼中好似不存在，若有人言三世爲實有，將犯常見之謬。姚興認爲，聖人能明白過去、未來二世於今世雖不眞實存在，並能發現三世之理是相互承習。末，姚興表示，若能因循三世之理，不斥絕聖人「言有」「言

〔註19〕見唐・道宣：《廣弘明集》卷十八，《大正藏》冊五十二，頁228中。
〔註20〕同上。

無」之說，則對「三世一統」說將無所疑問。由此段可知，姚興提及「非有非無」的觀念，諸如「欲言有火耶，視之不可見」；「欲言無耶，緣合火出」，此當出於大乘中觀之說，顯見姚興頗受羅什所傳的中觀學的影響。但據姚興倡言「三世一統」說，可推判姚興有一統天下的政治目的，並有肯定三世「常在」的傾向，非盡然契合「空」義。

2、鳩摩羅什覆姚興的〈答後秦主姚興書〉

姚興在〈與安成侯嵩書〉中表示，自己曾以「聖人三達觀」來諮詢羅什。羅什的回應之見主要有四：

（1）通不住法住般若：羅什云：

> 通不住法住般若。眾生之所以不階道者，有著故也。是以聖人之教，恒以去著爲事，故言以不住般若。雖復大聖玄鑒，應照無際，亦不可著。著亦成患，欲使行人忘彼我遺所寄。汎若不繫之舟，無所倚薄，則當於理矣。〔註21〕

羅什以「不可著」明「不住」般若。意謂眾生不契究竟真理之因，在於有執著，因此聖人教化眾生，恒以「去著」爲要，大力宣說「不住般若」。縱是偉大聖人有著玄察妙鑒四方的能力，亦不能有所執著。有所執著，則將有災患。不執，猶如泛「不繫之舟」，無所倚靠，則當契合於真理。此段，羅什說明真正的「般若」是「不住」，是不執「有」、「無」的一端，亦不執「非有」、「非無」。

（2）通聖人放大光明，普照十方：羅什云：

> 聖人之教，玄通無涯，致感多方，不可作一途求，不可以一理推。故應粗以粗應，細以細應，理固然矣。所以放大光明現諸神變者，此應十方諸大菩薩，將紹尊位者耳。若處俗接麤，復容此事耶？《阿含經》云：釋氏之處天竺四十餘載，衣服飲食受諸患痛，與人不別。
> 經又云：聖人亦入鹿馬，而度脫之當在鹿馬，豈異於鹿馬哉？若不異鹿馬，應世常流，不待此神變明矣。每事要須自同於前物，然後得行其化耳。〔註22〕

此段，羅什主要在闡述聖者化身之教。羅什表示，聖人的教化是玄妙通達，無所涯際，能感應多方，不可僅偏於一端、一途來斷定聖人之教。聖人之教，是適機隨緣應化，「粗以粗應，細以細應」，須因材施教，此謂真理。羅什接

〔註21〕同上，頁 228 下。
〔註22〕同上。

著表示，有關放大光明、顯現諸神變者，這是爲了因應十方諸佛，來分別其位階、特質，假若聖人欲處於世間來教化眾生，則不需有「放大光明現諸神變」之事。羅什並援引聖言表示，《阿含經》說，佛陀處於天竺四十多年，舉凡穿著、飲食，以及患病諸事，皆與常人無別。佛經又說，聖人化身爲鹿、馬，所欲度化者是鹿、馬之類，豈是以異於鹿、馬的身分來度脫鹿、馬。羅什推論，聖者是以同於鹿馬之類的方式，來應化眾生，在施導時，毋須顯現神通廣大的事跡。羅什最後強調，聖人教化之方，是自己化身爲被度化者的同類，然後再行其度化。由此段可知，羅什強調聖人之教非以「放大光明，現諸神變」等方式施行，而是要「應粗以粗應，細以細應」，須「同於前物，然後得行其化」。

（3）通三世：羅什云：

眾生歷涉三世，其猶循環。過去、未來，雖無眼對，其理常在。是以聖人尋往以知往，逆數以知來。〔註23〕

羅什回應姚興「三世一統」之說，表示眾生歷經涉足昔、今，以及未來等三世，此似存有循環的跡象。昔、今，雖不能用眼可識，但其理恆存。羅什就此小結，是故聖人循跡以知昔，而檢討昔因，則可知未來的果。由此段可知，羅什印可姚興「通三世」之說。

（4）通一切諸法空：羅什云：

夫道者，以無爲爲宗。若其無爲，復何所有耶？〔註24〕

羅什表示，所謂「道」乃以無爲爲宗旨。若是無爲，豈有所謂的「有」存在？此段，概羅什暗示姚興太過堅持「三世一統」之說的「有」，將不能契入無爲之「道」。

由〈答後秦主姚興書〉可知，鳩摩羅什回信給姚興，針對姚興「三世一統」之說，主要是以點到爲止的方式行文，並未明言直示其謬誤處。但就羅什所闡述的「通不住法住般若」、「通聖人放大光明，普照十方」、「通三世」，以及「通一切諸法空」等四點，可知羅什強調「不住般若」、「應粗以粗應，細以細應」，並且強調三世雖能通，卻不可執著，要明瞭諸法皆「空」之理。

（二）姚嵩〈謝後秦主姚興珠像表〉、〈上後秦主姚興佛義表〉

姚嵩於書信中，可分爲兩部分：一、前言：讚頌姚興之語、附議羅什詳

〔註23〕同上。
〔註24〕同上。

答姚興的觀點，以及簡單敘述自己消化羅什觀點的心得；二、正文：詰難羅什之見兩處，冀求姚興能重申羅什旨意：

1、前 言

姚嵩在正式與姚興進行問題討論前，先婉約讚頌姚興觀點，並簡略附議羅什之見。茲舉內文要義述之：

（1）通三世：姚嵩書信載：

> 臣言。上通三世甚有深致，既已遠契聖心，兼復抑正眾說。宗塗疊疊，超絕常境。欣悟之至，益令賞味增深。加爲什公研該兼備，實非愚臣所能稱盡。正當銘之懷抱，以爲心要耳。臣言。〔註25〕

姚嵩稱頌姚興的「通三世」說，能遠契聖心，並能抑治導正世人的謬誤之見。當因感悟而欣喜不已時，尤令人愛不釋手。姚嵩表示，有關此說，羅什之論點已詳備完善，非自己拙見所能超越。姚嵩自謙自己所能作的是，銘記「通三世」說，以爲心要。

（2）通不住法住般若義：姚嵩書信亦載：

> 臣言。上「通不住法住般若」義云：「眾生所以不階道者，有著故也。」聖心玄詣，誠無不盡。然至乎標位六度，而以無著爲宗。取之於心，誠如明誨；即之于事，脫有未極。夫無著雖妙，似若有不即眞兩冥。有不即眞兩冥，恐是心忘之謂耳。竊尋玄教如更有，以謹牒成言，以攄愚見。故經云：以無所捨法，具足檀波羅蜜。以此三事不可得故。三者既冥有無。無當無當之理，即同幻化。以此而推，恐不住之致，非直忘彼我遺所寄而已。〔註26〕

此段，蓋是姚嵩唯恐姚興執著或誤解羅什「通不住法住般若」義的「不住」，因而加以詳論。文中，先是複述羅什所提及的，眾生不契道之因，在於有著，進而表示聖心玄妙詣旨，誠然未有不盡之時。但若欲成就作爲萬行總體的六度，其旨要法門則是無著而已。對內「取之於心」，或對外「即之於事」，皆不離「無著」的工夫。姚嵩表示，無著雖然玄妙，但仿若「有不即眞兩冥」。若欲「有不即眞兩冥」，恐欲取法「心忘」。姚嵩並援引聖言表示，能夠以無著之心所佈施的法，將能具足檀波羅蜜。施者、受者，財物三事皆不可得，皆冥於「有」、「無」。姚嵩小結表示，「無當無當」之理，如同幻化。就此所

〔註25〕同上，頁229上。
〔註26〕同上。

推，恐怕「不住」的定義，並非是遺忘所曾佈施的一切而已。由此段可知，姚嵩認爲「不住」的究極定義，非僅止於羅什所言的「欲使行人忘彼我遺所寄」，而是須「冥有無」的「無著」、「心忘」才行。

2、正　文

姚嵩主要對羅什之見提出兩點詰難，一是「難上『通聖人放大光明普照十方』」；二是「難『通一切諸法皆空』」。〔註27〕

（1）難上「通聖人放大光明，普照十方」：姚嵩云：

> 詔云：放大光明諸神變者，此自應十方諸大菩薩，將紹尊位者耳。斯理之玄，固非庸近所參。然已之情，猶欲言所未達。夫萬有不同，精麤亦異。應彼雖殊，而聖心恒一。恒一，故圓以應之；不同，故權以濟之。雖鹿馬，而未始乖其大。雖現神變，而未始遺其細。故《淨名經》云：如來或以光明而作佛事，或以寂寞而作佛事。顯默雖異，而終致不二。然則於小大之間，恐是時互說耳。如《華手經》：初佛爲德藏，放大光明，令諸眾生，普蒙其潤。又《思益經》中，網明所問：如來三十三種光明，一切遇者皆得利益。《法華經》云：佛放眉間相光，亦使四眾八部咸皆生疑。又云：處闇眾生，各得相見。苟有其緣，雖小必益；苟無其因，雖大或乖。故《般若經》云：若有眾生遇斯光者，必得無上道。又以神變令三惡眾生，皆生天上。以此而言，至於光明神變之事，似存平等。敢緣慈顧，輒竭愚思。若復哀矜，重開道者，豈直微臣獨受其賜。

姚嵩評論羅什所提及的聖人放大光明等語，玄之又玄，非俗人所能參透，然後加以申論。說明聖人因材化育不同萬物，其心始終如一，所不同的僅是權巧方便的應對方式。因此聖人儘管化爲鹿、馬，卻不違聖人本具神通的能力；雖顯現神變，卻也不因此而遺漏小細節。姚嵩進而援引聖言。《維摩詰經》說，如來或以光明、或以寂寞來作佛事，其方式雖有不同，其根本道理則是相同，皆是欲令眾生皆蒙受潤澤。《思益經》說，如來變現三十三種光明，一切目睹者將獲得利益。《法華經》說，佛放眉間相光，使四眾八部全皆釋疑。又說，處闇的眾生，各自皆能看到。若時機成就，縱使佛所放的光明雖小，目睹者仍是必定獲益。反之，若時機未到，緣份未及，縱使佛放大光明，

〔註27〕同上，頁229上～下。

目睹者仍是未能獲益。《般若經》說，若有眾生遇見聖人的光明，必得無上
道。聖人並能以神變的能力，使三惡眾生皆生天上。姚嵩由此小結，認爲聖
人光明神變之事，似乎是非常平等公正。最後自謙的表示，盼姚興君王能重
新開示道義。

由此段可知，姚嵩主要在中和羅什的「聖人之教」。姚嵩概唯恐姚興與世
人會執著羅什說聖人之教不可「一途求」、「一理推」，因而在上表姚興的書信
中，提及「應彼雖殊，而聖心恒一」、「光明神變之事，似存平等」。

（2）「難『通一切諸法皆空』」：姚嵩云：

> 詔云：夫道者，以無爲爲宗。若其無爲，復何所爲耶？至理淵淡，
> 誠不容言。然處在涉求之地，不得不尋本以致悟。不審明道之無爲
> 爲當，以何爲體？若以妙爲宗者，雖在帝先而非極；若以無有爲妙
> 者，必當有不無之因。因稱俱未冥，詎是不二之道乎。故論云：無
> 於無者，必當有於有。有無之相，譬猶脩短之相形耳。無理雖玄，
> 將恐同彼斷常。常猶不可，況復斷耶。然則有無之肆，乃是邊見之
> 所存。故《中論》云：不破世諦故，則不破眞諦。又《論》云：諸
> 法若實，則無二諦；諸法若空，則無罪福。若無罪福，凡聖無泮。
> 二苟無泮，道何所益。由臣闇昧，未悟宗極。唯願仁慈，重加誨諭。
> 〔註28〕

姚嵩此段，主要針對羅什「通一切諸法空」的內容，而加以提問。認爲道若
是「無爲」，如何有所作爲？姚嵩表明自己提問的原因，在於處於積德涉求之
地，不得不尋求「無爲」的定義來悟道，因而表示自己不明白道爲何能以「無
爲」爲體。姚嵩推論，若以「妙」爲宗旨者，雖比帝先，卻不是究極的道理；
若以「無有」爲妙者，必當有「不無」的原因。姚嵩並援引聖言表示，不存
在的東西必是無相，有存在的東西必是有相。有相或無相，猶如長短的形狀。
無爲的道理雖然玄妙，但是恐怕易落於常見或斷見。因此姚嵩再次援引聖言
說，不破世諦，則不破眞諦。諸法若是實存，則沒有眞、俗二諦；諸法若是
「實無」，則沒有罪福果報之說。若沒有罪福果報之說，則可知凡、聖將無別。
若凡、聖無別，則道在何處？姚嵩最後自謙，自己愚昧，未悟宗極。盼姚興
仁慈，重新加以教誨諭示。

由此段可知，姚嵩主在詢問作爲道體的「無爲」定義。其問答方式，是

〔註28〕同上，頁229中～下。

設身於世人對「有爲」、「無爲」的認知，認爲「無爲」是實無所作爲，是「空」，則如何成爲道體，因而表示，「『無』理雖玄，將恐同彼斷、常」。此外，就姚嵩批評「諸法若空」將導致的疏失，可知姚嵩意有所指。考察姚嵩、姚興所處的時代，當時慧導一輩的成實論者恰是偏執實「空」的論點，可見姚嵩乃是批評成實論者「二苟無泮，道何所益」。此外，姚嵩會將「無爲」視爲「實無」，提問之因恐在擔心姚興所言落於偏空，於是藉由與姚興書信，以闡揚羅什不偏「有」、「無」一端的實相。

　　由以上姚嵩的兩點問難可知，姚嵩概深恐姚興落入「有」、「無」的一端，因此藉由詢問的方式，來讓姚興釐清自己對聖人「神變」、「無爲」等看法。

（三）姚興〈答安成侯姚嵩〉

1、回應姚嵩有關「放大光明，普照十方」的問題

（1）論眾生能否見及聖人的神變：姚興云：

> 卿引《般若經》云：若有眾生遇斯光者，必得無上道。即經所言：未聞有凡流，而得見光明者。如釋迦放大光明，普照十方。當斯之時，經不言有群品而得見其怪，而異之者，皆是普明之。徒以斯言之定不，爲群小也。〔註29〕

姚興先轉述姚嵩援引聖言的話，然後表示，正如經說言，未曾有世人能見光明。如釋迦放大光明，普照十方之時，未曾有眾生見聖人放大光明之事。由此來批評姚嵩之見，是「群小」。此段，姚興以世人未見聖人神變之事，來回應姚嵩認爲世人普見聖人神變之說。

（2）論眾生「普蒙其潤」之因：姚興云：

> 卿若以眾生爲疑者，百億菩薩，豈非眾生之謂耶？然經復云：普明之詣釋迦，皆與善男子、善女人持諸華香，來供養釋迦。及致供養之徒，自應普蒙其潤也。但光明之作，本不爲善男子、善女人。所以得蒙餘波者，其猶蠅附驥尾，得至千里之舉耳。〔註30〕

姚興回應姚嵩所認爲的，眾生得見聖人神變，將「普蒙其潤」、「皆得利益」。姚興表示，百億眾生也是眾生，但聖言曾表示，眾生會普蒙其潤，是因爲供養釋迦，而不是因爲見到聖人放大光明的緣故。姚興並以「蠅附驥尾」批評

〔註29〕同上，頁229下。
〔註30〕同上，頁229下。

姚嵩的謬誤處。

（3）論「光明」與「寂寞」：姚興云：

> 卿又引神變，令三惡眾生得生人天。若在鹿爲鹿，在馬爲馬，而度脫之，豈非神變之謂耶。華手《思益》、《法華》諸經所言，若云放大光明，自應與《大品》無異也。若一一光明，以應適前物，此作非大所通。夫光明之與寂寞，此直發意，有參差，其揆一也。
>
> 〔註31〕

姚興回應姚嵩援引有關「三惡眾生，皆生天上」的聖言，而質問聖人化身爲所欲度化的眾生之類，豈非神變？並質問姚嵩所援引的《思益》、《法華》諸經，若眞說放大光明，則應與《大品般若經》無異。姚興表示，若聖人一一放大光明，化爲所欲度化的眾生的同類，此作法並不是放大光明的神變所通用。而「光明」與「寂寞」，顯現有別，其本旨則一。

2、回應姚嵩有關「通不住法住般若」的問題

姚興云：

> 卿引經言：施者、受者，財物不可得，與不住法，不住般若未有異。二者直是始、終之教也。統而言之，俱是破著之語耳。何者？罪、不罪、施者、受者，及財物都不可得。若都不可得，復何所著。是勸無所著明矣。〔註32〕

姚嵩質疑羅什「欲使行人忘彼我遺所寄」的「不住」定義，因而此段，姚興加以回應之。姚興先是提及姚嵩援引聖言表示，施者、受者，財物等三事不可得，爾後強調這三事與「不住法、不住般若」無異。姚興則表示，佈施與「不住」是般若的始、終之教。統而言之，皆是爲了破除執著。姚興解釋，罪、不罪、施者、受者，及財物事實上皆不可得。若皆不可得，何須執著。如此道理，皆是勸世人毋須執著。由此段可知，姚嵩以「施者、受者，財物不可得」等佈施三事，來詮釋「不住」，姚興則闡明凡事皆「空」的道理，由此表示「都不可得，復何所著」，此爲「不住」。

3、回應姚嵩有關「通一切諸法皆空」的問題

（1）複述姚嵩的問題：姚興云：

> 卿又問，明道之無爲爲宗同，諸法之自空爲妙空，無以成極耶？又

〔註31〕同上，頁229下。
〔註32〕同上，頁229下。

引論中二諦之間言，意所不及道之無爲所寄耶？〔註33〕

姚嵩問及，道的無爲若是終極道理，諸法的自空若是妙空，則如何「成極」？姚嵩並引論詢問，眞、俗二諦之間，似乎不是道的無爲所能寄托？

（2）論「無爲宗極」：姚興云：

> 吾意以爲：爲道止無爲，未詳所以宗也。何者？夫眾生之所以流轉
> 生死者，皆著故也。若欲止於心，即不復生。既不生死，潛神玄漠，
> 與空合其體，是名涅槃耳。既曰涅槃，復何容有名於其間哉？〔註34〕

此段，姚興蓋爲回應姚嵩「不審明道之無爲，爲當以何爲體」〔註35〕的質問，而表述自己對無爲宗極的看法，由此提供得涅槃的工夫論，爲涅槃下定義，並強調涅槃是「無名」。意謂涅槃之道若僅止於什麼都不做的「無爲」境界，則仍未詳達究竟的眞理。原因在於，眾生之所以流轉生死，皆因沈著愛欲的緣故。若能將欲望息止於心，令其不再生。如此既不淪迴於生死苦海，潛神玄漠，與虛空合其體，則是涅槃。姚興由此表示，若是涅槃，則毋須「有名」於其間。可見，姚興認爲得涅槃的功夫與涅槃的定義，是「欲止於心，即不復生。既不生死，潛神玄漠，與空合其體」。

由姚嵩與姚興此處對話的內容可知，「無爲」是二者對涅槃的代稱，姚興對涅槃有「去著」、「無名」的認知。其中，「無爲」是涅槃的代稱，恰與〈涅槃無名論〉【開宗第一】「經稱有餘涅槃，無餘涅槃者，秦言無爲，亦名滅度。無爲者，取乎虛無寂寞，妙絕於有爲……」相呼應。此外，姚興所強調的涅槃是「無名」的觀點，可作爲僧肇爲何以「涅槃無名」作爲〈涅槃無名論〉篇名的線索。

（3）論聖人是否存在：姚興云：

> 夫道以無寄爲宗。若求寄所在，恐乃惑之大者也。吾所明無爲不
> 可爲有者。意事如隱，尋求或當小難。今更重伸前義。卿所引《中
> 論》，即吾義宗。諸法若不「空」，則無二諦。若不「有」亦無二
> 諦。此定明「有」、「無」不相離。何者？若定言「有」，則無以拔
> 高士；若定明「無」，則無以濟常流。是以聖人「有」、「無」兼抱
> 而不捨者，此之謂也。然諸家通第一義諦，皆云「廓然空寂，無

〔註33〕同上，頁 229 下。
〔註34〕同上，頁 229 下～230 上。
〔註35〕同上，頁 229 中。

有聖人」。吾常以爲太甚迂廷，不近人情。若無聖人，知無者誰也？

〔註36〕

姚興解釋羅什「道者，以無爲爲宗。若其無爲，復何所有」此句話，來釐清姚嵩對「無爲」的誤解。姚興表示，道以無著爲宗旨，若有著，則有惑。姚興解釋姚嵩所援引的《中論》聖言，而表示諸法不是假無，則無二諦；若不是假有，也將沒有二諦。由此姚興證明「有」、「無」是不可分離。姚興解釋，若判定「無爲」是「實有」，則不能拯拔高士；若判定「無爲」是「實無」，則不能接引渡濟世人。姚興肯定，聖人「有」、「無」兼抱而不捨棄一端，這即是「無爲」的道理。姚興進而批評成實宗的第一義諦竟是「廓然空寂，無有聖人」，認爲此說太過，不近常理，而質問「若無聖人，知無者誰」？

由以上書信的對話可知，姚興〈與安成侯姚嵩義述佛書〉後，姚嵩於〈安成侯姚嵩表〉加以回應與提問。爾後，姚興進而回應之。其中，姚嵩竭力以以名求實，以及「有」、「無」對立的立場，去質疑羅什曾回應姚興「三世一統」之說的內容，諸如質問「無爲」、「不住」、「放大光明」等。姚興則竭盡以龍樹中觀派的思維理路，重申羅什的本義，諸如「不住」是無著；涅槃是「無名」；「無爲」是「有」、「無」不相離；第一義諦並非是「廓然空寂，無有聖人」等。這一場君臣兼兄弟的對話，成效如何呢？就姚嵩〈重上後秦主姚興表〉：「夫理玄者，不可以言稱；事妙者，固非常辭之所讚」，〔註37〕可知，姚嵩已認證姚興對羅什之語，以及對中觀佛學有徹底認知與會意。

二、僧肇翼姚興「涅槃無名」說

僧肇於〈奏秦王表〉中，說明著作〈涅槃無名論〉之由，在於「弘顯幽旨」、「仰述陛下無名之致」。〈九折十演者〉中，僧肇有那些文句明顯呼應並發揮姚興、姚嵩的對話內容呢？

（一）涅槃無名

姚興回應姚嵩「既曰涅槃，復何容有名於其間哉」，明顯可知姚興主張「涅槃無名」。而於〈涅槃無名論〉中，僧肇不僅以「涅槃無名」立篇名，全文並且貫串發揮「涅槃無名」之理，即可證知僧肇翼姚興之說。

〔註36〕同上，頁230上。
〔註37〕同上，頁229下。

（二）論「動」與「寂」

姚嵩難羅什「通聖人放大光明，普照十方」時，援引聖言「《淨名經》云：如來或以光明而作佛事，或以寂寞而作佛事」等語，以明「顯默雖異，而終致不二」。姚興亦表示「光明之與寂寞，此直發意，有參差，其揆一也」。此外，姚嵩在論及「無為為宗」時，表示「處在涉求之地，不得不尋本以致悟……」；在論及「不住」時，表示「以無所捨法，具足檀波羅蜜」等。姚興對姚嵩的持說皆一一回應，而僧肇亦於〈涅槃無名論〉中，更進一步「翼」姚興之說。

關於姚興與姚嵩所討論的「顯默」、「涉求」、佈施等論題，〈九折十演者〉【譏動第十四】有論及。大意是「有名」者質問證涅槃者若「心智寂滅」，何能「進修三位」。「有名」者並認為行者「進修」、「積德」，是以「取捨為心，損益為體」，則與「體絕陰入，心智寂滅」相違。「無名」者於【動寂第十五】表示，聖人雖有「進修」、「積德」，卻是「無為而無不為」，因而能「為即無為，無為即為」，「動」與「寂」不相違。「無名」者並認為所謂佈施，諸如「以無生心，五華施佛，始名施耳」等，皆不是以「取捨為心，損益為體」。此外，僧肇於【位體第三】亦提及「至人寂泊無兆，隱顯同源」。可知僧肇承繼姚興、姚嵩的論題，並綜合發揮。

（三）反「廓然空寂，無有聖人」

成實論者將涅槃解為「實無」，持「廓然空寂，無有聖人」之說。姚興與姚嵩皆反對此種說法。僧肇於〈九折十演者〉【考得第十八】、【玄得第十九】亦呼應之。文中，「有名」者質疑聖言「得涅槃者，五陰都盡」等語，認為眾生果真「五陰都盡」，則「誰復得涅槃」？可見，「有名」者應是代表執「空」的成實論者，認為「無有聖人」能證涅槃。「無名」者因而在【玄得第十九】加以申論之，內容除了附議姚興「若無聖人，知無者誰也」之見，並表「一切眾生，本性常滅」，眾生即是涅槃。

（四）無　著

羅什以「通不住法住般若」，回應姚興三達觀時，提及「眾生之所以不階道者，有著故也。是以聖人之教，恒以無著為事」。姚興、姚嵩對「無著」皆有進一步的討論。僧肇於〈九折十演者〉，也有其發揮。諸如貫串全文的「無為而無不為」；【位體第三】聖人「無執無競」；【妙存第七】「處有不有，居無

不無」；【明漸第十三】「爲道者日損」；【動寂第十五】「不盡有爲，不住無爲」；【玄得第十九】「以無得爲得，故得在於無得」……等，皆說明「無著」的道理。

（五）涅槃非有非無

姚興答姚嵩有關「無爲」（涅槃）宗極時，表明涅槃是非有非無，因而聖人是「『有』、『無』兼抱而不捨」，僧肇在〈九折十演者〉中，闡述涅槃道體時，也盡以「非有非無」來詮釋之，諸如【開宗第一】「《論》曰：涅槃非有，亦復非無」；【位體第三】「至人……存不爲有，亡不爲無」；【動寂第十五】「心亦不有，亦不無」……等，一方面證明「非有非無」是《肇論》四論詮說眞理的慣用語彙，一方面則證明僧肇呼應姚興之說。

由上可知，僧肇於〈奏秦王表〉中也許本於自謙的緣故，也許是因爲正奏書秦王姚興，因而表示自己著作〈涅槃無名論〉，是爲了「弘顯幽旨」，仰述姚興「無名之致」。但不管僧肇著作〈涅槃無名論〉，是否是眞的在呼應及發揮姚興、姚嵩的對話，僧肇此文確實富有翼姚興「涅槃無名」說的實際內容，諸如通篇闡述涅槃「無名」、「非有非無」、「無爲而無不爲」、眾生即涅槃等觀點，皆可作爲姚興、姚嵩對話內容的進一步發揮。

第五節　小　結

本章，旨在探析〈涅槃無名論〉及其相關論題。

就第一節，可得知僧肇著作〈涅槃無名論〉，是爲了「弘顯幽旨」，仰述姚興帝王的「涅槃無名」說。而就第二節與第三節，則可得知〈九折十演者〉的內文要義在闡明涅槃思想，可分成兩部分：一、【開宗第一】至【妙存第七】，主要在探討涅槃的本體；二、【難差第八】至【玄得第十九】，主要在探討涅槃與眾生的關係。從中可透顯僧肇〈涅槃無名論〉的要義思想：涅槃的定位是「三乘之所歸，方等之淵府」；涅槃體性是「非有非無」；涅槃是「無相無名」；得涅槃的方法是「無住」、「無得」、「無爲而無不爲」、「爲即無爲，無爲即爲」、「無別」；得涅槃的工夫是「正觀」；涅槃的境界是「寂滅永安」等。

就第二、三節有關〈九折十演者〉內文的探討可知，僧肇主假「無名」者，來表述自己對涅槃的看法，而內文中的另一虛構主角「有名」者，則代表著持「方外之談」的謬誤者，蓋隱射魏晉時代中，僧肇所見所聞後，所欲

加以駁正的對象。「無名」者與「有名」者之別，在於「無名」者主要認爲涅槃法是建立在「空」性上，非循「名」可求其「實」，因而與眾生、世間、煩惱等相即不二；「有名」者，則認爲凡「名」必有「實」，涅槃既名爲涅槃，必是名實相符，因而「有名」者處處以二元對立的角度，偏執「有」或「無」的一端，不斷以己持的涅槃之見製造與「無名」者或聖言的對立衝突。

此外，第四節，是根據僧肇〈奏秦王表〉而所衍伸的議題。筆者欲加以探討之因，在於僧肇於〈奏秦王表〉中，曾提及〈涅槃無名論〉的著作緣由，是欲翼秦王姚興「涅槃無名」之說。因此筆者於第四節，上溯考察姚興〈與安成侯嵩書〉的內容，而就此論證〈涅槃無名論〉的旨趣與姚興〈與安成侯嵩書〉有關係，確是呼應並發揮姚興與姚嵩的對話內容。

綜上所述，可知「涅槃」具有「非有非無」、「爲即無爲，無爲即爲」、「不離諸法而得涅槃」等特質，超越名言概念，不爲語言文字所囿限，離一切有爲法，是無能名狀的解脫境界。

第六章 〈涅槃無名論〉眞僞考

〈涅槃無名論〉的眞僞，向來倍受爭議。此作的眞僞，關涉著僧肇思想版圖是否明確兼括般若學與涅槃學，因此本章旨在考察〈涅槃無名論〉的版權問題。內容，首先回顧〈涅槃無名論〉眞僞考，爾後針對眞僞考史中尚有討論空間之處，諸如〈涅槃無名論〉的頓、漸問題、是否與僧肇他篇作品相互呼應、是否援引《大般涅槃經》……等問題，一一予以探討，希冀續接前人的研究成果後，於此章能盡棉薄心力，證成〈涅槃無名論〉是僧肇作。

為了明確論證〈涅槃無名論〉的版權問題，本章第一節〈涅槃無名論〉眞僞考史〉，主要是爬梳〈涅槃無名論〉眞僞考的主要論據，以及學界對主要論據的回響之見；第二節，主要是個人在繼承前人的研究成果後，提出補充、回應之見，由此判定〈涅槃無名論〉是僧肇作。

第一節 〈涅槃無名論〉眞僞考史

由古迄今，未曾有人懷疑〈涅槃無名論〉是僞作，然而在公元一九三八年，湯用彤卻提及〈涅槃無名論〉「頗有疑點，或非僧肇所作」。〔註1〕自此以後，有關〈涅槃無名論〉眞僞的問題，即成為不少中外學者諍論的焦點。諸家之見，可歸為四類：一、認為是僞作者，有湯用彤〔註2〕、石峻〔註3〕、

〔註1〕見湯用彤：《漢魏兩晉南北朝佛教史》（下），臺北：駱駝出版社，1996 年 1 月一版二刷，頁 670。

〔註2〕參湯用彤：《漢魏兩晉南北朝佛教史》（上）（下），臺北：駱駝出版社，1996 年 1 月一版二刷，頁 330；651～673。

〔註3〕參石峻：〈讀慧達「肇論疏」述所見〉，收錄於張曼濤主編：《現代佛教學術叢刊（48）──三論典籍研究》（臺北：大乘文化出版社），1979 年 8 月初版，

方立天〔註4〕等；二、認爲是眞僞參半者，有 Walter Liebenthal〔註5〕、Richard H. Robinson〔註6〕、任繼愈〔註7〕、劉貴傑〔註8〕、涂豔秋〔註9〕、孫炳哲〔註10〕、許抗生〔註11〕、龔雋〔註12〕等；三、認爲是僧肇眞作者，有橫超慧日〔註13〕、劉建國〔註14〕、李潤生〔註15〕、賴鵬舉〔註16〕、劉成有〔註17〕、陳作

頁 295～307。

〔註4〕 方立天說：「在目前情況下，暫且不把〈涅槃無名論〉和其他三論結合起來闡述僧肇的佛教哲學思想，似乎更有助於揭示其思想本質的特徵。」（見方立天：《僧肇》，輯於《中國古代著名哲學家評傳》，第二卷，頁 389～390）

〔註5〕 參 Walter Liebenthal, Chao Lun:The Treatises of Seng-chao. Hong Kong U.P., 1968, p.150-152.

〔註6〕 Richard H. Robinson 參「李華德，英譯肇論；塚本善隆，《肇論研究》」，認爲：「現存本論（〈涅槃無名論〉有一部分應屬後人僞記添附。）（Richard H. Robinson 著，郭忠生譯：《印度與中國的早期中觀學派》，南投：正聞出版社，1996 年 12 月，頁 204）

〔註7〕 任繼愈說：「中外學者……多有懷疑《涅槃無名論》爲後人僞作者，然而根據尚不充分」；「《涅槃無名論》是對整個《肇論》的歸納，也是僧肇一生學說的總結。」（見任繼愈主編：《中國佛教史》第二卷，北京：中國社會科學出版社，1985 年 11 月一刷，頁 471：511）

〔註8〕 劉貴傑說：「僧肇之〈涅槃無名論〉經近人考證疑係僞作，此論雖爲後人所竄改，然文中則仍參雜僧肇原有之觀點，當有其思想之價值。」（劉貴傑：《僧肇思想研究——魏晉玄學與佛教思想之交涉》，臺北：文史哲出版社，1985 年 8 月初版，頁 100～101）

〔註9〕 涂豔秋說：「僧肇的確作過一篇涅槃無名論，部分的文字還被梁慧皎所作的高僧傳所引錄，……今文中有許多部分可能是後人根據涅槃無名論的殘稿，攪雜慧觀的漸悟論而成……」，而涂氏「蠡測僧肇的涅槃觀」之法是，「根據高僧傳的引文，以及維摩經註中的註文」（見涂豔秋：《僧肇思想探究》，臺北：東初出版社，1996 年 4 月初版二刷，頁 231）。

〔註10〕 孫炳哲認爲「〈涅槃無名論〉爲僧肇總結自己的思想所作……但是，本文其中有些內容確是有後來添加的內容。」（見孫炳哲：《肇論通解及研究》，收錄於《中國佛教學術論典》冊十九（高雄：佛光山文教基金會）2001 年初版，頁 3（北京大學哲學系博士論文，1996 年））

〔註11〕 許抗生說：「僧肇本作有《涅槃無名論》一文，但現存的《涅槃無名論》雖原爲僧肇所作，然已經過了後人的篡改和增補。因此現存的《涅槃無名論》既包含有僧肇的，亦包含有後人的佛學思想。」（許抗生：《僧肇評傳》，南京：南京大學出版社，2001 年 2 月二刷（1998 年 12 月一刷），頁 35）

〔註12〕 龔雋認爲「〈涅槃無名論〉是僧肇作品的一部分，其內容恐有後人，但其根本大義則不悖僧肇思想。」（參龔雋：〈僧肇思想辯證——《肇論》與道、玄關係的再審查〉，《中華佛學學報》第十四期，2001 年 9 月，頁 135～158）

〔註13〕 參橫超慧日：〈涅槃無名論とその背景〉，收錄於塚本善隆編：《肇論研究》（京都：法藏館），1955 年（昭和三十年），頁 167～199。

〔註14〕 參劉建國：《中國哲學史史料學概要》（上），長春市：吉林人民出版社，1983

飛、張兆勇〔註18〕、徐文明〔註19〕、邱敏捷〔註20〕等；四、認爲可再商榷者，有呂澂〔註21〕、侯外廬〔註22〕、蔡惠明〔註23〕等。茲述如下：〔註24〕

一、主要論據

A.湯用彤僞作論〔註25〕

湯氏於《漢魏兩晉南北朝佛教史》中，提出數條疑點：

A1.頓、漸疑點

A1a.就〈涅槃無名論〉持說與支道林相同而疑之：湯氏依據陳·慧達《肇

年 5 月第一版，頁 350～354。

〔註15〕 李潤生於《僧肇》一書，頁 217～218，注釋 13，針對湯用彤、石峻〈涅槃無名論〉僞作論，提出反駁意見。雖謂：「此等論諍，葛藤甚多，聰明的讀者，自別鑑別」，其行文中則已透露〈涅槃無名論〉是眞作的立場（臺北：東大圖書公司，1989 年 6 月初版）。

〔註16〕 見賴鵬舉：〈佛教思想的傳統與僧團的實踐──以東晉羅什、慧遠兩僧團間的大論辯爲觀察〉，收錄於《宗教傳統與社會實踐論文集》（臺北：中研院民族學研究所）（抽印本），1999 年 3 月，頁 1～33。

〔註17〕 見劉成有：〈關於《涅槃無名論》作者問題的討論──《涅槃無名論》的著作權應歸僧肇〉，《文史哲》第四期，1990 年，頁 35～37。

〔註18〕 見陳作飛、張兆勇：〈讀《涅槃無名論》二題〉，《淮北煤師院學報（哲學社會科學版）》第二十二卷第三─四期，2001 年 7 月，頁 3～4。

〔註19〕 見徐文明：〈〈涅槃無名論〉眞僞辨〉，《圓光佛學學報》第七期，2002 年 12 月，頁 29～48。

〔註20〕 邱敏捷說：「本書從〈涅槃無名論〉與〈遊行經〉之關係，以及〈涅槃無名論〉有關『頓漸』的問題再討論，目的都在反駁湯用彤的觀點。可以說，〈涅槃無名論〉的作者確爲僧肇，應是無庸置疑了。」（見邱敏捷：《《肇論》研究的衍進與開展》，高雄市：高雄復文書局，2003 年，頁 108）

〔註21〕 呂澂說：「此論（〈涅槃無名論〉）是否是僧肇所作，還可以研究。」（《中國佛學思想概論》，臺北：天華出版社，1982 年，頁 112～113）

〔註22〕 侯外廬說：「這一問題尚須作進一步的考證。」（見侯外廬編：《中國思想通史》第三卷，北京：人民出版社，頁 457）

〔註23〕 蔡惠明〈僧肇大師與「肇論」〉中，認爲〈涅槃無名論〉「很有可能屬於僞作……究竟如何，猶待於進一步的探索。」（見《內明》一六七期，1982 年 2 月，頁 31）

〔註24〕 李潤生於《僧肇》一書，頁 47～62，已擇要論述湯用彤、石峻、W. Leibenthal、橫山慧日對〈涅槃無名論〉眞僞的論旨、論據、及立場，並簡單提及呂澂、方立天、馮友蘭、勞思光、徐梵澄等幾位當代學者對〈涅槃無名論〉眞僞的看法（臺北：東大圖書公司，1989 年 6 月初版）。筆者對照李氏該書與諸家之見時，發現尚有討論〈涅槃無名論〉眞僞考史的空間，此爲本節的寫作緣起。

〔註25〕 參湯用彤：《漢魏兩晉南北朝佛教史》（上）（下），臺北：駱駝出版社，1996 年 1 月一版二刷，頁 330；651～673。

論疏》中，對竺道生、支道林、僧肇等大、小頓悟的歸類，〔註26〕而批評支道林的小頓悟說「實自語相違」，「未徹底了然體用之不相離」，並推崇竺道生的大頓悟說「慧解入微，深入實相」。〔註27〕湯氏考察〈涅槃無名論〉中的兩段經文：

> 儒童菩薩時於七住，初獲無生忍，進修三位。若涅槃一也，則不應有三。如其有三，則非究竟。究竟之道，而有升降之殊。眾經異說，何以取中耶？（【難差第八】）〔註28〕

> 無為大道，平等不二。既曰無二，則不容心異。不體則已，體應窮微。而曰：體而未盡，是所未悟也。（【詰漸第十二】）〔註29〕

湯氏據此，認為〈涅槃無名論〉的持說與支道林相同，而僧肇對體用問題澈底了然，似不應仍有此說，因此湯氏懷疑此論非僧肇所作。〔註30〕

A1b.就〈涅槃無名論〉的作者疑之：湯氏假設〈涅槃無名論〉若是僧肇所作，則應是持漸以駁頓的最早者，而在多處疑點的考察下，湯氏認為〈涅槃無名論〉應是宋初頓漸爭論者所作。湯氏的立論根據，在於「【難差】以下六章，『有名』主頓，『無名』主漸，反覆陳述，只陳理本無差，而差則在人之義」。〔註31〕

A1c.就「十演」、「九折」所駁斥的頓、漸說疑之：湯氏認為〈涅槃無名論〉十演中反駁的頓悟，明顯是竺道生所作，而九折中所駁斥的漸說，則是支道林七住的頓悟說。湯氏就此立斷〈涅槃無名論〉的作者贊成七住說，而呵彈大頓悟。此外，湯氏提及竺道生以前，無人持有大頓悟說，竺道生立說應在江南，且應遠在僧肇去逝之後。〔註32〕

〔註26〕陳・慧達《肇論疏》云：「第一，竺道生法師大頓悟……。第二，小頓悟者，支道林……，肇法師亦同小頓悟義」（見《卍續藏》冊一五〇，頁858上～下）

〔註27〕見湯用彤：《漢魏兩晉南北朝佛教史》（下），臺北：駱駝出版社，1996 年 1 月一版二刷，頁 656～657。

〔註28〕見《大正藏》冊四十五，頁 159 下。

〔註29〕見《大正藏》冊四十五，頁 160 中。

〔註30〕參湯用彤：《漢魏兩晉南北朝佛教史》（下），臺北：駱駝出版社，1996 年 1 月一版二刷，頁 651～663。

〔註31〕參湯用彤：《漢魏兩晉南北朝佛教史》（下），臺北：駱駝出版社，1996 年 1 月一版二刷，頁 670。

〔註32〕參湯用彤：《漢魏兩晉南北朝佛教史》（下），臺北：駱駝出版社，1996 年 1 月一版二刷，頁 670。

A1d.就慧觀《漸悟論》疑之：湯氏提及反對頓悟的名僧，首稱慧觀，而慧觀《漸悟論》與〈涅槃無名論〉中「無名」者的見解相仿，疑是〈涅槃無名論〉的作者。湯氏舉證：〔註33〕

　　A1d1.與【難差第八】、【辯差第九】比較：湯氏考察《名僧傳鈔》所載：

> 《論》曰：問：三乘漸解實相曰：經云：三乘同悟實相而得道，爲實相，理有三耶？以悟三而果三耶？實相唯空而已，何應有三？若實相理一，以悟一而果三者，悟一則不應成三。答曰：實相乃無一可得，而有三緣。行者悟空有淺深，因行者而有三。〔註34〕

湯氏認爲此段經文，審其次序，當即慧觀所作，或並出《漸悟論》中，相當於【難差第八】、【辯差第九】之文，並且慧觀答言，亦持差別在人，與〈涅槃無名論〉相同。〔註35〕

　　A1D2.與【責異第十】、【會異第十一】比較：湯氏繼上，考察《名僧傳鈔》所載的下一段：

> 問曰：若實相無一可得，悟之則理盡，不悟則面牆，何應有淺深之異，因行者而有三？答曰：若行人悟實相無相者，要先識其相，然後悟其無相。以何爲識相？如彼生死之相，因十二緣。唯如來洞見因緣之始終，悟生死決定相畢竟不可得，如是識相非相，故謂之悟實相之上者。菩薩觀生死十二因緣，唯見其終，而不識其始，雖悟相非相，而不識因緣之始，故謂之悟實相之中者。二乘之徒，唯總觀生死之法是因緣而有，雖悟相非相，不著於生死，而（不）識因緣之始終，故謂之悟實相（之下者）。理實無二，因於行者，照有明闇，觀彼諸因緣，有盡與不盡，故於實相而有三乘之別。〔註36〕

湯氏認爲此段質問與【責異第十】相同，而其所答，與〈涅槃無名論〉皆持差別在人，只不過此文答辭實較切實。

〔註33〕見湯用彤：《漢魏兩晉南北朝佛教史》（下），臺北：駱駝出版社，1996 年 1 月一版二刷，頁 670～673。

〔註34〕見《卍續藏》冊一三四，頁 16 上。

〔註35〕見湯用彤：《漢魏兩晉南北朝佛教史》（下），臺北：駱駝出版社，1996 年 1 月一版二刷，頁 671。

〔註36〕見《卍續藏》冊一三四，頁 16 上～下。又，湯氏此段引文中案：「名僧傳鈔說處道生傳中有『上乘智慧總相觀空，菩薩智慧別相觀空事，云云。當係就頓說辨此義。今不詳』」（見湯用彤：《漢魏兩晉南北朝佛教史》（下），臺北：駱駝出版社，1996 年 1 月一版二刷，頁 672）。

A1d3.與【詰漸第十二】、【明漸第十三】比較：湯氏繼續援引《名僧傳鈔》：

> 問曰：菩薩之與二乘，既不窮因緣之始終，何得稱因緣實相而得
> 道？答曰：菩薩之與二乘，雖不洞見因緣之始終，而解生死是因
> 緣而有，知生死定相不可得，故能不染著於生死，超三界而得道。
> 云云。〔註37〕

湯氏認爲此段在說明，須先識其相，然後悟無相，而菩薩與二乘，雖不能知其
全，而究有所知。湯氏認爲此說較〈涅槃無名論〉所言，實更進一層。〔註38〕

A1d4.援引慧達《肇論疏》中關於慧觀之言疑之：湯氏依據慧達《肇論疏》
所載：

> 釋慧觀師執漸悟，以會斯譬，云：發出嵩洛，南形衡，去山百里，
> 髣髴雲嶺。路在嵩（崇）朝，岑巖遊踐。今發心而向南，九階爲髣
> 髴，十住爲見岑，大舉爲遊踐。若以足言之，向南而未至。以眼言
> 之，即有見而未明。但弁（辯）宗者得其足以爲五度度。況漸悟者，
> 取其眼以爲波若之，向南之行而所取之義殊，猶不龜之能，而所用
> 之功異之也。〔註39〕

湯氏認爲此段關於慧觀的漸悟義，係駁〈辯宗論〉背南停北之喻，意在說明
大舉遊踐，雖在登峰之後，而足發嵩洛，南趣衡岳，自遠而近，以足言之，
雖實未至，但以眼耳之，則有所見，既有所見，即是有所悟，然則悟有階級，
亦不可否認。〔註40〕

A2.文獻疑點

湯氏援引《大唐內典錄》「涅槃無名，九折十演論，無名子，（今有其論，
云是肇作，然詞力浮薄，寄名烏有）」，〔註41〕認爲〈涅槃無名論〉是託言有
名與無名的爭辨，所謂無名子即指此論。湯氏認爲果若如此，則前人已有疑
者。〔註42〕

〔註37〕見《卍續藏》冊一三四，頁16下。
〔註38〕見湯用彤：《漢魏兩晉南北朝佛教史》（下），臺北：駱駝出版社，1996 年 1
月一版二刷，頁671～672。
〔註39〕見《卍續藏》冊一五○，頁850下～860上。
〔註40〕見湯用彤：《漢魏兩晉南北朝佛教史》（下），臺北：駱駝出版社，1996 年 1
月一版二刷，頁672～673。
〔註41〕見《大唐內典錄》卷十，《大正藏》冊五十五，頁330下。
〔註42〕參湯用彤：《漢魏兩晉南北朝佛教史》（下），臺北：駱駝出版社，1996 年 1
月一版二刷，頁670。

A3.與他論筆力比較的疑點

湯氏認爲〈涅槃無名論〉「筆力與〈不眞空論〉等不相似」。〔註43〕

A4.時代疑點

湯氏依據諸本《肇論》疏等，皆謂〈涅槃無名論〉引及《涅槃經》，而僧肇死於公元四一四年，《大般涅槃經》譯出於公元四二一年，法顯本六卷《佛說大般泥洹經》最早亦在公元四一七～四一八年才問世。〔註44〕

A5.什公往生時間的疑點

湯氏質疑僧肇在羅什逝後一年而亡，而其〈上秦王表〉中，引及姚興〈與安成候書〉，「按彼書中所言，似什公去世已久」。〔註45〕

A6.辭力疑點

湯氏認爲〈涅槃無名論〉了無新意，取與諸漸家如王弘等所陳比較，辭力實浮薄，似非僧肇所作。〔註46〕

由上可知，湯用彤主要是對〈涅槃無名論〉的頓漸說、文獻、與他論比較、著作時代、文中所載的什公往生時間、以及辭力等，感到懷疑，而判定〈涅槃無名論〉是僞作。

B.石峻僞作論〔註47〕

石峻根據其師湯用彤的立論與資料，進一步寫文揭櫫〈涅槃無名論〉的存疑處：

B1.考據疑點

石峻提及陸澄《法論》中的目錄，未言及『上秦王表』，稱『以仰述陛下無名之致』」。〔註48〕

B2.與《肇論》他論文筆比較的疑點（與 A3.相仿）

石氏認爲〈涅槃無名論〉文筆，不類僧肇其它三論。〔註49〕

〔註43〕同上。

〔註44〕同上。

〔註45〕同上。

〔註46〕同上。

〔註47〕參石峻：〈讀慧達「肇論疏」述所見〉，收錄於張曼濤主編：《現代佛教學術叢刊（48）——三論典籍研究》（臺北：大乘文化出版社），1979 年 8 月初版，頁 306～307。

〔註48〕同上，頁 306。

〔註49〕同上。

B3.史實疑點

石氏對〈涅槃無名論〉反覆研讀,發現與史實亦多不符,如〈上秦王表〉「(肇)在什公門下,十有餘載,雖眾經殊致,勝趣非一,然涅槃一義,常以聽習爲先」,〔註50〕石氏不以爲然:

B3a.就僧肇師承般若學疑之:石氏提及羅什學宗般若,其高足僧叡讚稱:「扇龍樹之遺風」,〔註51〕僧肇〈鳩摩羅什法師誄〉並歎其師:「方隆般若,以應天北」,〔註52〕就此證明僧肇對「涅槃一義」,並無「常以聽習爲先」。〔註53〕

B3b.就僧肇無涅槃思想證之:石氏提及僧肇是中華三論學之祖,羅什曾嘗許爲「解空第一」,〔註54〕並且僧肇著作見存者,亦多與涅槃義無關。〔註55〕

B4.情理疑點:石氏認爲,按〈上秦王表〉所述,〈涅槃無名論〉是翼秦王姚興〈答姚嵩書〉所作,則依情理,僧肇之學應與之相契。然而石氏考察〈答姚嵩書〉經文:

> 若定言有,則無以拔高士;若定明無,則無以濟常流。是以聖人有無兼抱而不捨者,此之謂也。然諸家通第一義,廓然空寂,吾以爲殊太逕庭,不近人情,若無聖人,知無者誰也……。〔註56〕

石氏細覈姚興此說,認爲不特能所二分,且墮有得義,概淺之乎其爲論,而僧肇〈奏秦王表〉竟對此文贊曰:「實如明詔」。〔註57〕

B5.思想疑點

B5a.就駁正者疑之:石氏質疑〈涅槃無名論〉若是僧肇所作,則毋須假託無名以駁有名者,十演思想即是僧肇之學(石氏此處按:「『大唐內典

〔註50〕見《大正藏》冊四十五,頁 157 上。

〔註51〕見《大正藏》冊五十五,頁 53 上。

〔註52〕見《大正藏》冊五十二,頁 365 上。

〔註53〕參石峻:〈讀慧達「肇論疏」述所見〉,收錄於張曼濤主編:《現代佛教學術叢刊(48)——三論典籍研究》(臺北:大乘文化出版社),1979 年 8 月初版,頁 306。

〔註54〕見《大正藏》冊四十二,頁 232 上。

〔註55〕參石峻:〈讀慧達「肇論疏」述所見〉,收錄於張曼濤主編:《現代佛教學術叢刊(48)——三論典籍研究》(臺北:大乘文化出版社),1979 年 8 月初版,頁 306。

〔註56〕見《大正藏》冊五十二,頁 230 上。

〔註57〕參石峻:〈讀慧達「肇論疏」述所見〉,收錄於張曼濤主編:《現代佛教學術叢刊(48)——三論典籍研究》(臺北:大乘文化出版社),1979 年 8 月初版,頁 306〜307。

錄』言無名子，乃託肇名之偽書」。此處，石氏與湯用彤（A2.）的立論相近）。
〔註58〕

　　B5b.與〈般若無知論〉相較疑之：石氏考察〈涅槃無名論〉經文：

　　五陰永滅，則萬累都捐，……抱一湛然，故神而無功。……。（【開
　　宗第一】）〔註59〕

　　然則聖人之在天下也，寂寞虛無，……感而後應，譬猶幽谷之響，
　　明鏡之像，……其爲治也，故應而不爲，因而不施……。心非我生，
　　故日月而不動（勤），紜紜（紛紛）自彼，於我何爲，……。（【位體
　　第三】）〔註60〕

　　六境之內，非涅槃之宅，故借出以袪之，……。（【超境第五】）〔註61〕

石氏認爲凡此所論，似皆與僧肇〈般若無知論〉等思想不合。〔註62〕

　　B5c.就頓、漸思想疑之：

　　B5c1.持漸以駁頓（與 A1b.相仿）：石氏認爲【難差第八】以下六章，是
持漸以駁頓者，反覆陳述「此以人三，三於無爲」之義，而究竟之道，於理
無差。〔註63〕

　　B5c2.據《肇論疏》：石氏讀慧達《肇論疏》，知〈涅槃無名論〉所難者，
是竺道生的大頓悟義，並引有慧觀駁斥謝康樂〈辨宗論〉背南停北之喻。然
而石氏考察竺道生以前，無人持有大頓悟義，並且竺道生立說概在江南，遠
在僧肇去逝之後（414），就此石氏肯定〈涅槃無名論〉是偽作。〔註64〕可知，
石氏此點，與湯氏（A1a.、A1c.、A1d4.）的立論相近。

　　由上可知，石氏主要是從考據、與《肇論》他論文筆比較、史實、情理、
思想成分等角度，來論證〈涅槃無名論〉不是僧肇作。

〔註58〕同上。

〔註59〕見《大正藏》冊四十五，頁 157 下。

〔註60〕見《大正藏》冊四十五，頁 158 下～159 上。

〔註61〕見《大正藏》冊四十五，頁 159 中。

〔註62〕參石峻：〈讀慧達「肇論疏」述所見〉，收錄於張曼濤主編：《現代佛教學術叢
　　　　刊（48）──三論典籍研究》（臺北：大乘文化出版社），1979 年 8 月初版，
　　　　頁 307。

〔註63〕同上。

〔註64〕參石峻：〈讀慧達「肇論疏」述所見〉，收錄於張曼濤主編：《現代佛教學術叢
　　　　刊（48）──三論典籍研究》（臺北：大乘文化出版社），1979 年八月初版，
　　　　頁 306～307。

C. Walter Leibenthal 真僞參半論〔註65〕

W. Leibenthal 歸納湯用彤有關〈涅槃無名論〉是僞作的疑點，並作回應：

C1.以史實回應 A5.

湯氏考察僧肇〈奏秦王表〉中所提及的姚興〈答安成候姚嵩書〉，認爲「按彼書中所言，似什公去世已久」。〔註66〕W. Leibenthal 則根據梁・慧皎《高僧傳・僧肇傳》中提及的姚興「敕令繕寫（〈涅槃無名論〉），回應湯氏。〔註67〕

C2.以僧肇可能有涅槃思想，回應 A4.

湯氏根據《肇論》疏者均謂〈涅槃無名論〉曾多處引及僧肇去逝後（414）的《大經》（421）以及《泥洹》六卷本（417～418）。〔註68〕W. Leibenthal 則認爲除了北本《大般涅槃經》，以及宋・慧嚴等再治北本、並依《泥洹經》加之的南本《大般涅槃經》（424～453）外，〈涅槃無名論〉的部分引文，也有可能來自於法顯譯的《大般泥洹經》（418～420：不完整的版本）。W. Leibenthal 並根據僧肇去世於公元四一四年，而推論今本〈涅槃無名論〉恐非完全是僧肇所作，理由是：

C2a.吾人未能確知何時傳入的《大般涅槃經》，其部分譯文，可能在公元四一六年前，便傳至長安，成爲〈涅槃無名論〉引用的對象。這可從僧叡〈喻疑論〉中似曾提此事，證之。

C2b.假設《肇論》疏者謂〈涅槃無名論〉多處引及的北本《大般涅槃經》，並非是校訂本，則可證明僧肇可能在此經尚未出版前，早在公元四〇七年，便知道《大般涅槃經》。W. Leibenthal 強調，此點似不可信，然而吾人又如何得知僧肇於姑藏的經歷？

C3.以慧觀未纂改〈涅槃無名論〉，回應 A1d.

湯氏認爲〈涅槃無名論〉第八至十三節，關於「頓悟」的討論，可能仿製於《名僧傳抄》中慧觀寫於公元四二三年後的《漸悟論》，並認爲二者相似

〔註65〕 參 Walter Liebenthal, Chao Lun:The Treatises of Seng-chao. Hong Kong U.P., 1968, p.150～152.

〔註66〕 見湯用彤：《漢魏兩晉南北朝佛教史》（下），臺北：駱駝出版社，1996 年 1 月一版二刷，頁 670。

〔註67〕 見 Walter Liebenthal, Chao Lun:The Treatises of Seng-chao. Hong Kong U.P., 1968, p.150。

〔註68〕 見湯用彤：《漢魏兩晉南北朝佛教史》（下），臺北：駱駝出版社，1996 年 1 月一版二刷，頁 670。

之處雖並非強而有力，但足以證明慧觀是〈涅槃無名論〉第八至十三節的編纂者。W. Leibenthal 提出不同的意見：

　　C3a.僧肇曾有涅槃著作：假如湯氏所言無誤，那麼僧肇曾經著作有關涅槃的論文，則是無庸致疑。

　　C3b.後人改纂〈涅槃無名論〉之證：

　　C3b1. 由於僧肇的〈般若無知論〉、〈不眞空論〉，以及〈物不遷論〉中的一些段落，呼應〈涅槃無名論〉某些論點，就此可證必定有人纂改〈涅槃無名論〉原本。

　　C3b2. 關於〈涅槃無名論〉第八至十三節，必是後人改竄。其因在於〈涅槃無名論〉第八節（【難差第八】），曾提及菩薩「進修三位」，以入涅槃的問題，然而在第九節（【辨差第九】）與第十三節（【明漸第十三】）〔註 69〕卻又重複回答。

　　C3c.慧觀無竄改〈涅槃無名論〉之證：

　　C3c1.慧觀已發表《漸悟論》，不必再假借他人之名，而作無謂的杜撰之事。

　　C3c2. 有關〈涅槃無名論〉中的頓悟問題，與《漸悟論》並無關係，可見〈涅槃無名論〉不是源於《漸悟論》，也不是僧肇所作。

　　C3d.長安被毀的推論：〈涅槃無名論〉可能在公元四三○年長安被毀時，僅成斷簡殘篇，因此現存本〈涅槃無名論〉可能由原作的殘簡，再加《漸悟論》若干理論揉雜而成。W. Leibenthal 認爲這可能發生於公元四三○年之後，但不確定果眞如此。

　　由上可知，W. Leibenthal 提出折衷的看法，修正湯氏的僞作論，〔註 70〕認爲〈涅槃無名論〉是後人對原著的改動，並非全屬僞托。

D.橫超慧日眞作論〔註 71〕

　　橫超慧日〈涅槃無名論とその背景〉一文，共分六節。第一節，是序說；第二節，則針對姚興〈與安城候姚嵩書〉的內容，來說明〈涅槃無名論〉的

〔註 69〕 Walter Liebenthal 誤作爲第十四節。見 Walter Liebenthal,Chao Lun:The Treatises of Seng-chao.Hong Kong U.P., 1968, p.152.

〔註 70〕 參橫超慧日：〈涅槃無名論とその背景〉，收錄於塚本善隆編：《肇論研究》（京都：法藏館），1955 年（昭和三十年），頁 196。

〔註 71〕 同上，頁 167～199。

著作由來；第三節，則說明涅槃無名說的先驅；第四節，則討論三乘十地的課題；第五節，則說明〈涅槃無名論〉的大要；第六節，則分別回應湯用彤、石峻、W. Leibenthal 之說，證明〈涅槃無名論〉是眞作。茲將橫超慧日之說，簡介如下：

D1.〈涅槃無名論〉的背景〔註72〕

橫超慧日表示，〈涅槃無名論〉有特殊的撰作背景，與僧肇他論截然不同。

D1a.〈涅槃無名論〉的撰作緣由（間接回應 B4.）：從僧肇〈奏秦王表〉可見，姚興〈答安成侯姚嵩書〉中有關涅槃的討論有關，可算是〈涅槃無名論〉的直接撰作動機。而從姚興與姚嵩的答問，可反證僧肇作該論確有其客觀的因緣。即，僧肇〈涅槃無名論〉主在敷衍姚興之說。

D1b.涅槃無名說的先驅（間接回應 A1. C3b.）：〈涅槃無名論〉雖出於《大般涅槃經》之前，但「涅槃」的概念早已東傳，或翻爲「泥洹」、「泥日」、「涅槃」。又當時所出的大乘經，有關「涅槃」的概念，亦分爲「有餘」、「無餘」兩類。

D1c.三乘十地的課題（間接回應 A1.、C3b.）：佛家教義談及證悟涅槃的過程，有差別階級有無之分。而〈涅槃無名論〉大大開展對三乘、十地的論說，概與支道林、道安之說有關。

D2.〈涅槃無名論〉的作者問題〔註73〕

橫超慧日首先根據史料，敘述古人未曾懷疑〈涅槃無名論〉是僞作，爾後提及〈涅槃無名論〉會有眞僞的諍議，始自湯用彤、次石峻。後，W. Leibenthal 亦有個人獨特的見解。就此，橫超慧日分別敘述三者對〈涅槃無名論〉眞僞的論旨、論據，並提出救反之見。

D2a.回應湯用彤之說：

D2a1.以元康並非認爲僧肇援引《涅槃經》，回應 A4：針對湯氏根據唐·元康等人的《肇論》注疏本中，均謂〈涅槃無名論〉引用《涅槃經》的疑點，橫超慧日則引元康《肇論疏》經文爲證，其內容概可分爲二類：

D2a1a.證元康並非認爲僧肇援引《涅槃經》：

D2a1a1.元康注解僧肇〈奏秦王表〉「然未經高勝先唱，不敢自決」時云：

〔註72〕同上，頁 167～190。
〔註73〕同上，頁 190～199。

「似是見新涅槃經本,未有高勝之人先講,故云不自決耳」,〔註74〕可證元康
並非肯定僧肇引用《涅槃經》。

D2a1a2.元康注解【開宗第一】「眞解脫者,離於言數」,認爲「此等諸文,
是《涅槃經》中解脫大意,非全文也。」,〔註75〕可證〈涅槃無名論〉經文有
《涅槃經》的解脫大意。

D2a1a3.元康注解【玄得第十九】時云:

> 「且談論之作,必先定其本」者,本,宗也。「既論涅槃」下,依涅
> 槃宗,而說涅槃也。「若就涅槃以興言」下,若就涅槃本宗爲言,則
> 一切諸法體性皆空,皆是涅槃眞體,復何得耶?〔註76〕

關於僧肇「先定其本」的「本」義,是議論話題,元康解爲「本宗」、「涅槃
宗」、「涅槃本宗」,意謂僧肇引用《涅槃經》思想的根本義。橫超慧日認爲,
元康此說,雖非認爲僧肇援引《涅槃經》的思想,卻影響並誤導後代《肇論》
注疏本以爲僧肇引用《涅槃經》的判斷。

D2a1a4.元康注【妙存第七】「涅槃非法,非非法」時云:「《涅槃》十九云:
如來涅槃,非有非無,非有爲、非無爲等。今述彼大意也」,〔註77〕可證僧肇
僅是敘述《涅槃經》的大意。

D2a1a5.元康注【玄得第十九】認爲:

> 此論凡所引經,乃有二體。一者,標名;二者,不標名。標者,是
> 經全文;不標者,是諸經大況。未必全然,多如此也。今此所引,
> 是諸經之大況耳。〔註78〕

由此可證,元康明瞭僧肇引經有「標名」,則是「經全文」,「不標者,是諸經
大況」。

D2a1b.證元康引《涅槃經》僅爲與〈涅槃無名論〉作比較:

D2a1b1.「七覺」、「八正」:元康認爲「出《大品》、《涅槃》等經」。〔註79〕

D2a1b2.「五陰永盡,譬如燈滅」:元康認爲見於《涅槃經》
第九卷,橫超慧日則補充說明,認爲此句常見於諸經。

〔註74〕見唐・元康:《肇論疏》卷三,《大正藏》冊四十五,頁 190 中。

〔註75〕見《大正藏》冊四十五,193 上。

〔註76〕見唐・元康:《肇論疏》卷三,《大正藏》冊四十五,頁 220 上。

〔註77〕參《大正藏》冊四十五,頁 196 下～197 上。

〔註78〕見唐・元康:《肇論疏》卷下,《大正藏》冊四十五,頁 200 上。

〔註79〕見《大正藏》冊四十五,頁 193 中～下。

D2a1b3.「入於涅槃，而不般涅槃」：元康認爲「此《涅槃》經文」，〔註80〕橫超慧日則補充與《維摩經‧問疾品》「住於涅槃，不永滅度」（支謙譯《佛說維摩詰經》：「觀泥洹行，不永泥洹」）的意義相近，很難判定此文出於《涅槃經》。

D2a1b4.關於【位體第三】世尊說法，中途痾癃的經文：元康認爲與《涅槃經》第十卷相近。

由上可知，橫超慧日認爲元康《肇論疏》中，提及《涅槃經》，僅純與〈涅槃無名論〉作比較，並非表示元康認爲〈涅槃無名論〉援引《涅槃經》，然而元康之後的注疏者卻未深察，未能會解元康之意，以致誤認〈涅槃無名論〉援引《涅槃經》文。〔註81〕此外，橫超慧日認爲湯氏實不可依據《肇論》注疏本，而有錯誤的疑點。

D2a2.以所據資料不同之故，回應 A5.：湯氏提及「肇在什公逝後一年而亡，而其〈上秦王表〉中，引及姚興〈與安成候書〉。按彼書中所言，似什公去世已久」，〔註82〕橫超慧日針對湯氏根據僧肇在羅什逝後一年而亡所提出的疑問，表示此乃所據資料不同之故：

D2a2a.僧肇卒年：依《高僧傳》，僧肇卒於義熙十年（414）。

D2a2b.羅什卒年：依僧肇〈鳩摩羅什法師誄〉，羅什卒於義熙癸丑之年，亦即弘始十五年（413）。依《高僧傳‧鳩摩羅什傳》，羅什卒年有多說，或謂弘始十一年（409），或謂弘始七年（405）、八年（406）。〔註83〕橫超慧日認

〔註80〕見《大正藏》冊四十五，頁 195 中。

〔註81〕李潤生釋釋橫超慧日之說：「元康把『經曰』解說爲引自《涅槃經》者，其緣由有二：一者，他忽略了僧肇之世，《大涅槃經》還未譯出：二者，他把〈玄得第十九〉演論中『且談論之作，必先定其本』的『本』字，誤疏作『本宗』義、『涅槃宗』義（以《涅槃經》爲本的宗派），於是先入爲主，還把不一定引用《涅槃經》的地方，亦強定之爲出自《涅槃經》。其後各家注釋〈涅槃無名論〉者，多未深察，陳陳相因，於是多把『經曰』的引文，都說出自《涅槃經》了。」（見李潤生：《僧肇》，臺北：東大圖書公司，1989 年 6 月初版）筆者考察〈涅槃無名論とその背景〉一文，發現橫超慧日原意應是表示元康並非認爲僧肇援引《涅槃經》，以及元康引《涅槃經》僅爲與〈涅槃無名論〉作比較，而後代注疏家卻誤解元康之意，並非如同李氏所言，將元康納入誤認〈涅槃無名論〉援引《涅槃經》文的一員。

〔註82〕見湯用彤：《漢魏兩晉南北朝佛教史》（下），臺北：駱駝出版社，1996 年 1 月一版二刷，頁 670。

〔註83〕見梁‧慧皎：《高僧傳》卷二，《大正藏》冊五十，頁 333 上。

為，若取羅什卒於弘始十一年，則能解決湯氏「按彼書中所言，似什公去世已久」的疑問。

D2a3.以誤套思想的疏失，回應 A1.：湯氏根據陳‧慧達《肇論疏》中所二分的大、小頓悟說，而認為〈涅槃無名論〉呵斥竺道生立說在江南的大頓悟說。橫超慧日則表示，關於大、小頓悟之辨，僅是注疏家為方便解說，而將後期發展的分類思想誤套為僧肇的思想，僧肇實非在思想上與竺道生對立。

D2a4.以學養能力回應 A2.：湯氏提及《大唐內典錄》「涅槃無名，九折十演論，無名子（今有其論，云是肇作，然詞力浮薄，寄名烏有）」，橫超慧日則表示《大唐內典錄》若言〈涅槃無名論〉的作者是無名子，其意在寄名烏有，如此〈涅槃無名論〉兼取「有名」與「無名」之意則無從解說。橫超慧日並批評從「詞力浮薄」來品隲〈涅槃無名論〉，則其註文者的學養能力頗值懷疑。

D2a5.以僧肇未曾參與頓漸之爭，回應 A6.：湯氏提及〈涅槃無名論〉的頓漸論議，與王弘等所陳比較，辭力實浮薄，似非僧肇所作，橫超慧日則以《廣弘明集》卷十八所載為例，說明竺道生提倡頓悟說，釋家如法勗、僧維、慧驎、竺法綱、慧琳等人，曾有多番質疑，王弘並以書信質問。亦即，王弘等所陳的漸悟說，是作者針對竺道生的頓悟說與謝靈運的〈辯宗論〉，而提出有關漸悟本質的質問，由於是親自投入諍論之作，其措辭自然強烈。反之，僧肇未曾參與頓漸之爭，僅假託「有名」與「無名」之辯，施設為文，其筆力理所當然有別王弘。此外，橫超慧日並表示，於僧肇〈奏秦王表〉中可知，僧肇〈涅槃無名論〉的著作緣由，在於姚興的「涅槃無名說」與姚嵩的「涅槃有名說」，僧肇於是假「無名」者的立場，闡明己說，駁正現實中姚嵩等偏執「有名」論者的想法。要之，橫超慧日認為，湯氏對〈涅槃無名論〉有辭力浮薄的評論，恐有先入為主的觀念。亦即湯氏潛在意識中認為〈涅槃無名論〉主在批評竺道生的頓悟說。

D2a6 以〈涅槃無名論〉對慧觀漸悟說有影響，回應 A1d.：湯氏提及慧觀反對頓悟說，較〈涅槃無名論〉所言，實更進一層，而認為〈涅槃無名論〉是慧觀所作。橫超慧日表示，湯氏此說，似將道生、慧觀之爭的時間早於〈涅槃無名論〉的著作時間，其證據不足為證。若考察慧觀與僧肇的漸悟說之別，則可明瞭〈涅槃無名論〉對慧觀的漸悟說有所影響。

橫超慧日約就以上六點，回應湯氏的疑點。

D2b.回應石峻之說：橫超慧日表示湯氏的疑點，著重在對年代的考察，而石峻則主以僧肇其他三論爲僧肇思想體系的標準，考察〈涅槃無名論〉與僧肇其他三論有否相同。

D2b1.以僧肇有涅槃義，回應 B3.：石峻質難僧肇著作見存者，常與涅槃義無關，橫超慧日則表示羅什、僧肇的貢獻，雖主傳入三論的思想，矯正時人對般若觀念的謬解，卻未嘗對「涅槃」一義無所重視。僧肇〈奏秦王表〉「涅槃一義，常以聽習爲先」，絕不可視爲空談之言，因爲實際上仍有線索可尋：

D2b1a.《般若經》以法性空說明大乘涅槃義，此法性空義與僧肇其他三論的根本理念基調相符合。

D2b1b.從《注維摩詰經》的數條經文，可證僧肇著作有涅槃義：

> 涅槃，無生死寒暑飢渴之患，其道平等，豈容分別？（弟子品迦葉章）〔註84〕

> 小乘以三界熾然，故滅之以求無爲。夫熾然既形，故滅名以生。大乘觀法，本自不然，今何所滅？不然不滅，乃眞寂滅也。（弟子品迦旃延章）〔註85〕

> 然則無知而無不知，無爲而無不爲者，其唯菩提大覺之道乎？此無名之法，固非名所能名也。不知所以言，故強名曰菩提。斯無爲之道，豈可以身心而得乎？（菩薩品彌勒章）〔註86〕

橫超慧日表示這些經文，與〈涅槃無名論〉的思想契合，雖是一鱗半爪，卻可見微知著。

D2b1c.僧叡〈喻疑論〉云：

> 什公時，雖未有大般泥洹文，已有《法身經》明佛法身，即是泥洹。

> 與今所出，若合符契。此公若得聞此佛有眞我，一切眾生皆有佛性。

> 便當應如白日，朗其胸衿，甘露潤其四體，無所疑也。〔註87〕

橫超慧日依據「佛法身，即是泥洹」，表示般若思想亦有涅槃義，羅什師徒當

〔註84〕見《注維摩詰經》卷二，《大正藏》冊三十八，頁 345 中。
〔註85〕見《注維摩詰經》卷三，《大正藏》冊三十八，頁 354 下。
〔註86〕見《注維摩詰經》卷四，《大正藏》冊三十八，頁 362 下。
〔註87〕見《出三藏記集》卷五，《大正藏》冊五十五，頁 42 上。

無所忽略。

D2b2.以僧肇呼應、補充姚興之說，回應 B4.：石峻質難〈奏秦王表〉是僧肇翼秦王姚興之作，依情理，肇公之學應與其說相契。橫超慧日表示秦王排斥「廓然空寂」，言近淺薄，且墮有得義，僧肇卻有「實如明詔」的讚辭，點出〈涅槃無名論〉真偽的疑點。然而秦王的論點，有其主觀的判斷，而僧肇在讚辭之後，所表明的則是一切空寂的勝義、以及駁正俗見的要義，可證石氏此疑點不足以成立。

D2b3.以〈涅槃無名論〉與僧肇他論意旨一致，回應 B5b.：石峻質難〈涅槃無名論〉「無名」者的立說立場，諸如「神而無功」、「應而不為」、「六境之內，非涅槃之宅」等，與僧肇〈般若無知論〉等論思想不一。橫超慧日則表示，若以整體立場統觀考察〈涅槃無名論〉與僧肇其他三論，則可明瞭〈涅槃無名論〉的表達方式雖與他論不盡相同，其意旨則是一致。

D2c.回應 W. Leibenthal 之說：W. Leibenthal 修正湯用彤的偽作論，有一折衷的見解，橫超慧日則針對 W. Leibenthal 所認為的，〈涅槃無名論〉【難差第八】至【明漸第十三】是後人偽作的觀點，提出不同的看法：

D2c1.以〈涅槃無名論〉頓、漸思想非後人補綴，回應 C3b.：W. Leibenthal 認為，〈涅槃無名論〉中關於涅槃與三乘十地的思想，是後人補綴，橫超慧日則表示：

D2c1a.姚興居士並非是佛教學的專家，理所當然對三乘十地的理論不解，但僧肇師事羅什，精通佛學，從支道林、道安等前輩的義理思想，與般若經自身的教說，在頓、漸的考察上，必已涉及三乘十地的課題。

D2c1b.〈涅槃無名論〉【妙存第七】提及涅槃「彼此寂滅，物我冥一」的悟境，【難差第八】探討三乘十地修學如何修證涅槃，【責異第十】、【會異第十一】、與【詰漸第十二】更進一步開展頓漸的問題。其間的推論進展，十分自然，並非像 W. Leibenthal 有唐突的異解。

D2c1c.橫超慧日並補充，關於學者提及【難差第八】、【責異第十】、【詰漸第十二】代表竺道生的頓悟說，則吾人將此說與《廣弘明集》所載的謝靈運〈辯宗論〉相對照，就其立說的起源上可知，〈涅槃無名論〉與竺道生的頓悟論有顯著差異。

D3c2.補充 C3c.：在此，橫超慧日似乎對 W. Leibenthal 有些誤解，以為 W. Leibenthal 承認慧觀思想對〈涅槃無名論〉的影響，而以〈涅槃無名論〉影

響道生、慧觀的頓漸之爭的立場，作了慧觀無竄改〈涅槃無名論〉的回應。事實上，橫超慧日的說明，可作爲 W. Leibenthal 的補充說明：

D3c2a.竺道生、慧觀與僧肇同在長安師事羅什，後竺道生南歸廬山，帶回僧肇〈般若無知論〉，促使劉遺民與僧肇書信往返，導致僧肇且將《注維摩詰經》送寄廬山。後，竺道生注《維摩詰經》。可推想，僧肇〈涅槃無名論〉在江南流傳，必影響道生的頓悟說與慧觀的漸悟說。

D3c2b.就竺道生注《維摩詰經》可見，道生的確是在僧肇的深旨上繼續發揮，如《維摩詰經》的譯語與命名的由來等。

D3c2c.道生據僧肇思想而有新觀點，慧觀傾向僧肇的步調，二者經歷與個性皆相違。如《高僧傳·慧觀傳》中，時人稱之曰：「通情則生、融上首，精難則觀、肇第一。」〔註88〕慧觀漸悟說與僧肇見解相似，想當然耳。

D3c3.間接回應 A1a.、A1c.、A1d4.、B5c2.：由於 W. Leibenthal 提及〈涅槃無名論〉的頓、漸問題，橫超慧日則舉三條經文，進而對湯用彤、石峻有關「向南背北」的疑點，作了回應：

i.〈涅槃無名論〉【譏動第十四】「經稱法身已（以）上……，心智寂滅，而復云進修三位，積德彌廣」，表示「心智寂滅」與「取捨爲心」完全是相反的趣旨，卻又「會之一人」，正是無異「指南爲北，以曉迷夫」。

ii.謝靈運〈辯宗論〉中對僧維三答中云：「且南爲聖也，北爲愚也。背北向南，非停北之謂；向南背北，非至南之稱。」〔註89〕

iii.慧達《肇論疏》引用慧觀的漸悟義：

> 釋慧觀師執漸悟，以會斯譬，云：發出嵩洛，南形衡，去山百里，髣髴雲嶺。路在嵩（崇）朝，岑巖遊踐。今發心而向南，九階爲髣髴，十住爲見岑，大舉爲遊踐。若以足言之，向南而未至。以眼言之，即有見而未明。但弁（辯）宗者得其足以爲五度度。況漸悟者，取其眼以爲波若之，向南之行而所取之義殊，猶不龜之能，而所用之功異之也。〔註90〕

橫超慧日就以上經文，探討〈涅槃無名論〉「指南爲北」，以及謝靈運、慧觀

〔註88〕見《大正藏》冊五十，頁 368 中。
〔註89〕見謝靈運：〈辯宗論諸道人王衛軍問答〉，《廣弘明集》卷十八，《大正藏》冊五十二，頁 224 下。
〔註90〕見《卍續藏》冊一五〇，頁 850 下～860 上。

「背北向南」之譬的義涵：

　　i.謝靈運的「背北」非「停北之謂」,「向南」非「至南之稱」,意謂漸離愚昧,卻未得悟,而慧觀大體則以謝靈運「向南背北」作譬,「向南」之意則不同。辯宗者認爲行六度,得五度時未悟般若,仍算未得悟;漸悟者卻認爲雖未究竟覺悟,卻已對般若有所體悟。可見頓、漸兩系對「向南」一字的理解不同,亦即慧觀與謝靈運對「向南」的解釋,顯然相對。

　　ii.〈涅槃無名論〉「指南爲北」,與謝靈運、慧觀「向南背北」之譬,應有關係。〈涅槃無名論〉的「指南爲北」,意謂矛盾;謝靈運與慧觀的「向南背北」,則探討修習的過程是否算是覺悟般若。「指南爲北」與「向南背北」之譬有聯想上的困難。然而若僧肇「指南爲北」之譬不在先,則頓、漸二悟的爭論則概不會引及「向南背北」之譬。

　　橫超慧日就以上的理由,說明〈涅槃無名論〉是僧肇作,並且表示僧肇在文中,以頓、漸的立場,假設「有名」與「無名」的對話。吾人若考察僧肇的涅槃觀,則可知三乘有十地之別,是其論說的思惟產物。此外,若從歷史觀點看慧達《肇論疏》中所表示的〈涅槃無名論〉提及大、小頓悟,反映道生、慧觀頓、漸二悟之爭的說法,則是錯誤的見解。

二、迴響之見

　　以上所梳理的湯用彤、石峻、W. Leibenthal,以及橫超慧日之見,在〈涅槃無名論〉眞僞考史中,佔有重量級的地位,並是影響後人判斷眞僞的導航者。之後,探討〈涅槃無名論〉眞僞的學者,大都不離湯氏、石氏的僞作論、或是橫超慧日的折衷說、或是橫超慧日的眞作論,而再加以補充、說明,並回應不認同之處,其中亦富精譬有力之見,對〈涅槃無名論〉眞僞考有非常的貢獻。以下,茲揀舉幾位學者說明之：

E1.呂澂可商榷論〔註91〕

　　呂澂表示《肇論》中的〈涅槃無名論〉一篇,其體裁、文筆,皆與《肇論》前幾篇不大相同,今人懷疑非僧肇所作。呂氏簡要引述湯用彤、石峻、以及李華德的看法,而以「此論是否僧肇所作,還可以研究」〔註92〕的立場

〔註91〕參呂澂：《中國佛學思想概論》,臺北：天華出版社,1982 年初版,頁 112～113；119～120。
〔註92〕見呂澂：《中國佛學思想概論》,臺北：天華出版社,1982 年初版,頁 113。

回應之：

E1a.間接回應 A2.：湯用彤認爲無名子，即指〈涅槃無名論〉，呂澂則表示《內典錄》原文「無名子」以下一段，是批評另外名爲《無名子》的一書，與〈涅槃無名論〉無關，而舊刻本（宋本）一直將前後兩書分列。〔註93〕

E1b.間接回應 B4.：石峻根據〈上秦王表〉，而認爲僧肇之學應與姚興說相契，呂氏則表示僧肇〈涅槃無名論〉本據姚興和姚嵩問答涅槃所說的話加以發揮而成，論前〈奏秦王表〉即交待清楚，論文中亦有糾正姚興所說之處，不過因爲是對待帝王，措辭較委婉。〔註94〕

E2.劉建國真作論〔註95〕

劉氏以〈涅槃無名論〉是僧肇眞作的立場，提出四點理由作爲根據。

E2a.後人有著錄（回應 B1.）：劉氏表示，〈涅槃無名論〉早著錄於距離僧肇年代較近的梁·僧佑《出三藏記集》。就僧佑的著錄，以及僧肇同時代的人未曾提出是僞，足證此是僧肇的著作。

E2b.僧肇有頓悟思想（回應 A1.、B5c.）：劉氏表示，與僧肇同時代的一師之徒的道生主張頓悟說，因此僧肇涉及頓悟說並不爲怪。

E2c.「無名子」主表一書（回應 A2.）：劉氏附議呂澂所認爲的，《大唐內典錄》所載的，主指《無名子》一書，與〈涅槃無名論〉無關。劉氏援引《大正藏》與宋本《大唐內典錄》中有關「詞力浮薄，寄名烏有」等語，表示《大正藏》本「涅槃無名九析（應作折）十演論無名子，云是肇作然詞力浮薄，寄名烏有……」等語易引起疑問，但並不能證明〈涅槃無名論〉爲僞作的根據。

E2d.〈涅槃無名論〉是寫給姚興看的（回應 A3.、B2.）：劉氏表示，〈涅槃無名論〉的體裁、文筆與僧肇他論不大相同，並不能作爲僞書的根據，亦不能據此提出懷疑。原因在於〈涅槃無名論〉是寫給姚興看的，因此不能與僧肇他論一般。

E3.李潤生真作論〔註96〕

〔註93〕參呂澂：《中國佛學思想概論》，臺北：天華出版社，1982 年初版，頁 111～113。

〔註94〕參呂澂：《中國佛學思想概論》，臺北：天華出版社，1982 年初版，頁 119。

〔註95〕參劉建國：《中國哲學史史料學概要》（上），長春市：吉林人民出版社，1983 年 5 月第一版，頁 350～354。

　　李潤生於《僧肇》一書，主要有兩大部分論及〈涅槃無名論〉：一是頁47
～62 中，簡述公元一九三八～一九八九年〈涅槃無名論〉眞偽考史；二是頁
186～218 中，對〈涅槃無名論〉立說的緣起、及其義理內容作一探究。於前
部分，李氏以「按」的身分，或解釋學者的論點、或表述帶有反駁意味的己
見；於後部分，李氏則主在頁217，注釋13 中，反駁湯氏的頓、漸疑點：

　　E3a.以「按」方式表述己見：

　　E3a1.羅什逝世難確（間接回應 A5.、C1.）：李氏表示，如說「羅什先僧
肇一年逝世」，這是單從〈鳩摩羅什法師誄〉推演而來；若依《高僧傳》載，
則羅什死後五年僧肇才逝世，由此很難確明羅什先僧肇逝世是久是暫。〔註97〕

　　E2a2.間接補充 D1b.：橫超慧日表示，〈涅槃無名論〉著作時，「涅槃」觀
念早已東傳，並已分「有餘」、「無餘」兩類。李氏補充表示《金剛經》亦云：
「我皆令入無餘涅槃而滅度之。」而「自性涅槃」和「不住生死涅槃」尚未
譯出，因此僧肇仍說「有餘」、「無餘」等二種涅槃仍是合理。〔註98〕

　　E2a3.間接回應 A1.、C3b.、D1c.：橫超慧日提及，〈涅槃無名論〉亦從「三
乘」、「十地」的思想發展而來，因此僧肇本論對支道林之說實有所發展。李
氏則有二點補充表示：

　　E2a3a.「三乘」、「十地」與涅槃的關係，支道林、釋道安等已有討論，而
「七地」爲「頓悟無生法忍」的階位，早已是共許之事。

　　E2a3b.從「涅槃無相」發展到「涅槃無名」，而非同於支道林，因而預知
其說將會與竺道生對立。〔註99〕

　　E2a4.僧肇非屬「小頓悟」思想（間接回應 A1.、D2a3.）：李氏補充橫超
慧日之見，表示僧肇僅從修行階位說「漸」，因而與支道林的「小頓悟」相似，
而不能說即爲「小頓悟」的思想，因爲僧肇說「漸」僅是早期的思想。李氏
並表示，有關漸悟之說，後人作疏，以爲是〈涅槃無名論〉援引慧觀的漸悟
論而成，而未反省到慧觀亦有可能受〈涅槃無名論〉的影響，而後作出〈漸
悟論〉。〔註100〕

〔註96〕參李潤生：《僧肇》，臺北：東大圖書公司，1989 年 6 月初版，頁47～62；217
　　　　～218。
〔註97〕同上，頁52。
〔註98〕同上，頁55。
〔註99〕同上，頁55。
〔註100〕同上，頁58。

E2a5.《大唐內典錄》之證（間接回應 A2.、D2a4.）：李氏補充橫超慧日之見，表示《大唐內典錄》在餘處正文中，皆說〈涅槃無名論〉是僧肇所作，因此本條「涅槃無名，九折十演論，無名子（今有其論，云是肇作，然詞力浮薄，寄名烏有）」可靠性，也值得懷疑。李氏並於注 100 中證明《大唐內典錄》是肯定〈涅槃無名論〉是僧肇所作：

E2a5a.卷三：「沙門釋僧肇（四部四卷論）。」（《大正藏》冊五十五，頁252a）

E2a5b.卷三：「般若無知論，不眞空論，物不遷論，涅槃無名論，右四部四卷，晉安帝世，京兆沙門釋僧肇作。其行狀精理，具如本傳。」（《大正藏》冊五十五，頁 254b）〔註 101〕

E2b.以「注」反駁湯氏頓、漸的疑點（回應 A1d.）：李氏並在頁 217，注釋 13 中，提及湯用彤最有力的論據是「強調〈涅槃無名論〉實不應持支道林的『小頓悟』說，而攻擊竺道生的『大頓悟說』」，並且「公開的『頓漸之爭』更是僧肇歿後之事，不可能在僧肇時代發生」。〔註 102〕李氏就此反駁湯氏的頓、漸疑點：

E2b1.：李氏表示〈涅槃無名論〉有關「頓漸之爭」，不同於謝靈運與釋慧觀之爭，李氏區分前、後者之別：

E2b1a.：後者各有專論，如謝氏《辯宗論》針對竺道生「大頓悟」之說，慧觀著《漸悟論》以相抗衡，爲漸爲頓而公開作辯。

E2b1b.前者論及七地菩薩初證無生法忍，本可入涅槃，而以大願故，仍生於三界，有待進修三位，然後成佛，於是引出有漸修的需要。僧肇此說，有經論依據，諸如羅什所譯的《十住經》、《大智度論》等。這些經論雖非僧肇所杜撰，亦與僧肇的其他著述，如〈物不遷論〉「尋化以階道」〔註 103〕、《注維摩詰經》「七住以上，心智寂滅」〔註 104〕之談，彼此若合符節。

李氏質疑湯氏，若認爲僧肇主張「七住證無生法忍」，而又不談頓漸問題，則行文便不完備。反之，湯氏若因僧肇談及頓漸問題，卻又懷疑〈涅槃無名論〉非僧肇之作，似不應理。〔註 105〕

〔註 101〕同上，頁 58。
〔註 102〕同上，頁 217。
〔註 103〕見《大正藏》冊四十五，頁 151 中。
〔註 104〕見《大正藏》冊三十八，頁 329 中。
〔註 105〕見李潤生：《僧肇》，臺北：東大圖書公司，1989 年 6 月初版，頁 217～218。

E2b2.回應 A1d4.：李氏表示，僧肇處處強調「漸修」，如僧肇認爲「結習重惑」非漸修不辦，如是乃至引《老子》「損之又損」的方法。然而僧肇並未提出「小頓悟」之說。就此，李氏質疑湯氏，若僅依據慧達《肇論疏》所述「支道林……及僧肇均屬小頓悟」，而不從〈涅槃無名論〉找根據，甚至認爲有違僧肇餘論的主張，而就此懷疑〈涅槃無名論〉非出於僧肇之手，此亦有欠公允。

E2b3.回應 A1c.：李氏批評湯氏言〈涅槃無名論〉所反對的正是竺道生的「大頓悟」說，卻沒有引文加以辯證。即使「有名」所立，與竺道生的「大頓悟」說近似，但都是由於菩薩七地初證無生，而與二乘涅槃有異所引起，這是從文義推展而出，非立意仿效「大頓悟」說而加以辯破。若謂「大頓悟」後出，而強言〈涅槃無名論〉因之，於是時代有差，故是可疑者，此說亦有待商榷。

就上，李氏針對湯用彤、石峻有關〈涅槃無名論〉頓、漸的疑點，提出反駁的意見，雖未一語道盡，而言「此等論諍，葛藤甚多，聰明的讀者，自別鑑別」，〔註106〕然考察李氏行文，則可知李氏應持〈涅槃無名論〉是眞作的立場。〔註107〕

E4.任繼愈眞作論〔註108〕

任繼愈對〈涅槃無名論〉的看法，可分成幾點介紹：

E4a.〈涅槃無名論〉眞作的立場：任氏表示，中外學者多有懷疑〈涅槃無名論〉爲後人僞作者，然而根據尚不充分。〈涅槃無名論〉是對整個《肇論》的歸納，也是僧肇一生學說的總結。

E4b.〈涅槃無名論〉眞作的理由：任氏表示，僧肇此論中所闡述的基本思想，在其它著作中，尤其是〈般若無知論〉和《維摩詰所說經注》中，大都可以找到，而且有許多重要地方，連文字都是相同的。可見他發揮姚興的見解，並非出於簡單的迎合，也是他自己思想醞釀成熟了的成果。

E4c.〈涅槃無名論〉與他論之別：任氏表示，〈涅槃無名論〉在表達上，

〔註106〕同上，頁218。

〔註107〕如李潤生於《僧肇》一書，頁220～221，在闡述僧肇的貢獻時，提及「整合四論而成的《肇論》，無論從內容或形式而言，都能自成體系……。」（臺北：東大圖書公司，1989年6月初版）

〔註108〕參任繼愈主編：《中國佛教史》第二卷，北京：中國社會科學出版社，1985年11月一刷，頁471～512。

比其他論注要清楚明白，邏輯結構也更加嚴密系統。這樣，玄遠冥漠的味道相對地減少，宗教粗鄙之氣，迎合門閥士族的世俗化傾向則顯得增多起來，所以用玄學的標準去衡量，反而覺得淺顯。這或許是此論不太為學術界重視的原因之一。

E5.劉成有真作論〔註109〕

劉成有於〈關於《涅槃無名論》作者問題的討論──《涅槃無名論》的著作權應歸僧肇〉一文中，批評橫超慧日雖提出與湯用彤相反的論據，證明〈涅槃無名論〉為僧肇所作，但未能將〈涅槃無名論〉在思想內容上與〈般若無知論〉和〈不真空論〉等融會一致，也未能將〈奏秦王表〉中的論述與僧肇學習般若的經歷統一起來。劉氏認為，關於〈涅槃無名論〉的著作權問題因此自然而然的產生，於是劉氏進一步針對湯用彤的疑點，提出幾點回應，確證〈涅槃無名論〉的著作權應歸為僧肇所有：

E5a.：回應 A4.（B3.）：劉氏表示，〈奏秦王表〉中僧肇明言：「在什公門下十有餘載。雖眾經殊致，勝趣非一，然涅槃一義，常以聽習為先」，此說不誤。其因在於僧肇在世之時，對於「涅槃」應當有所接觸，劉氏在此詳細羅列一些原始資料證之：

E5a1.《大智度論》：羅什所譯《大智度論》（公元四〇五年譯出）中涉及涅槃之處甚多，如：

> 斷諸憶想分別，滅諸緣。以無緣實智，不墮生數中，則得安隱，常樂涅槃。（卷30）〔註110〕

> 涅槃是第一實無上法，是有二種。一者，有餘涅槃；二，無餘涅槃。愛等諸煩惱斷，是名有餘涅槃。聖人今世所受五眾盡，更不復受，是名無餘涅槃。（卷31）〔註111〕

> 法性者，法名涅槃，不可壞、不可戲論。法性名為本分種，如黃石中有金性，白石中有銀性，如是一切世間法中皆有涅槃性。（卷32）
> 〔註112〕

〔註109〕參劉成有：〈關於《涅槃無名論》作者問題的討論──《涅槃無名論》的著作權應歸僧肇〉，《文史哲》第四期，1990 年，頁 35～37。
〔註110〕見《大智度論》卷三十一，《大正藏》冊二十五，頁 289 上。
〔註111〕見《大智度論》卷三十一，《大正藏》冊二十五，頁 288 下。
〔註112〕見《大智度論》卷三十二，《大正藏》冊二十五，頁 298 中。

獨空者，如虛空，如法性，實際涅槃。（卷 70）〔註113〕

菩薩以般若波羅蜜利智慧力故，能破五眾，通達令空。即是涅槃寂
滅相。（卷 83）〔註114〕

劉氏表示，除此之外，羅什所譯，涉及涅槃義，而又能對僧肇產生影響的著作還有很多。

E5a2.《注維摩詰經》：

E5a2a.：僧肇注《維摩詰經》：「善意菩薩曰：生死、涅槃爲二。若見生死性，則無生死，無縛無解，不然不滅。如是解者，是爲入不二法門」，云：「縛然，生死之別名；解滅，涅槃之異稱。」〔註115〕

E5a2b.：僧肇注《維摩詰經》開篇：「一名不可思議解脫」，云：「微遠幽深，二乘不能測，不思議也。縱任無礙，塵累不能拘，解脫也。」〔註116〕

E5a2c.：僧肇於〈涅槃無名論〉，亦直接引用：

（【位體第三】）《維摩詰》言：我觀如來無始無終，六入已過，三界
已出。不在方，不離方；非有爲，非無爲；不可以識識，不可以智
知；無言無說，心行處滅。〔註117〕

由此可知，《維摩詰經》對僧肇佛教思想的形成，起了非常重要的作用。而其關於涅槃的論述，對僧肇不可能不產生影響。劉氏提及，任繼愈甚至認爲「僧肇主要是接受《維摩經》的思想」，「就根本上講，他是用《維摩經》去會通其他經論的。」〔註118〕

E5a3.《思益梵天所問經》（公元四〇二～四〇三年譯出）：劉氏表示，此經更有「諸法實相，即是涅槃」（《解諸法品》）〔註119〕的說法，亦有：

涅槃，名爲除滅諸相，遠離一切動念戲論。……若人於諸法滅相中
求涅槃者，我說是輩皆爲增上慢人。……涅槃者，但有名字，猶如
虛空；但有名字，不可得取。（《分別品》）〔註120〕

〔註113〕見《大智度論》卷七十，《大正藏》冊二十五，頁551上。
〔註114〕見《大智度論》卷七十，《大正藏》冊二十五，頁643上。
〔註115〕見《注維摩詰經》卷八，《大正藏》冊三十八，頁397下。
〔註116〕見《注維摩詰經》卷一，《大正藏》冊三十八，頁327下。
〔註117〕見《大正藏》冊四十五，頁158中。
〔註118〕見任繼愈主編：《中國佛教史》第二卷，北京：中國社會科學出版社，1985年11月一刷，頁472。
〔註119〕見《大正藏》冊十五，頁41上。
〔註120〕見《大正藏》冊十五，頁36下～37上。

E5a4.什譯《首楞嚴三昧經》：該經云：

> 一切諸法，究竟涅槃，是故如來不至涅槃。所以者何？涅槃性故，
> 不至涅槃。〔註121〕

E5a5.《諸法無行經》：該經云：

> 貪欲是涅槃，恚癡亦如是。如此三事中，有無量佛道。〔註122〕
>
> 一切眾生皆得菩提……，一切眾生皆是道場。〔註123〕

E5a6.《中論》：劉氏表示，羅什所譯經典中對僧肇等人影響最大的「三論」之一《中論》中，涉及涅槃之處亦著實不少，如「若不依俗諦，不得第一義；不得第一義，則不得涅槃。」（〈觀四諦品〉）〔註124〕不僅如此，《中論》中還專列一〈觀涅槃品〉，討論涅槃問題，中有「涅槃與世間，無有少分別；世間與涅槃，亦無少分別」〔註125〕語，此與〈涅槃無名論〉中的論述相似。

E5a7.《大乘大義章》：劉氏表示，今存本《大乘大義章》，是記錄鳩摩羅什和慧遠問答討論的一本書，共有十八項，其主要內容是關於大乘佛教的法性、佛身問題，然而，其旨趣實不出涅槃一義。

E5a8.任繼愈之說：劉氏按照任繼愈等人的考證：

> 南朝宋陸澄《法論目錄》……還著錄王導之孫王謐（字雅遠）與鳩
> 摩羅什的往復問答文二十四項及問者不詳一項，文皆不存，從題目
> 看，多是關於般若、三乘、神識、涅槃、佛性、淨土問題的。〔註126〕

劉氏綜上可見，表示湯氏「據《肇論疏》等，均謂此論中引及《涅槃經》」是值得仔細考證的。此外，劉氏並提及湯氏云：

> 小乘之《大般涅槃經》，此出於《長阿含》中，譯稱為《游行經》，
> 為《長阿含》之第二經。〔註127〕

劉氏表示，姚秦所譯的《長阿含》，僧肇參與其事，譯成後並為之作序，這是

〔註121〕見《大正藏》冊十五，頁636中。

〔註122〕見《大正藏》冊十五，頁759下。

〔註123〕見《大正藏》冊十五，頁756中～下。

〔註124〕見《大正藏》冊三十，頁33上。

〔註125〕見《大正藏》冊三十，頁36上。

〔註126〕見任繼愈主編：《中國佛教史》第二卷，北京：中國社會科學出版社，1985
　　　　年11月一刷，頁286。

〔註127〕見湯用彤：《漢魏兩晉南北朝佛教史》（下），臺北：駱駝出版社，1996年1
　　　　月一版二刷，頁601。

公元四一〇～四一三年間之事，〔註128〕因此僧肇於鳩摩羅什死後作〈涅槃無名論〉是有思想基礎的，就他所接觸到的經典而言，完全有可能完成此論的創作。劉氏並且表示，〈涅槃無名論〉中所引《涅槃》並不一定要出於《大經》和《泥洹經》。況且，根據《肇論疏》本身，已是第二手材料的引用，其可靠的程度已大爲減弱。

　　E5b.回應 A5.：劉氏表示，姚興〈與安城侯姚嵩書〉的寫作時間下限尙無法斷定，不過，姚興死於公元四一六年正月，且死前事務頻繁，戀佛之事跡不詳（見《晉書》卷一一七～一一八，「姚興載記」）。因此，湯先生「按彼書〈與安城侯姚嵩書〉」所言，似什公去世已久」之語很不確定，況一個「似」字，亦可見湯氏著作時對此一判斷的氣勢不足。

　　E5c.回應 A1.：劉氏批評湯氏，從〈涅槃無名論〉「九折十演」中的頓漸之爭推知非僧肇所作，其理由也不夠充分。此處，劉氏主要針對道生的大頓悟說未知成於何時，來質疑湯氏：

　　E5c1.：劉氏表示，僧肇持小頓悟說，亦稱漸悟說，主張由漸而頓，「尋化以階道」，〔註129〕而道生持大頓悟說雖無疑，但道生的大頓悟說成於何時，尙須進一步研究。劉氏就此批評湯氏，不能以「生公以前無持大頓者」來否定僧肇駁斥大頓說的可能性，因爲「生上人頃在此，同止數年，至於言語之際，常相稱詠」。〔註130〕二人在一起共同師事羅什達四年之久（公元四〇四～四〇七年），且同爲羅什門下「四聖」之一。如前所述，羅什所譯經典中涉及涅槃處不少，在《諸法無行經》中更有「一切眾生皆得菩提」、「一切眾生皆是道場」〔註131〕這樣的話。因此，在公元四〇四～四〇七年間或許道生已有「大頓悟」的萌芽，且爲僧肇談及，也未可知。〔註132〕

〔註128〕劉氏於注十七，提及：僧肇《長阿含經》序云：「以弘始十二年歲，上章掩茂。請罽賓三藏沙門佛陀耶舍，出《律藏》四分四十卷。十四年訖，十五年……出此《長阿含》訖。……余以嘉遇，猥參聽次。雖無翼善之功，而豫親承之末，故略記時事，以示來覽焉。」（筆者案：見《大正藏》冊五十五，頁 63 下）

〔註129〕見《大正藏》冊四十五，頁 151 中。

〔註130〕見僧肇：〈答劉遺民書〉，《大正藏》冊四十五，頁 155 下。

〔註131〕見姚秦・鳩摩羅什譯：《諸法無行經》卷下，《大正藏》冊十五，頁 756 中～下。

〔註132〕筆者案：劉氏根據慧達《肇論疏》所言，僧肇持有小頓悟說（漸悟說）、以及竺道生持有大頓悟說，來回應湯用彤、石峻之見。筆者認爲，劉氏申論反駁的理由，有一番道理，然而與湯氏、石氏相同，皆根據慧達《肇論疏》等間

E5c2.：劉氏表示，湯氏未進一步論證「涅槃、佛性之說，生公似有所悟，其立頓悟佛性諸義，不知在何年」。劉氏表示僧肇於羅什死後，自己生前，針對姚興〈答安城侯姚嵩書〉的提法，委婉陳辭，駁大頓而論小頓，似有可能。況頓漸問題在晉宋之際始突出，僧肇以其敏銳的才慧而有所預感，也是很有可能的，正如道生於見《大品涅槃經》之前而領悟「一闡提皆得成佛」一樣。

E5d.回應 A6.：劉氏表示，湯氏引《大唐內典錄》一條，論者多有異議，劉氏就此徵引呂澂說法以辨之（此點內容，請見 E1a.）。劉氏並表示，劉建國《中國哲學史史料學》「僧肇」中亦有說明，較爲詳細，但其宗旨亦不外於此，茲不詳述。

E5e.回應 A7.：湯氏謂「辭力浮薄，似非僧肇所作也」，劉氏則表示據前所述，〈涅槃無名論〉作於公元四一三年羅什去世至四一四年僧肇卒前，那麼，此時道生的大頓悟說尚未成熟，僧肇所接觸到的僅爲大頓、小頓的問題，況且大頓、小頓之說，時人討論不多，問題剛剛開始，則僧肇所謂不免流於疏淺。〔註133〕

E5f.回應 A1b.：湯氏認爲〈涅槃無名論〉是宋初頓漸之爭時所作，劉氏表示就〈涅槃無名論〉全文而言，【詰漸】、【明漸】一折一演僅佔一小部分，可見在僧肇爲文時尚不突出。若以湯氏之論，則所佔篇幅，似不應如此之短。〔註134〕

劉氏綜合以上諸見，表示應將〈涅槃無名論〉著作權還給僧肇。

E6.孫炳哲真僞參半論〔註135〕

孫氏表示「〈涅槃無名論〉爲僧肇總結自己的思想所作……。但是，本文其中有些內容確是有後來添加的內容」，此內容包含：

E6a.湯用彤提及的僞作部分：湯用彤所講的引用後出的《涅槃經》的話，批判竺道生「頓悟」說。

E6b.舉證 《華嚴經》：孫氏舉證說明〈涅槃無名論〉有援引後出的《華嚴

接資料，並承認僧肇駁大頓者，恐怕有違僧肇思想，並且所據文獻太過薄弱。

〔註133〕筆者案：劉氏在承認僧肇「不免流於疏淺」的前提，爲僧肇辯護，恐有不足處。

〔註134〕筆者案：有關 A1b. 湯氏的疑點，是就【難差】以下六章而論，並非僅對【詰漸】、【明漸】，因此劉氏此處的回應，恐薄弱些。

〔註135〕參孫炳哲：《肇論通解及研究》，收錄於《中國佛教學術論典》冊十九（高雄：佛光山文教基金會）2001 年初版，頁 3～4（北京大學哲學系博士論文，1996年）。

經》內容。如：【位體第三】：「經曰：菩薩入無盡三昧，盡見過去滅度諸佛」。
元康疏：「此經不詳。」《中吳集解》：「晉譯《華嚴》，安住長者普見去來今佛
無涅槃者，明無盡佛性三昧。」《略注》：「經乃晉《華嚴經》，即安住長者成
就法門名不滅度，所得三昧名無盡佛性」。孫氏表示，對此句出自晉譯《華嚴
經》，歷代注疏本沒有異議。這是〈涅槃無名論〉在廣泛流傳過程中被人添加
的證明。

E6c.文句改變部分：孫氏表示，〈涅槃無名論〉文句改變，亦是不可避免。
如《高僧傳·僧肇傳》中引用的〈涅槃無名論·開宗第一〉的內容，即有此
種情形。

孫氏綜上表示，〈涅槃無名論〉與前三論的整個思想來看，並無矛盾，應
是僧肇所作。

E7.許抗生真偽參半論〔註136〕

許抗生於《僧肇評傳》一書，在「關於《涅槃無名論》真偽的考辨」一
節，介紹幾位學者對〈涅槃無名論〉真偽的看法，並提出己見。

E7a.回應湯用彤之說：許氏認為湯氏 A4.、A1c.、A1b.之見有根據，A2.、
A5.似不能成立。〔註137〕

E7a1.附議湯氏 A4.之說：許氏表示，湯氏提及〈涅槃無名論〉引及《大
般涅槃經》的問題，是比較重要的問題。就此批評劉建國未作出回答。

E7a1a.時間前後的矛盾：許氏舉證說明大乘《涅槃經》的翻譯，皆在僧肇
去世（414 年）之後。若僧肇〈涅槃無名論〉確實援引《大涅槃經》，則在時
間的前後是一矛盾。

E7a1b.似引曇無讖所譯之經：許氏並根據湯氏的考證，認為在僧肇去世之
前，似乎只有小乘《涅槃經》（即出自《長阿含經》中的一部分）的翻譯，尚
無大乘類《涅槃經》的譯出。而現存的〈涅槃無名論〉中有些章節似援引曇
無讖所譯的《大般涅槃經》的文句和思想。

E7a1b1.舉證一：「經云」出處：許氏提及【窮源第十六】：「經云：涅槃無
始無終，湛若虛空。」與【開宗第一】：「經云：真解脫者，離於言數，寂滅
永安，無始無終，不晦不明，不寒不暑，湛若虛空。」認為此處的「經云」

〔註136〕參許抗生：《僧肇評傳》，南京：南京大學出版社，2001 年 2 月二刷（1998 年
12 月一刷），頁 26～40。
〔註137〕參許抗生：《僧肇評傳》，南京：南京大學出版社，2001 年 2 月二刷，頁 30。

似指曇無讖所譯的《大般涅槃經》。

E7a1b2.舉證二：.許氏查《大般涅槃經》卷五中所提及的「眞解脫者」、「虛空即是解脫」、「解脫者名曰安穩」、「安穩即眞解脫」等等，皆與〈涅槃無名論〉中所說的「眞解脫者，寂滅永安，湛然虛空」思想基本一致。

E7a1b3.舉證三：【通古第十七】：「又曰：見緣起爲見法，見法爲見佛，斯則物我不異之效也。」似引《大般涅槃經》卷二十七中所說的文句：「若有人見十二緣者，即是見法，見法者，即見佛。」

E7a1b4.舉證四：【考得第十八】：「（經）云：得涅槃者，五陰都盡，譬猶燈滅。」許氏認爲，這亦與《大般涅槃經》卷二十九中所說的「如燈油盡，明焰則滅。眾生愛盡，則見佛性。」思想基本一致。

E7a1b5.舉證五：【玄得第十九】：「經曰：涅槃非眾生，亦不異眾生。」許氏認爲，這比較明顯引自《大般涅槃經》卷二十二中所說的「是故如來非眾生，亦非非眾生」思想。

由此，許氏表示，〈涅槃無名論〉一文應是援引《大般涅槃經》的經文和思想資料。此外，由於劉建國未能加以駁倒湯用彤有關〈涅槃無名論〉的疑點，因此許氏結論「現存的《涅槃無名論》雖原爲僧肇所作，然已經過了後人的纂改和增補。」〔註138〕

E7b.回應劉建國之說：許氏認爲劉氏 E2a.、E2c.是有根據，E2b.、E2d.似不足以證之。

E7b1.許氏附議劉氏 E2a.（梁・僧佑《出三藏記集》已著錄〈涅槃無名論〉）之說。許氏並表示，《出三藏記集》卷十二所載的〈涅槃無名論〉目錄，來自劉宋時陸澄所撰的《法論目錄》，可見劉宋時代〈涅槃無名論〉已著錄，這說明劉宋時期陸澄己見僧肇的〈涅槃無名論〉。而後來梁《高僧傳》又明確肯定僧肇作有〈涅槃無名論〉一文。許氏根據這些史籍記載，認爲不應懷疑僧肇著有〈涅槃無名論〉一文。〔註139〕

E7b2.許氏同意劉氏 E2c.之說，亦即呂澂 E1a.所認爲的，「無名子」是一部與〈涅槃無名論〉無關的書。許氏表示，宋本的《大唐內典錄》的論文排列次序充分說明此點。而《大正藏》的理解和排列恐怕並不符合《大唐內典錄》的原意，從而引起人們的誤會。許氏表示，其實《無名子》是一書，猶如晚唐出

〔註138〕參許抗生：《僧肇評傳》，南京：南京大學出版社，2001 年 2 月二刷，頁 32～35。
〔註139〕同上，頁 30。

現的《無能子》一樣，並非指〈涅槃無名論〉的作者是「無名氏」。〔註140〕

E7b3.許氏反駁劉氏 E2c.之說，亦即許氏反駁劉氏所認爲的，有關僧肇因同窗竺道生而有涅槃思想之說：

E7b3a.僧肇與道生確是師事羅什，是兩位關係較好的同學，但是道生提出頓悟成佛說是在離開長安南歸建業之後。

E7b3b.據《高僧傳·道生傳》所載，道生提出不同凡響的頓悟成佛等新說，爲「守文之徒，多生嫌疑，與奪之聲，紛然競起」，當在道生南歸建業之後，而不在北方的後秦長安。

E7b3c.道生在長安時，與僧肇同學羅什的般若三論學，同注《維摩詰經》。誠如《高僧傳》所載，「初關中僧肇始注維摩，世咸玩味。生乃更發深旨，顯揚（暢）新典（異）」，〔註141〕兩者思想基本一致，沒有發生過激烈的爭論。

E7b3d.道生於公元四〇九年南歸建業，僧肇卒於四一四年，在此期間長安地區史傳中未曾記載過有頓漸之爭。

E7b3e.許氏綜上表示，以此將〈涅槃無名論〉中有關頓漸之爭，說成即是僧肇與其同學道生思想之爭，似根據不足。除非在此期間，道生已在南方提倡頓悟成佛之說，並已流傳到長安。但這一設想，現尚無史料的根據。〔註142〕

E7b4.許氏批評劉氏 E2d.之說，恐怕太過絕對。許氏就〈涅槃無名論〉文章結構鬆散回應之。

E7b4a.一個人寫作不同的論文，其體裁、文筆是可以有差別的，但〈涅槃無名論〉文章結構鬆散，與僧肇他論確有不同。若加以比較，〈涅槃無名論〉有些章節，似不出於僧肇手筆，以此可提出懷疑。

E7b4b.從體裁上看，〈般若無知論〉與〈涅槃無名論〉兩文比較接近，皆採用問答體裁，有問難有回答。但前者討論的問題很集中，都是緊密地圍繞著主題般若有知還是無知而展開議論，文章一環扣著一環，論證很嚴密。這與僧肇〈不眞空論〉、〈物不遷論〉是相同的。但〈涅槃無名論〉一文，卻文章結構鬆散不集中，有些章節離開討論的主題。

E7b4b1.【開宗第一】至【位體第三】討論涅槃有名與無名的問題，緊扣主題。

〔註140〕同上，頁30～31。
〔註141〕見《大正藏》冊五十，頁367上。
〔註142〕參許抗生：《僧肇評傳》，南京：南京大學出版社，2001年2月二刷，頁31。

E7b4b2.【徵出第四】至【妙存第七】主要討論與涅槃有名與無名有關的涅槃本身有無的問題。

E7b4b3.【難差第八】至【動寂第十五】主要討論頓、漸問題,與涅槃有名、無名的問題關係不是那麼密切。

E7b4b4.【窮源第十六】至【通古第十七】討論涅槃有始有終、或是無始無終的問題。【考得第十八】至【玄得第十九】討論眾生得不得涅槃的問題。許氏表示,這四節皆與涅槃有名、無名之辨相去較遠。

許氏由此認爲,現存的〈涅槃無名論〉討論不少與主題關係不甚密切的問題,這與僧肇他論的文筆顯然不同。就此,許氏肯定湯用彤提出懷疑,是有道理的。〔註143〕

E7c.補充證明一——舉《高僧傳》與〈涅槃無名論〉經文有出入爲例:許氏表示,《高僧傳·釋僧肇傳》所引的〈涅槃無名論〉的部分內容與現存〈涅槃無名論〉有出入。

E7c1.現存〈涅槃無名論〉將【開宗】一節當作九折十演之一,而《高僧傳》引了【開宗】一節全文之後才說:「其後十演九折,凡數千字」,似現存的〈涅槃無名論〉少了一節。

E7c2.《高僧傳》所引僧肇〈上秦王表〉的全文,亦與現存〈涅槃無名論〉中的〈奏秦王表〉有出入。許氏表示,前者所引的文字比較順通,而後者的〈奏秦王表〉則增多三段文字,似與文章主題關係不大,增加之後反使文章累贅,不似一氣呵成,而是在中間添加進去。

許氏就此表示,梁時所見的〈上秦王表〉與現存的〈涅槃無名論〉中的文字有較大的出入。〔註144〕

E7d.補充證明二——舉灌頂所見經文與〈涅槃無名論〉有出入爲例:許氏舉灌頂《大般涅槃經玄義》卷上五段有關援引僧肇〈涅槃無名論〉的經文,表示與現存的〈涅槃無名論〉經文有出入,許氏就此證明灌頂所引的〈涅槃無名論〉可能另有所本,而現存的〈涅槃無名論〉可能是經過後人加工之後的傳本。〔註145〕

〔註143〕見許抗生:《僧肇評傳》,南京:南京大學出版社,2001 年 2 月二刷,頁 31~32。

〔註144〕參許抗生:《僧肇評傳》,南京:南京大學出版社,2001 年 2 月二刷,頁 35~36。

〔註145〕參許抗生:《僧肇評傳》,南京:南京大學出版社,2001 年 2 月二刷,頁 36~38。又,筆者案 E7c.、E7d:許抗生就文句同異,補充證明〈涅槃無名論〉是

E7e.附議孫炳哲之說 E6b.：許氏同意孫氏所言，〈涅槃無名論〉引用晉譯《華嚴經》作爲後人添加的根據。許氏並表示，查《華嚴經》的翻譯，舉郭朋對《華嚴經》出土之論爲證，說明大本《華嚴》到了東晉時才由佛馱跋陀羅譯出，這即是後人所說的晉譯《華嚴經》。由此可見，僧肇所寫的〈涅槃無名論〉決不可能援引晉譯《華嚴經》的文句，這說明有些文句必定是後人添加進去的。〔註146〕

E8.賴鵬舉眞作論〔註147〕

賴鵬舉於〈佛教思想的傳統與僧團的實踐——以東晉羅什、慧遠兩僧團間的大論辯爲觀察〉一文中，主以中國東晉時期佛教南北兩大僧團所主張的思想的離合爲探討重點——北方的羅什僧團，主張「空」思想；南方的慧遠僧團，主張「有」的思想。然而此文，卻也適用於解決中國佛教史上有關〈涅槃無名論〉是否出於僧肇原作的問題。

文中，除前言及結論外，賴氏共分七節討論：一、慧遠向羅什的請問揭開大論辯的序幕；二、僧肇對「法性論」所發動的第一、二波論破、及慧遠將此論往般若的方向修正；三、道生以《維摩經注》全面建立廬山「涅槃」的基礎；四、僧肇以〈涅槃無名論〉破當時《成實》學者的小乘涅槃說；五、僧肇在〈涅槃無名論〉中對廬山涅槃發動最後一波論破；六、僧叡在論辯中由般若而轉入涅槃的陣營；七、中國佛教義學第一次大論辯的結局。

賴氏表示，湯用彤《漢魏兩晉南北朝佛教史》第十六章提及〈涅槃無名論〉是僞作，然而湯氏部分觀點已在日本學者合著的《肇論研究》中加以修正，但獨獨〈論〉中「頓、漸」的問題是否出於南朝竺道生的事，日本學者則無明確提出反駁的看法。因此〈涅槃無名論〉眞、僞的問題仍然存在。賴氏則表示，諸家多以版本、年代來考據〈涅槃無名論〉的眞僞。雖然湯氏曾涉及義理上的疑點，但由於也許是史學家出身，對於義理的理解並非透澈，以致其疑點未足以使人信服。就此賴氏點出，諸家忽略、或未眞正就僧肇的

眞僞參半。筆者認爲這可能要商榷。因爲後人詮釋〈涅槃無名論〉，有時僅是引用文字的意思，而並不重視文句的同質性。

〔註146〕參許抗生：《僧肇評傳》，南京：南京大學出版社，2001 年 2 月二刷，頁 38～40。

〔註147〕參賴鵬舉：〈佛教思想的傳統與僧團的實踐——以東晉羅什、慧遠兩僧團間的大論辯爲觀察〉，《宗教傳統與社會實踐論文集》（臺北：中研院民族學研究所）（抽印本），1999 年 3 月，頁 1～33。

思想淵源來論〈涅槃無名論〉的眞僞。若將〈涅槃無名論〉置於僧肇的思想淵源來論，則許多問題將迎刃而解。就此，賴氏表示，僧肇〈九折十演〉主要是駁正成實論者與廬山法性論者。茲歸納賴氏認爲〈涅槃無名論〉是僧肇眞作的理由如下：

E8a.〈涅槃無名論〉駁正偏空的成實論者：賴氏表示，僧肇假【覈體第二】至【妙存第七】等三折三演，來駁正關中以慧導爲首的成實論者。僧肇駁正成實論者之因，在於成實論者不僅於《成實論》中，有七處破一切有部的《阿毘曇》，〔註148〕並於姚興、羅什之世，提出「無有三世」與「廓然空寂，無有聖人」的論點，明顯承繼《阿含經》「灰身滅智」的涅槃觀點，如此雖言空義，但義近小乘偏空的涅槃觀點，因此僧肇欲駁正之。

E8b.〈涅槃無名論〉回應《鳩摩羅什法師大義》遺而未決的問題（間接回應 A1.）：賴氏表示，《鳩摩羅什法師大義》中，廬山法性論者慧遠曾向羅什提出不少關於涅槃的難問，可惜羅什並未充分加以回應慧遠一些關鍵性的問題，因此僧肇在羅什過世之後，便著〈涅槃無名論〉來處理這些問題，諸如【難差第八】至【玄得第十九】等，皆是延續羅什與慧遠之辯。因此，賴氏表示，僧肇「『頓』的觀點乃始於慧遠，不始於道生。『頓漸』之爭始於慧遠與羅什之時，並非是南朝的道生與慧觀。如此僧肇〈涅槃無名論〉的時、空、人物便順理成章」。〔註149〕僧肇假【開宗第一】、以及【難差第八】至【玄得第十九】等六折七演，來駁正廬山法性論者偏「有」的思想。

E8c.僧肇時代有涅槃思想：

E8c1.間接回應 B3.：賴氏表示，當時大乘《涅槃經》雖未傳及中國，卻已有小乘《涅槃經》談及荼毘等涅槃事，如西晉時所譯的《佛滅度後棺斂葬送經》。〔註150〕而羅什在大乘《涅槃經》傳至中國之前，已先傳出大乘《涅槃義》。如在與慧遠問答的《鳩摩羅什法師大義》中，羅什多次言及「涅槃」義，〔註151〕且言及「爲利根者，說一切法，從本已來，不生不滅畢竟空，如泥洹

〔註148〕參梁·慧皎《高僧傳》卷六〈釋僧叡〉：「後出《成實論》，令叡講之。什謂叡曰：此諍論中，有七變處文破《毘曇》。」（《大正藏》冊五十，頁364中）

〔註149〕賴鵬舉：〈佛教思想的傳統與僧團的實踐——以東晉羅什、慧遠兩僧團間的大論辯爲觀察〉，《宗教傳統與社會實踐論文集》（臺北：中研院民族學研究所）（抽印本），1999年3月，頁1。

〔註150〕見《大正藏》冊十二，頁1114中～1115上。

〔註151〕賴鵬舉說：「與慧遠問答的《羅什大義》中，羅什六度言及「涅槃」義。」（見〈佛教思想的傳統與僧團的實踐——以東晉羅什、慧遠兩僧團間的大論辯爲

相」〔註152〕的大乘涅槃義。

　　E8c2.「五陰永盡，譬如燈滅」：賴氏表示，有部分佛教學者懷疑「五陰
永盡，譬如燈滅」，出自涼本《涅槃經》（北涼玄始十年，公元四二一年出），
但先出諸《涅槃經》等皆有相似的句子，不是涼本《涅槃經》所獨有。賴氏
舉證，如秦錄《佛入涅槃密跡金剛力士哀戀經》：「如來已去，不復還耶？猶
如燈滅，更不復明。」〔註153〕

　　E8d.僧肇基於「聽習」而有涅槃思想：賴氏根據〈奏秦王表〉「涅槃一義，
常以聽習爲先……」等文，而表示僧肇自謂於譯場，經常聽習羅什談及「涅
槃」義，以致對大乘涅槃境界有新的領悟。

　　由賴氏所言可知，僧肇因爲「聽習」而有涅槃思想。而著作〈涅槃無名
論〉的駁正對象，有二：一、主張涅槃有我的廬山慧遠僧團；二、有小乘偏
空的涅槃觀點的成實論者。〔註154〕

E9.陳作飛、張兆勇眞作論〔註155〕

　　陳作飛、張兆勇於〈讀《涅槃無名論》二題〉一文中，主以二點作陳述，
以理證〈涅槃無名論〉不是僞作。

　　E9a.〈涅槃無名論〉「萬物無非我造」與〈不眞空論〉「即萬物之自虛」並
無矛盾（回應 B.）：石峻〈肇論思想研究〉中提及，〈無名論·通古〉一節「萬
物無非我造」與〈不眞空論〉中「即萬物之自虛」相互矛盾，陳氏、張氏解
釋石氏概認爲〈不眞空論〉主張聖人無爲，所謂「即萬物之自虛」，而「萬物
無非我造」，則又是有爲論者，因此相矛盾。陳氏、張氏表示，《肇論》中「萬
物無非我造」與「即萬物之自虛」，看似有相抵牾之處，其實深入推究，二者

觀察〉，《宗教傳統與社會實踐論文集》（台北：中研院民族學研究所）（抽印
本），1999 年 3 月，頁 19）筆者考察《羅什大義》，發現除了賴氏所舉的六例
之外，羅什尚有多處提及「涅槃」義，更可證明僧肇有聽習涅槃義的可能（參
東晉·慧遠問、羅什答：《鳩摩羅什法師大義》，《大正藏》冊四十五，頁 122
上～143 中）。

〔註152〕見東晉·慧遠問、羅什答：《鳩摩羅什法師大義》，《大正藏》冊四十五，頁 137 上。

〔註153〕見《大正藏》冊十二，頁 1117 上。

〔註154〕筆者案：筆者認爲賴氏就僧肇思想的淵源，證明〈涅槃無名論〉是眞作的論
點，有一番道理，因而本文附議賴氏所表示的，僧肇藉〈涅槃無名論〉駁正
成實論者與法性論者。此外，筆者認爲，僧肇應附帶駁正執涅槃爲實有的說
一切有部，以及執如燈滅而成虛無的經量部。

〔註155〕見《淮北煤師院學報（哲學社會科學版）》第二十二卷第三－第四期，2001
年 7 月，頁 3～4。

僅是「不同範疇裏討論的二個命題」：

E9a1.釋「即萬物之自虛」：陳氏、張氏表示，誠如許多學者發現的，〈不眞空論〉是討論諸法實相，而「萬物之自虛」正指諸法實相，這是僧肇所持般若的新認識觀念對諸法之本體的透析。〈不眞空論〉之所謂聖人即是獲得般若智的人，而所謂般若智，即是「即萬物之自虛」，了悟萬法本體之實相的所謂「不眞空」。如此不難發現，「即萬物之自虛」命題在〈不眞空論〉中出現三次，從不同的角度反覆論證聖人欲把握諸法實相所必取之方。

E9a2.釋「萬物無非我造」：陳氏、張氏表示，細讀〈通古〉一段，「夫至人空洞無象，而萬物無非我造，會萬物以成己者，其唯聖人乎」，將發現「會萬物以成己者」，雖然是在描述聖智妙契於諸法的實相，但是似乎不如〈不眞空論〉裏談如何把握諸法的實相，而是言眾生成其聖人，亦即達到涅槃境界後，它的法身之於外在萬法的關係。或言之，是對獲般若智的我與萬法之關係的描述。如此關係即是「萬物無非我造，會萬物以成己者」。所謂的「造」，意謂我的聖智妙契萬法的實相。亦即僧肇所言「非理不聖，非聖不理」。此「理」，即是諸法實相；此「聖」，即是般若聖智。

陳氏、張氏表示，上述兩個命題所討論的不是一類問題，一個是在強調如何識得諸法實相，屬認識論問題；一個則是在描述具有涅槃境界的聖人與諸法的不二關係，屬主體的人生境界問題，因此不能比較而以爲矛盾。

E9b.回應 B3b.：陳氏、張氏根據《注維摩詰經》僧肇所宣的「涅槃」義與〈涅槃無名論〉中所持的「涅槃」義有共同的精神實質，來證明僧肇具有涅槃義：

E9b1.《維摩經》肇注的價值：陳氏、張氏強調《維摩經》肇注的觀點歷來爲學者們重視，以爲與《肇論》呼應。由於在〈注維摩詰經序〉裏，僧肇言明此經乃弘始八年請羅什師譯，而自己「輒順所聞，爲之注解」，因此對肇注此經及師承，學者看法亦頗爲一致。陳氏、張氏並援引〈答劉遺民書〉：

> 什法師以午年出《維摩經》，貧道時預聽次。參承之暇，輒復條記成言，以爲注解。辭雖不文，然義承有本。今因信持一本往南，君閑詳，試可取看。〔註156〕

陳氏、張氏表示，按〈般若無知論〉的主旨，是僧肇以般若的新觀念解構玄言的本體，關於此，廬山隱士劉遺民一時不明白，僧肇要他參照《維摩經注》

〔註156〕見《大正藏》冊四十五，頁 155 下。

讀之，可見僧肇極重視自己所注解的《維摩經》，並且對注中精義的傾向也非常明確。

E9b2.《維摩經》肇注的「涅槃」義：陳氏、張氏表示，《維摩經》雖被視為大乘般若學的經典，但肇注中直接談到「涅槃」問題的言論有二十五處之多，且忠實於《維摩經》全文，另外還有一些間接談到「涅槃」的無為、無名眞性。從僧肇的這些有關「涅槃」的論議中，發現《維摩經》注所謂「涅槃」，主要是從獲得般若智的人的境界上談的。概括起來說，肇注可分幾點：

E9b2a.涅槃是煩惱的眞性，達於涅槃即是超越生死等人生煩惱：

> 七使九結，惱亂群生，故名爲煩惱。煩惱眞性，即是涅槃。（〈弟子品〉）〔註157〕

> 縛然生死之別名，解滅涅槃之異稱。（〈入不二法門品〉）〔註158〕

E9b2b.既然如此，僧肇反對去尋找一個獨立於煩惱的涅槃，以爲小乘卑生死而尋涅槃，反而爲其所障：

> 小乘以三界熾然，故滅之以求無爲。夫熾然既形，故滅名以生。大乘觀法，本自不然，今何所滅？不然不滅，乃眞寂滅也。（〈弟子品〉）〔註159〕

> 二乘雖無結慢，然卑生死，尊涅槃，猶有相似慢結慢者。（〈觀眾生品〉）〔註160〕

E9b2c.僧肇的涅槃境界乃是現身涅槃，方入生死，而能與生死之中處之無閡。此點，肇公的議論尤其多：

> 僞出家者，惡此生死，尊彼涅槃，故有中間三處之異。眞出家者，遣萬累，亡彼此，豈有是非三處之殊哉？……既無彼此，則離眾邪見，同涅槃也。（〈弟子品〉）〔註161〕

> 雖解身空，而不取涅槃畢竟之道，故能安住生死，與眾生同疾。（〈問疾品〉）〔註162〕

〔註157〕見《注維摩詰經》卷二，《大正藏》冊三十八，頁345中。
〔註158〕見《注維摩詰經》卷八，《大正藏》冊三十八，頁397下。
〔註159〕見《注維摩詰經》卷三，《大正藏》冊三十八，頁354下。
〔註160〕見《注維摩詰經》卷六〈觀眾生品〉，《大正藏》冊三十八，頁388中。
〔註161〕見《注維摩詰經》卷三〈弟子品〉，《大正藏》冊三十八，頁357下～358上。
〔註162〕見《注維摩詰經》卷五〈問疾品〉，《大正藏》冊三十八，頁375上。

陳氏、張氏表示,「現生涅槃,方入生死」,僧肇將此種境界概括成「權智」,並且以爲權智乃是《維摩經》的總綱。其〈注維摩經序〉云:

> 此經所明統萬行,則以權智爲主。樹德本,則以六度爲根。〔註163〕

可知,僧肇並無輕視對獲得般若智的聖者境界的描述。亦言之,僧肇時刻關注般若智與涅槃境界的打通。

E9b2d.關於「涅槃」境界的獲得,僧肇認爲眾生封惑於心,此封惑不可頓捨:

> 群生封累深厚,不可頓捨。故階級漸遣,以至無遣也。(〈文殊師利問疾品〉)〔註164〕

> 七住以上,心智寂滅。以心無爲,故無德不爲。(〈佛果品〉)〔註165〕

陳氏、張氏表示,僧肇認爲,封累在七住之後則可解縛;七住以內是有量,七住以後方悟無生。僧肇並且認爲,七住獲無生信,乃有無生忍和無生境界的不同。尤其是需要依次增遞以達於境界的終端。此方是悟,所謂大覺始成。

E9b2e.涅槃境界的描述:

> 七住得無生忍已後,所行萬行,皆無相無緣,與無生同體。無生同體,無分別也。真慈無緣,無復心相。心相既無,則泊然永寂。(〈觀眾生品〉)〔註166〕

> 大乘自法身以上,得無礙真心。心智寂然,未嘗不定。以心常定,故能萬事普照。不假推求,然後知也。(〈弟子品〉)〔註167〕

陳氏、張氏表示,若吾人不反對《維摩經注》的般若思想與〈物不遷論〉、〈不真空論〉等有內在聯繫的話,則可發現《維摩經注》與〈涅槃無名論〉中的「涅槃」義有著明晰的承繼關係。

E9b3.〈涅槃無名論〉的涅槃義:

E9b3a.視涅槃爲煩惱的真性:

> 經稱有餘涅槃、無餘涅槃者,秦言無爲,亦名滅度。無爲者,取乎虛無寂寞,妙絕於有爲;滅度者,言其大患永滅,超度四流。(【開

〔註163〕見〈注維摩詰經序〉,《大正藏》冊三十八,頁 327 上。
〔註164〕見《注維摩詰經》卷五〈問疾品〉,《大正藏》冊三十八,頁 377 上。
〔註165〕見《注維摩詰經》卷一〈佛果品〉,《大正藏》冊三十八,頁 329 中。
〔註166〕見《注維摩詰經》卷六,《大正藏》冊三十八,頁 384 中。
〔註167〕見《注維摩詰經》卷三,《大正藏》冊三十八,頁 352 下。

宗第一】）〔註168〕

E9b3b.反對去尋找一個獨立於煩惱的涅槃：

　體其非有非無，豈曰有無之外，別有一有而可稱哉？（【超境第五】）

〔註169〕

　淨名曰：天女曰：不出魔界，而入佛界。（【妙存第七】）〔註170〕

　不出有無，又不在有無。（【搜玄第六】）〔註171〕

E9b3c.僧肇志在解惑而持漸的立場：

　（《維摩經》）不離煩惱，而得涅槃。（【妙存第七】）〔註172〕

　結是重惑，可謂頓盡，亦所未喻。（【明漸第十三】）〔註173〕

綜上，陳氏、張氏表示，〈涅槃無名論〉的「涅槃」義，與《維摩詰經》肇注所申言的「涅槃」義，有高度的一致性。

　　由以上可知，古今中外〈涅槃無名論〉真偽考史有著豐富的對辯內容。囿於篇幅，個人並未俱細靡遺的詳述所有加入真偽考辯的學者的立論主張，但從以上的載述中可知，〈涅槃無名論〉是偽作的論點，恐不能站得住腳。至少可判定〈涅槃無名論〉純是僧肇所作，或是真偽參半。

第二節　證〈涅槃無名論〉是僧肇作

　　由上一節有關〈涅槃無名論〉真偽考的回顧，可知湯用彤一反傳統的提出〈涅槃無名論〉是偽作後，使該文的研究頓時複雜起來。湯氏之見，具有重量級的權威，決定性的影響近人對〈涅槃無名論〉的認知，以及對僧肇思想的詮釋與評價。多年來，學界多位學者猶如接力賽，積極不懈的探究〈涅槃無名論〉真偽之謎。迄今，〈涅槃無名論〉雖仍存有真偽的歧議，但已有顯著的成效。所謂真理愈辯愈明，湯氏、石氏等偽作的疑點，幾近被後起的學者以充分的理由駁正，偽作疑點已明顯的站不住腳。省視之，〈涅槃無名論〉應可確認不是偽作，而今日遺而未決的問題，應是〈涅槃無名論〉全文究竟

〔註168〕見《大正藏》冊四十五，頁157中～下。
〔註169〕見《大正藏》冊四十五，頁159中。
〔註170〕見《大正藏》冊四十五，頁159中。
〔註171〕見《大正藏》冊四十五，頁159中。
〔註172〕見《大正藏》冊四十五，頁159中。
〔註173〕見《大正藏》冊四十五，頁160中。

是僧肇作，還是眞僞參半？

　　筆者認爲至今已有充分理由，證明〈涅槃無名論〉的版權應歸屬僧肇，並能證明〈涅槃無名論〉是《肇論》不可或缺的邏輯環節。茲述理由如下：

一、據僧肇《注維摩詰經》的涅槃思想

　　由上一節可知，石峻（B3b.）〔註174〕認爲僧肇並無涅槃義，而判定僧肇沒有作〈涅槃無名論〉。石峻的觀點，陳作飛、張兆勇（E9b.）〔註175〕等學者曾舉數則僧肇《注維摩詰經》的涅槃思想加以回應之，表示《注維摩詰經》中僧肇所宣說的「涅槃」義與〈涅槃無名論〉中所持的「涅槃」義，有共同的精神實質，來判定〈涅槃無名論〉是僧肇作。筆者在此重新將僧肇《注維摩詰經》的涅槃思想加以要點列出。除了作爲陳作飛、張兆勇回應之見的補充，以證僧肇有涅槃思想，並隨順證明僧肇《注維摩詰經》的涅槃思想與〈涅槃無名論〉的涅槃思想相互呼應，可作爲〈涅槃無名論〉是僧肇作的一證。

（一）涅槃定義

1、「煩惱眞性，即是涅槃」

僧肇云：

> 七使九結，惱亂群生，故名爲煩惱。煩惱眞性，即是涅槃。慧力強
> 者，觀煩惱，即是入涅槃，不待斷而後入也。〔註176〕

僧肇表示，貪欲、瞋恚、愚痴等諸惑與九種結縛，使眾生心亂氣惱，因此名爲「煩惱」。煩惱的眞實本質，即是涅槃。慧力強者，觀照煩惱，即可證入涅槃，不用待到斷盡結習，才證入涅槃。此段可知，煩惱即是涅槃，慧力強者直觀煩惱眞性，即證入涅槃。又，證入涅槃者，非取決於結習斷盡與否，而是取決於慧力強弱與否，是否能觀得煩惱眞性。

2、「解滅，涅槃之異稱」

〔註174〕參石峻：〈讀慧達「肇論疏」述所見〉，收錄於張曼濤主編：《現代佛教學術叢刊（48）——三論典籍研究》（臺北：大乘文化出版社），1979 年 8 月初版，頁 306。

〔註175〕見《准北煤師院學報（哲學社會科學版）》第二十二卷第三一第四期，2001 年 7 月，頁 3〜4。

〔註176〕見《注維摩詰經》卷二〈弟子品〉，《大正藏》冊三十八，頁 345 中。

僧肇云：

> 縛然，生死之別名；解滅，涅槃之異稱。〔註177〕

僧肇表示，煩惱若縛綁人心，可謂是生死的別名；煩惱若消解泯滅，可謂是涅槃的異稱。可知，煩惱誠如能載舟、亦能覆舟的水。當「縛然」時，則令眾生沈浮生死苦海；當「解滅」時，煩惱即是涅槃。

（二）得涅槃之方——無別

1、無分別

僧肇云：

> 涅槃，無生死寒暑飢渴之患，其道平等，豈容分別？〔註178〕

僧肇表示，涅槃沒有生、死；寒、暑；飢、渴等災患，其道平等，是不容分別。

2、無彼此

僧肇云：

> 偽出家者，惡此生死，尊彼涅槃，故有中間三處之異：真出家者，遣萬累，亡彼此，豈有是非三處之殊哉？〔註179〕

僧肇說明真、偽出家之別，在於偽出家者，厭惡生死，尊貴涅槃，有彼、此、中間三處的分別；真正出家者，遣蕩萬累，沒有彼此之分，因此沒有彼、此、中間三處的分別。由此可見，能真出家者在於無分別心，並且無涅槃與生死尊卑之別。

3、不卑生死，不尊己道

僧肇云：

> 卑生死，尊己道，謂增上慢人也，爲此人說離結爲解脫。若不卑生死，不尊己道者，則爲說三毒，諸結性即解脫，無別解脫也。二乘雖無結慢，然卑生死，尊涅槃，猶有相似慢結。慢者未得道，言已得，以生慢。〔註180〕

僧肇稱卑賤生死、尊貴己道者爲增上慢人，認爲須爲此種人講說離除結縛之方，引導解脫。反之，若不卑賤生死，不尊貴己道，煩惱本身即是解脫，無

〔註177〕見《注維摩詰經》卷八，〈入不二法門品〉，《大正藏》冊三十八，頁397下。

〔註178〕見《注維摩詰經》卷二，《大正藏》冊三十八，頁345中。

〔註179〕見《注維摩詰經》卷三〈弟子品〉，《大正藏》冊三十八，頁357下。

〔註180〕見《注維摩詰經》卷六〈觀眾生品〉，《大正藏》冊三十八，頁388中。

另外的解脫之路。僧肇並提及二乘雖不輕慢結縛，但卑賤生死，尊貴涅槃，有類似輕慢結縛等狀，未算究竟得道。此段，僧肇區分「卑生死，尊己道」的小乘行者，與「不卑生死，不尊己道」的小乘行者。認爲前者常因貴尊賤卑的分別心，而障蔽自己，因此必須爲此類行者「說離結得解脫」；認爲後者無貴尊賤卑的分別心，因此僅須爲後者「說三毒，諸結性即解脫」。可見僧肇強調若欲證得解脫，必須無分別心，「不卑生死，不尊己道」。

4、觀婬怒癡，即是涅槃

僧肇云：

> 斷婬怒癡，聲聞也；婬怒癡俱，凡夫也。大士觀婬怒癡，即是涅槃，故不斷不俱。〔註181〕

僧肇以「婬怒癡」，區別聲聞、凡夫、菩薩之別。認爲斷婬怒癡是聲聞；俱婬怒癡是凡夫；觀婬怒癡是涅槃，即是菩薩。由此說明菩薩能不斷不俱「婬怒癡」。

5、不然不滅

僧肇云：

> 小乘以三界熾然，故滅之以求無爲。夫熾然既形，故滅名以生。大乘觀法，本自不然，今何所滅？不然不滅，乃眞寂滅也。〔註182〕

僧肇表示，小乘視三界熾然，因此欲滅以求涅槃。而大乘觀法，知曉三界「不然不滅」，而證得涅槃。

6、不捨不動

僧肇云：

> 大士觀生死同涅槃，故能不捨；觀邪見同於正見，故能不動。不動不捨，故能即之爲侍也。〔註183〕

僧肇表示，菩薩觀生死同涅槃，觀邪見同正見，因此能「不動不捨」。

7、不厭生死，不樂涅槃

僧肇云：

> 不觀無常，不厭離者，凡夫也；觀無常，而厭離者，二乘也；觀無常，不厭離者，菩薩也。是以應慰諭初學，令安心處疾，以濟群生。

〔註181〕見《注維摩詰經》卷三，《大正藏》冊三十八，頁350上。
〔註182〕見《注維摩詰經》卷三，《大正藏》冊三十八，頁354下。
〔註183〕見《注維摩詰經》卷五，《大正藏》冊三十八，頁374上。

不厭生死，不樂涅槃，此大士慰諭之法也。〔註184〕

僧肇以觀無常的態度，來區別凡夫、二乘、菩薩。不觀無常，不厭離者，是凡夫；觀無常，而厭離者，是二乘也；觀無常，不厭離者是菩薩。僧肇就此說明此段話，在勸諭初學者要安心處疾，來渡濟眾生。不厭棄生死，不樂涅槃。

8、無為

僧肇云：

> 既無彼此，則離眾邪見，同涅槃也。上直明出家之義。自此下，明
> 出家之事。雖云其事，然是無事事耳。何則？出家者，以去累為志，
> 無為為心。以心無為，故所造眾德，皆無為也。〔註185〕

僧肇分別說明「出家之義」與「出家之事」。所謂「出家」的定義，即是沒有彼此之分，能離除邪見，如此即等同涅槃義。所謂「出家」的事，即是「無事事」。原因在於出家以去除萬累為志向，以無為為心。由於心無為，所以能造就眾德業。

9、不受

僧肇云：

> 不受，亦涅槃法也。夫為涅槃而行乞者，應以無受心而受彼食。然
> 則終日受而未嘗受也。〔註186〕

僧肇表示，「不受」也是涅槃法。行者行乞時，應以不執著的心來接受他人佈施的食物，使得終日接受佈施，而未嘗執著有否接受佈施。

（三）得涅槃的工夫──止觀

僧肇云：

> 繫心於緣，謂之止；分別深達，謂之觀。止觀，助涅槃之要法。菩
> 薩因之而行，不順之，以墮涅槃也。〔註187〕

僧肇說明止觀的工夫。認為所謂「止」，是將心繫於因緣法上；所謂「觀」，是分別深達諸法實相。僧肇強調，「止觀」是輔助得涅槃的方法。菩薩隨順止觀之法而行；若不順之，則將不得涅槃。

〔註184〕見《注維摩詰經》卷五，《大正藏》冊三十八，頁 374 下。
〔註185〕見《注維摩詰經》卷三，《大正藏》冊三十八，頁 358 上。
〔註186〕見《注維摩詰經》卷二，《大正藏》冊三十八，頁 348 中。
〔註187〕見《注維摩詰經》卷五，《大正藏》冊三十八，頁 381 上。

（四）明涅槃境界

1、安住生死，與眾生同疾

僧肇云：

> 雖見身苦，而不樂涅槃之樂。雖知無我，不以眾生空故，闕於教
> 導。雖解身空，而不取涅槃畢竟之道。故能安住生死，與眾生同
> 疾。〔註188〕

僧肇說明達於涅槃境界者，因見眾生有苦痛，而不沈浸得涅槃的快樂。雖知
無我，卻不因眾生性空，而疏於教化。雖明體性是空，卻不執取涅槃究竟之
道。所以得道者能安住生死，與眾生同疾。

2、現身涅槃，方入生死

僧肇云：

> 現身涅槃，而方入生死。……處之無閡，乃所以爲道，故曰通達佛
> 道也。〔註189〕

僧肇說明，涅槃境界是現身涅槃境界，卻又方入生死，處之無礙，因而稱爲
通達佛道。

　　由上可知，僧肇《注維摩詰經》的涅槃思想，重在無分別。諸如無分別生、
死、寒、暑、飢、渴等災患；無分別彼、此、中間三處；不卑賤生死，尊貴己
道；不厭生死，不樂涅槃。此外，亦因凡事無分別，所以能不斷不俱「婬怒癡」，
也「不然不滅」三界，能觀生死同涅槃，觀邪見同正見，由此而「不動不捨」。
此外，也由於能無分別，所以能識得煩惱眞性，證得涅槃。僧肇除了強調無分
別，是證得涅槃的方法之外，還提及無分別的同義異詞，亦即「無爲」。僧肇說
明，若能以無爲爲心，則能造就眾德業，也能「終日受而未嘗受」。僧肇並強調
止觀是得涅槃的輔助工夫，要能「繫心於緣」，也要能「分別深達」。關於得涅
槃的聖人，行爲處世是如何呢？僧肇說明，聖人即使證得涅槃，也能明瞭空性
之理，由此而能安住生死，與眾生同疾；現身涅槃，方入生死，處之無閡，通
達佛道。由此可知，僧肇《注維摩詰經》的涅槃思想，建立在大乘中觀的涅槃
思想，亦即以「空」性來開展，因而強調無分別、無執取、無爲而無不爲等。

　　由以上亦可知，僧肇《注維摩詰經》的涅槃思想與〈涅槃無名論〉的涅槃
思想相互呼應。諸如就大方向而言，二者皆以無別、無執、無爲來貫串全文，

〔註188〕見《注維摩詰經》卷五〈問疾品〉，《大正藏》冊三十八，頁375上。
〔註189〕見《注維摩詰經》卷七〈觀眾生品〉，《大正藏》冊三十八，頁391中。

皆立基於大乘中觀學等。就細節而言，如《注維摩詰經》談及「涅槃，無生死寒暑飢渴之患」，〈涅槃無名論〉也援引聖言「眞解脫者……，不寒不暑」；前者談「觀婬怒癡，即是涅槃」、「不厭生死，不樂涅槃」，後者談「不離煩惱，而得涅槃」、「不出魔界，而入佛界」；前者談「無爲爲心」，後者談「無生心」……皆可看出二者相互呼應。若眞要論及二者殊異處，則可知前者是注文的形式舖成，後者則假「有名」者與「無名」者對話而成，思辯性更強。

　　要之，據僧肇《注維摩詰經》的涅槃思想，可證僧肇有涅槃思想，不像石峻否定僧肇具有涅槃思想。而由僧肇《注維摩詰經》的涅槃思想，與〈涅槃無名論〉相互呼應，可知〈涅槃無名論〉應是僧肇作。

二、據〈涅槃無名論〉有頓悟漸修的思想

　　據上一節有關〈涅槃無名論〉眞僞考的回顧，可知湯用彤、石峻等持僞作論的觀點，已一一被許多有心的學者加以駁正，而可確認〈涅槃無名論〉並非如湯氏等人所認爲的是僞作。今日的問題是，〈涅槃無名論〉全文究竟是僧肇作，或是眞僞參半。此問題關鍵處在於〈涅槃無名論〉「【難差】以下六章」，涉及的是頓悟思想或是漸悟思想。

　　由上一節可知，湯用彤（A1a.）〔註190〕先設僧肇對體用問題徹底了然，後依據陳・慧達《肇論疏》，而懷疑〈涅槃無名論〉持說若與「未徹底了然體用之不相離」的支道林相同，則僧肇必無作〈涅槃無名論〉。湯氏（A1b.）〔註191〕並根據〈涅槃無名論〉「【難差】以下六章，『有名』主頓，『無名』主漸，反覆陳述，只陳理本無差，而差則在人之義」，而認爲〈涅槃無名論〉應是宋初頓漸爭論者所作。湯氏（A1c.）〔註192〕並認爲十演中反駁的頓悟，是竺道生所作，九折中所駁斥的漸說是支道林七住的頓悟說，由此判斷〈涅槃無名論〉的作者贊成七住說，而呵彈大頓悟。湯氏並根據竺道生以前，無人持有大頓悟說，判定竺道生立說應在江南，且應遠在僧肇去逝之後。此外，湯氏根據〈涅槃無名論〉中「無名」者持的漸悟說與慧觀《漸悟論》相仿，

〔註190〕見湯用彤：《漢魏兩晉南北朝佛教史》（下），臺北：駱駝出版社，1996 年 1 月一版二刷，頁 656～657。

〔註191〕參湯用彤：《漢魏兩晉南北朝佛教史》（下），臺北：駱駝出版社，1996 年 1 月一版二刷，頁 670。

〔註192〕參湯用彤：《漢魏兩晉南北朝佛教史》（下），臺北：駱駝出版社，1996 年 1 月一版二刷，頁 670。

而認爲〈涅槃無名論〉是慧觀作。石峻（B5c2.）〔註193〕的觀點近其師湯氏。繼湯氏、石氏的觀點後，持眞僞參半論的 W. Leibenthal（C3.）〔註194〕，提出慧觀未纂改〈涅槃無名論〉的證據，卻認爲〈涅槃無名論〉第八至十三節，必是後人改竄，其因蓋是公元四三〇年長安被毀，〈涅槃無名論〉僅成斷簡殘篇。持眞作論的橫超慧日（D2a3.）〔註195〕則表示，關於大、小頓悟之辨，僅是注疏家爲方便解說，而將後期發展的分類思想誤套爲僧肇的思想，僧肇實非在思想上與竺道生對立。橫超慧日後，尚有學者談論〈涅槃無名論〉的頓、漸議題，此處即略而不談。

就以上四位學者的論點可知，明確定位〈涅槃無名論〉屬於頓、漸思想的是，湯用彤。湯氏是根據陳・慧達《肇論疏》，而認爲〈涅槃無名論〉與僧肇思想相矛盾。佔不論湯氏所認爲的僧肇有體用思想，是否恰當。湯氏判定〈涅槃無名論〉是僞作之因，在於〈涅槃無名論〉中有著「持漸以駁頓」的思想。筆者並不認同湯氏此說，而認爲〈涅槃無名論〉所談的正是頓悟漸修的思想，恰與僧肇《注維摩詰經》相互呼應，由此而推翻陳・慧達《肇論疏》「小頓悟」說，以及湯用彤等人據〈涅槃無名論〉是「小頓悟」而導出的僞作論判斷。以下，筆者先茲舉兩則較有力談論〈涅槃無名論〉是頓、漸思想的代表觀點，爾後再提及自己的論證看法。

（一）前人之說

僧肇的涅槃思想屬於頓悟、或漸悟，歷來頗受爭議。主張是頓悟者，有屈大成〔註196〕；主張是「小頓悟」者，有陳・慧達〔註197〕；主張是漸悟者，有

〔註193〕參石峻：〈讀慧達「肇論疏」述所見〉，收錄於張曼濤主編：《現代佛教學術叢刊（48）──三論典籍研究》（臺北：大乘文化出版社），1979 年 8 月初版，頁 306～307。

〔註194〕參 Walter Liebenthal,Chao Lun:The Treatises of Seng-chao.Hong Kong U.P., 1968, p.150～152.

〔註195〕同上，頁 167～199。

〔註196〕屈大成《中國佛教思想中的頓漸觀念》說：「『頓悟』之說，由支遁、道安、慧遠、鳩摩羅什等四人啓其端，而『頓悟、漸悟』之辨，則是出自鳩摩羅什弟子群，當中僧肇主張『頓悟』，其說法跟支遁、道安頗相近，竺道生也持『頓悟』說，慧觀、曇無成與僧弼則持『漸悟』說……。」（臺北：文津出版社，2000 年 1 月一刷，頁 48）從中，可知僧肇、竺道生皆持「頓悟」說，而慧觀則持「漸悟」說。

〔註197〕見陳・慧達：《肇論疏》卷上，《卍續藏》冊一五〇，頁 856 上。

湯用彤〔註198〕、許抗生〔註199〕，以及陳作飛、張兆勇所認爲的「志在解惑而持漸」〔註200〕。以下茲舉陳·慧達與屈大成對僧肇頓、漸思想的看法，述之：

1、陳·慧達「小頓悟」之說

陳·慧達《肇論疏》云：

> 肇師執小頓悟，七地始悟無生。（【折難差第四】）〔註201〕

慧達認爲僧肇執有小頓悟說，七地才始悟無生法忍。慧達並云：

> 支道林、竺僧弼、竺法汰、釋道安、鳩摩羅什等，皆無三六說。唯竺道生執大頓悟，云：無量三乘，有因三乘。肇師、[王＊垂]師等執小頓悟，非但無小行得道，其登地以上，六地以還，亦非眞理，即不言有菩薩，而無聲聞也。（【演弁差第五】）〔註202〕

慧達提及支道林、竺僧弼、竺法汰、釋道安、鳩摩羅什等，皆沒有三六說，唯有竺道生執有大頓悟，主張無量三乘，有因三乘。僧肇、[王＊垂]師執有小頓悟，不但沒有小行得道，其初地以上，六地以還，也沒有所謂的眞理，亦即認爲沒有菩薩，只有聲聞。由此段可知，慧達區分頓悟有大、小之別，並根據「登地以上，六地以還」，判定僧肇是小頓悟說。慧達又云：

> 小頓悟者，支道琳師云：七地始見無生。彌天釋道安師云：大乘初無漏慧，稱摩訶波若，即是七地。遠師云：二乘未得無有，始於七地，方能得也。[王＊垂]法師云：三界諸結七地，初得無生，一時頓斷，爲菩薩見諦也。肇法師亦同小頓悟義。何者？即二諦是用，無二爲體。二諦是筌，不二爲之中。而六地以還，有無不並。無二之理，心未全一，故未悟理也。若七地以上，有無雙涉，始名理悟。《釋

〔註198〕湯用彤認爲若〈涅槃無名論〉是僧肇所作，「則爲持漸以駁頓之最早者」。湯氏並認爲「反對頓悟之名僧，首稱慧觀」（見湯用彤：《漢魏兩晉南北朝佛教史》（下），臺北：駱駝出版社，1996年1月一版二刷，頁670～671）。

〔註199〕許抗生說：「羅什與僧肇皆主漸悟說，雖說當時在長安師生同學之間並未發生爭論，但這種思想的不同有可能在長安已露出了端倪，故僧肇最後寫下了《詰漸》、《明漸》兩節，以申漸悟之義，也是有可能的」（《僧肇評傳》，南京：南京大學出版社，1998年12月一刷，頁236）

〔註200〕陳作飛、張兆勇認爲僧肇「志在解惑而持漸」（〈讀《涅槃無名論》二題〉，《准北煤師院學報（哲學社會科學版）》第二十二卷第三～四期，2001年7月，頁4）。

〔註201〕見陳·慧達：《肇論疏》卷上，《卍續藏》冊一五〇，頁856上。

〔註202〕見陳·慧達：《肇論疏》卷上，《卍續藏》冊一五〇，頁856下。

論》第四十九卷云：捨，有二種。一、捨結行施；二、捨結得道。
此以捨結爲捨。與第二捨結作因緣。至七地，乃能捨結。中代名德，
執小頓悟者，執此文。〔註203〕

此段可分爲三部分：（一）慧達介紹諸家的小頓悟說：支道林說，七地始見無生。
彌天釋道安說，至七地，大乘始無漏慧，稱摩訶波若。慧遠說，二乘至七地，
才能得「無有」。[王＊垂]法師說，三界初結七地，初得無生法忍，一時頓斷，
菩薩見得眞理。（二）慧達提及，僧肇也持小頓悟，原因在於僧肇認爲即眞、俗
二諦是「用」，沒有二諦，則稱爲「體」。二諦是「筌」，沒有二諦稱爲「中」。
易言之，慧達認爲僧肇眞、俗二諦的分立，是出於應機教化眾生的需要，唯有
泯除二諦之別，才能悟入不二中道的正理。由此慧達區分六地以下與七地以上
之別，在於六地以還，「有」、「無」並非并列，沒有二諦之理，心未全一，因此
未悟理。七地以上，「有」、「無」雙涉，始名「理悟」。（三）《釋論》第四十九
卷說，「捨」有兩種：一、捨結行施；二、捨結得道。慧達由此說明僧肇以「捨
結」爲「捨」，與第二捨結得道作因緣。至七地，乃能「捨結」。中代名德，執
小頓悟者，執著此文。由此段可知，慧達將支遁、道安、慧遠、法瑤、僧肇並
列爲「小頓悟師」。慧達「小頓悟」的定義是，行者至七地以上，能雙涉「有」、
「無」二諦，「始見無生」，悟不二的眞理。

　　由上可知，慧達判定僧肇是「小頓悟師」之因，在於認爲僧肇區別「登
地以上，六地以還」是二乘境界，「有無不並」，未契眞理；而「七地以上」「有
無雙涉」，「始名理悟」。

2、屈大成之說

　　屈大成於《中國佛教思想中的頓漸觀念》〔註204〕討論僧肇是否執有「小
頓悟」說。屈氏先是提及，對於僧肇是否爲主張七地頓悟的小頓悟師，不少
學者有異議：

　　（1）湯用彤指出，竺道生提出十地頓悟這大頓悟說，是因爲他了解到所
悟之「體」跟能悟之「用」不相離，而僧肇對於體用不相離的道理有深入認
識，因此僧肇不可能主張七地頓悟，〈涅槃無名論〉亦非出自其手。

　　（2）三桐慈海和伊藤隆壽亦以僧肇涅槃無差別的主張，跟竺道生「理不
可分」這大頓悟之論據一致，從而認爲僧肇其實是頓悟師；伊藤隆壽更指出

〔註203〕見《卍續藏》冊一五〇，頁858下。
〔註204〕臺北：文津出版社，2000年1月一刷，頁54。

僧肇之說漸，乃站在修行的立場而言。

屈氏接著表示，僧肇著〈涅槃無名論〉正是要解釋在七地以上的漸修之「用」，無損悟境之「體」的純一。因此，僧肇主張七地頓悟，不表示他不認識體用不相離的道理；而僧肇認爲涅槃無二，亦不表示他的主張，必得跟竺道生的一樣，因此屈氏認爲，諸學者質疑僧肇非主張七地頓悟，有待商榷。此外，屈氏還提及板野長八、村上俊、Whalen Lai 等根據〈涅槃無名論〉「明漸」一節中的說話，及《注維摩經》「群生封累深厚，不可頓捨，故階級漸遣，以至無遣也」等註文，以爲僧肇是漸悟師。屈氏就此表示，修、悟有別，主張漸修者不一定主張漸悟，而且他們未考慮到僧肇認爲在第七地以上的修行乃修而無修，對悟境無增損，並非一般意義的漸修。

由屈氏所援舉的數位學者之見，可知慧達的「小頓悟」說，並非完全沒有疏漏之處。而就屈氏自己的論點，可知屈氏主張僧肇持頓悟漸修的思想。

（二）己　說

筆者主要認爲僧肇持七住以上漸修思想，與六住以下頓悟思想。茲以四步驟，證明之：

1、僧肇持七住以上證涅槃的思想

僧肇於《注維摩詰經》中，對「住位」有詳盡闡述。認爲七住以上證得涅槃。僧肇云：

> 六住以下，心未純一。在有，則捨空；在空，則捨有。未能以平等
> 眞心，有無俱涉……。七住以上，二行俱備。遊歷生死，而不疲厭，
> 所以爲解。〔註205〕

僧肇認爲六地以下的行者，心未純粹齊一。處「有」，則捨「空」；處「空」，則捨「有」。不能以平等無分別的心并觀「有」、「無」之理。七地以上的行者，才能雙涉眞、俗二諦，遊歷生死苦海，卻不疲厭，就此而得解脫。由此段可知，僧肇認爲七地以上的行者，即得解脫；六住以下的行者，仍偏執「有」、「無」的一端。僧肇並云：

> 此解脫，七住所得。得此解脫，則於諸法通達無閡，故心常安住
> 也。〔註206〕

〔註205〕見《注維摩詰經》卷五，《大正藏》冊三十八，頁 378 下～379 上。
〔註206〕見《注維摩詰經》卷一，《大正藏》冊三十八，頁 329 上。

僧肇認爲七住以上，即證得涅槃。能通達諸法而不礙，因而能心常安住涅槃境界。僧肇並云：

> 七住已上，無生信，不可壞也。〔註207〕

僧肇說明七住以上，智證無生無滅之理，不可毀壞。僧肇並云：

> 既得法身，入無爲境。心不可以智求，形不可以像取，故曰無量。
>
> 六住已下，名有量也。〔註208〕

僧肇以「無量」、「有量」來區別「七住以上」與「六住以下」。認爲行者既得法身，證入無爲涅槃的境界。心不可以俗智求得，形不可以用象取得，因此稱爲「無量」。由此可知，僧肇七住以上證得涅槃，是無相，不可以惑智求。僧肇並云：

> 佛慧七住，所得無生慧也。今爲菩薩根。菩薩根，六住已下，菩提
>
> 心也。

僧肇表示，佛慧七位，即得無生慧。今是菩薩根。所謂菩薩根，即指行者六住以下，有著求正覺的心。由此可知，七住即得無生慧，六住已下，有菩薩根，即是有著菩提心。又，僧肇注《維摩詰經》：「久於佛道，心已純熟，決定大乘？」云：

> 七住以上，始得決定也。〔註209〕

僧肇表示，說明大小乘之別，決定於七住。僧肇並云：

> 七住以上，則具六通。自非六通運其無方之化，無以成無極之體。
>
> 〔註210〕

僧肇說明「七住以上」，具足天眼通、天耳通、他心通、宿命通、神足通、漏盡通等六通。若沒有六通運行於沒有方際的化變中，則不能成就佛體。又，僧肇注「云何彌勒受一生記乎」云：

> ……此推無生，亦無記也。無生，即七住無相，真正法位也。此位
>
> 爲理，無記無成。彌勒於何，受一生記乎？〔註211〕

僧肇說明彌勒證得沒有生滅的涅槃真理，也不記善不記惡。所謂「無生」，即指七住無相，真正的真如法位。此位即是真理，沒有記善惡，沒有成住壞空。

〔註207〕見《注維摩詰經》卷一，《大正藏》冊三十八，頁329下。

〔註208〕見《注維摩詰經》卷一，《大正藏》冊三十八，頁330上。

〔註209〕見《注維摩詰經》卷二，《大正藏》冊三十八，頁339中。

〔註210〕見《注維摩詰經》卷二，《大正藏》冊三十八，頁343中。

〔註211〕見《注維摩詰經》卷四，《大正藏》冊三十八，頁361下。

彌勒一生皆是無記。僧肇並云：

> 七住以上，二行俱備。遊歷生死，而不疲厭，所以爲解。〔註212〕

僧肇表示，七地以上的行者，能雙涉眞、俗二諦，遊歷生死苦海，卻不疲厭，就此而得解脫。由此可知，僧肇認爲七地以上的行者，即得解脫。僧肇並云：

> 解脫者，自在心法也。得此解脫，則凡所作，爲内行外應，自在無閡。此非二乘所能議也。七住法身已上，乃得此解脫也。〔註213〕

僧肇說明，所謂解脫，是解惑業的繫縛，脫三界的苦果，自在於緣起諸法的根本。若能得此解脫，則凡所作所爲，皆是内觀自心，外應所感，自在無礙。這不是二乘所能討論的。僧肇並強調，七住法身以上，則得此解脫。又，僧肇注「如得忍菩薩貪恚毀禁」云：

> 七住得無生忍，心結永除，況毀禁麤事乎？〔註214〕

僧肇說明七住以上，得無生無滅的眞理而不動，煩惱永遠除滅，何況要毀禁貪恚等粗事。僧肇強調「七住」得無生忍，心結永除。又，僧肇注「行寂滅慈無所生故」云：

> 七住得無生忍已後，所行萬行，皆無相無緣，與無生同體。無生同體，無分別也。眞慈無緣，無復心相。心相既無，則泊然永寂。未嘗不慈，未嘗有慈。故曰「行寂滅慈，無所生也」。〔註215〕

僧肇表示，七住得無生法忍後，所行萬行，皆是沒有形相，沒有心識的攀緣，與無生滅的眞理同體。與無生滅的眞理同體，即是沒有分別。眞正的慈悲，沒有往外攀緣，沒有心的行相。沒有心的行相，因而淡泊永遠寂靜。未曾不慈悲，未曾刻意慈悲。因此稱爲「行寂滅慈，無所生也」。又，僧肇注「行無等慈斷諸愛故」云：

> 二乘六住已下，皆愛彼而起慈。若能無心愛彼，而起慈者。此慈超絕，可名無等。〔註216〕

僧肇表示，二乘六住以下，皆因欲愛分別而起慈悲。若能以無爲的心愛眾生，而起慈悲心，則此慈悲心將能超越絕彼，可稱無可譬類的「無等」。又，僧肇注「菩薩入此門者」云：

〔註212〕見《注維摩詰經》卷五，《大正藏》冊三十八，頁379上。

〔註213〕見《注維摩詰經》卷六，《大正藏》冊三十八，頁382上～下。

〔註214〕見《注維摩詰經》卷六，《大正藏》冊三十八，頁384上。

〔註215〕見《注維摩詰經》卷六，《大正藏》冊三十八，頁384中。

〔註216〕見《注維摩詰經》卷六，《大正藏》冊三十八，頁385上。

七住已上，豫入此門。〔註217〕

僧肇表示，七住以上，猶入諸佛法門。

由上可知，僧肇以得無生忍的七住爲分水嶺。七住以上，心結永除，即證得解脫的涅槃境界，即是大乘。六住以下，未證得涅槃，仍屬小乘。七住以上，能以平等真心，有無俱涉，二行俱備，遊歷生死，而不疲厭。對於諸法能通達無閡，因而心常安住。即得法身，入無爲境，心不可以惑智求。具六通。二行俱備，遊歷生死，而不疲厭」，有著「自在心法」，凡所作所爲，皆「內行外應，自在無閡」、是「真慈無緣」。亦即七住以上，「所行萬行，皆無相無緣，與無生同體」，是無量、無記、無生、無心相、無等、無分別、無生慧。反之，六住以下，有菩薩根，亦即有菩提心，但未成佛。心未純一，是有量。

2、僧肇持涅槃是「一」的思想

僧肇《注維摩詰經》中，闡明七住以上即證得涅槃，並提及「彼岸，實相岸也。得無生以後，所修眾行，盡與實相合，體無復分別也」，〔註218〕強調行者於七住證得涅槃後，所修眾行，皆與實相合，涅槃體沒有分別。由此可知，僧肇持涅槃是「一」的思想。後，僧肇在〈涅槃無名論〉有更細微的補充說明。僧肇於【難差第八】、【責異第十】，假「有名」者逐一提出類似上述的諸問題，諸如「若涅槃一也，則不應有三。如其有三，則非究竟。究竟之道，而有升降之殊」、「我與無爲，一亦無三。異亦無三。三乘之名，何由而生」等。而僧肇於【辯差第九】、【會異第十一】則假「無名者」，表達己見。諸如「所乘不一，故有三名。統其會歸，一而已矣」；涅槃是「無差別」，卻有三乘之因，在於「群生萬端，識根不一。智鑑有淺深，德行有厚薄，所以俱之彼岸，而升降不同」。易言之，僧肇解釋證得涅槃者分三乘之因，在於本身根器、智力、德行不同，結習也有盡不盡的差別。僧肇並以「三鳥出網」爲喻，說明涅槃始終是「一」，但證得涅槃者如三鳥「升虛有遠近」，因而有三乘。〔註219〕

3、僧肇持七住以上漸修的思想

僧肇〈涅槃無名論〉提及三乘有三，涅槃是一的思想，其實便已透顯僧肇有著漸修的思想。【詰漸第十二】，「有名」者認爲，證得涅槃者，皆「妄想

〔註217〕見《注維摩詰經》卷九，《大正藏》冊三十八，頁404下。
〔註218〕見《大正藏》冊三十八，頁343中。
〔註219〕見《大正藏》冊四十五，頁159下～160中。

既袪」、「萬累都息」，則順理應「結縛永除」、「理無餘翳」，並質疑主張因「未盡無爲」而有三乘的「無名」者，「不體則已，體應窮微。而曰體而未盡，是所未悟也」。由此可知，「有名」者主張證得涅槃，必是頓悟的方式，不容漸悟的方式，並且認爲證得涅槃後，「結縛永除」，毋須再進修。【明漸第十三】，「無名」者反對「有名」者持證涅槃後毋須漸修漸盡的思想。「無名」者強調「結是重惑」，不可頓盡。證得涅槃者的三乘，基於本身智力不同等條件，除盡結習的程度也有不同。因此這是需要損之又損的漸修工夫。由此可知，僧肇強調證涅槃者，仍然必須要有漸修的工夫。易言之，即證得七住的涅槃行者，有三乘之別，仍然必須有進修、積德的漸修工夫。

4、僧肇持六住以下頓悟漸修的思想

由以上三點可知，七住至十住，即是同一的涅槃境界。會有住位之別，主因在於三乘智力有別，結習盡不盡的緣故。由上也可知，僧肇有七地以上漸修的思想。那麼是否僧肇即是主張七住以上漸悟、或六住以下漸悟呢？根據僧肇強調涅槃是「一」，以及七住以上「心結永除」，可知僧肇主張七住以上的悟境並無層次之別。此外，根據僧肇行文中，一再強調的「即眞」思想，即可證得僧肇對六地以下的眾生宣說頓教。諸如〈涅槃無名論〉【妙存第七】「玄道在於妙悟，妙悟在於即眞，即眞則有無齊觀」、「即群動以靜心」；【會意第十一】「我適無爲，無爲即我」「我即無爲，無爲即我」；【明漸第十三】「絕僞即眞」等；【通古第十七】「非理不聖，非聖不理」、「見緣起爲見法，見法爲見佛」、「物我不異」、「涅槃之道，存乎妙契」、「物不異我，我不異物，物我玄會，歸乎無極」；【玄得第十九】「一切眾生，本性常滅」等。此外，僧肇《註維摩詰經》也提及「大士觀婬怒癡，即是涅槃」、「「煩惱眞性，即是涅槃」、「解滅，涅槃之異稱」、「大士觀生死同涅槃」、「現身涅槃，而方入生死」等。這皆透顯僧肇對六住以下的眾生宣說頓教，勸籲識得萬法及煩惱皆是空性而成，由此而頓入涅槃。

由此可知，僧肇爲六住以下眾生宣說頓教。那麼，僧肇是否有兼談漸教呢？考察〈涅槃無名論〉，雖然【明漸第十三】談及漸修的思想，但其宣說對象是證得涅槃者。考察《肇論》其他三論，盡是「觸事即眞」、「即僞即眞」的思想，並未談及六住以下的眾生須漸修的層面，唯一有談及眾生漸修的思

想，應是〈物不遷論〉「成山假就於始簣，修途託至於初步」，〔註220〕強調積累的工夫。那麼僧肇《注維摩詰經》是否有談及呢？考其經文，發現僧肇曾提及「慧力強者，觀煩惱，即是入涅槃，不待斷而後入也」，〔註221〕強調頓根機者即能頓入涅槃，由此可反映僧肇認爲根器不同，其證入涅槃的方式也不同。因而僧肇在宣說「即眞」的頓悟思想之外，也爲鈍根者宣說修行的必要。諸如提及「修六度」〔註222〕、「修道品」〔註223〕、「修正觀」，以制煩惱〔註224〕等。僧肇也善巧的提及「若忘身命，棄財寶，去封累，而修道者，必獲無極之身、無窮之命、無盡之財也」，〔註225〕來勸世人精進修道，將有無窮美好的益處。此外，也提及「群生封累深厚，不可頓捨，故階級漸遣，以至無遣也」，〔註226〕來強調眾生結習的深厚，必須漸修漸損才行。

由上可知，僧肇對七地以上的證涅槃者，宣說漸修的必要。由於七地以上所證得的涅槃是一，所以沒有頓悟或漸悟的話題。對六地以下的眾生，則宣說頓悟漸修的思想，不僅對眾生宣說「我即無爲」、「涅槃之道，存乎妙契」的頓教思想，也提及漸修漸遣工夫的必要。因此可知，僧肇就「理」上談頓悟思想，就「事」上則談漸修思想，亦即煩惱可以頓盡，但關於「事」上的結習，則須有漸修的工夫。此外，僧肇此種觀點，可知正與其師羅什相互呼應。如《鳩摩羅什法師大義》中，羅什答慧遠云：「自有眾生藉淺階遠，佛爲漸說。或有眾生一越解大，佛爲頓說。」〔註227〕可知，羅什在面對鈍、利根器的眾生時，也有頓、漸二種教法。

順此，並可回應一議題。即，由上一節可知，湯用彤（A1d.）〔註228〕認爲〈涅槃無名論〉是慧觀僞作。但事實上，僧肇並不像慧觀持有「行者悟空有淺深，因行者而有三」；〔註229〕僧肇悟空即是悟空，實未有淺深之別。有淺

〔註220〕見《大正藏》冊四十五，頁 151 下。
〔註221〕見《大正藏》冊三十八，頁 345 中。
〔註222〕見《大正藏》冊三十八，頁 355 下。
〔註223〕見《大正藏》冊三十八，頁 345 上。
〔註224〕見《大正藏》冊三十八，頁 370 上。
〔註225〕見《大正藏》冊三十八，頁 365 下。
〔註226〕見《大正藏》冊三十八，頁 377 上。
〔註227〕見《大正藏》冊四十四，頁 466 下。
〔註228〕見湯用彤：《漢魏兩晉南北朝佛教史》（下），臺北：駱駝出版社，1996 年 1 月一版二刷，頁 670～673。
〔註229〕見《卍續藏》冊一三四，頁 16 上。

深之別之說，僅是針對證入涅槃者有結習盡與不盡，智力程度而言。可知，湯用彤此偽作論據恐有待商榷。〔註230〕

三、據〈涅槃無名論〉與僧肇他論成有機體

就上文可知，〈涅槃無名論〉與僧肇《注維摩詰經》相互呼應。除此之外，其實〈涅槃無名論〉與僧肇他論的思想內容亦是緊密契合，可成為一有機體，由此可證明〈涅槃無名論〉是僧肇作。

（一）〈涅槃無名論〉呼應《肇論》其他三論

1、「非有非無」

〈涅槃無名論〉中，盡乎以「非有非無」貫串全文，來言詮無名無相、無可名喻的涅槃之體。而《肇論》其他三論，也盡是以「非有非無」的模式，來表述「般若」、「空」、「物性」等形而上真理。

2、般若與涅槃一體兩面

般若與涅槃有著一體兩面的關係。〈涅槃無名論〉【位體第三】有載「般若無知，對緣而照」，此是〈般若無知論〉通篇廣說的語句。

3、聖人觀

〈涅槃無名論〉內文，常以「至人」、「聖人」來稱呼得證涅槃者，而《肇論》其他三論也盡是以「至人」、「聖人」，來稱呼得道者。

4、假名觀

〈涅槃無名論〉【開宗第一】提及「有餘、無餘者，良是出處之異號，應物之假名」，【位體第三】也重申「有餘、無餘者，蓋是涅槃之外稱，應物之假名」。〔註231〕全文所闡述的「無名」涅槃之理，也是立基於名與實不符的「假名」上，因而是「無名」。《肇論》其他三論，尤其是〈不真空論〉，更是用了大篇幅在說明「假名」的道理，諸如「譬如幻化人，非無幻化人。幻化人，

〔註230〕涂豔秋說：「僧肇的確作過一篇涅槃無名論，部分的文字還被梁慧皎所作的高僧傳所引錄，……今文中有許多部分可能是後人根據涅槃無名論的殘稿，攙雜慧觀的漸悟論而成……」（見涂豔秋：《僧肇思想探究》，臺北：東初出版社，1996年4月初版二刷，頁231）。筆者則認為〈涅槃無名論〉中的涅槃說與慧觀的涅槃說不盡相同。

〔註231〕見《大正藏》冊四十五，頁157：158中。

非眞人也」、「名實無當」、「萬物非眞，假號久矣」等，〔註232〕皆可與〈涅槃無名論〉的「假名」說相互呼應。

5、「即眞」

僧肇極其強調以「即」物方式，來體悟眞理。諸如〈物不遷論〉「即動而求靜」、「緣覺覺緣離以即眞」、「契神於即物」；〈不眞空論〉「即萬物之自虛」、「當色即色」、「順通事實，即物之情」；「物不即名而就實。名不即物而履眞」、「即物順通」、「即僞即眞」；「即虛之稱」、「立處即眞」、「體之即神」；〈般若無知論〉「萬動可即而靜」、「物而即眞」、「妙存即眞」……，皆是在說明眞理即在萬物當中，不是物外可求得，而是必須以「即」物的方式，去會意物中的道理。〈涅槃無名論〉也強調「即眞」的工夫，諸如【妙存第七】「妙悟在於即眞，即眞則有無齊觀」、「即群動以靜心」；【會異第十一】「我即無爲，無爲即我」；【明漸第十三】「絕僞即眞」等，皆可證明〈涅槃無名論〉與僧肇他論環環相扣。

6、僧肇預言

僧肇首作〈般若無知論〉中，在「問答料簡」前，提及：

> 是以般若可虛而照，眞諦可亡而知，萬動可即而靜，聖應可無而爲。
> 斯則不知而自知，不爲而自爲矣。復何知哉？復何爲哉？〔註233〕

此段，不知是否是巧合，或是僧肇早預先架構未來的著作方向，所提及的「般若可虛而照」，應指〈般若無知論〉的聖智主體；「眞諦可亡而知」，應指〈不眞空論〉；「萬動可即而靜」，應指〈物不遷論〉；「聖應可無而爲」，應指〈涅槃無名論〉。「般若」、「眞諦」、「萬動」、「聖應」，恰是僧肇著作的順序，並且一體成型，不僅談及能知之智、所知之境，並談及與般若一體兩面關係的涅槃，此或爲〈涅槃無名論〉是僧肇作的一證。

7、僧肇綜結

僧肇於末作〈涅槃無名論〉【玄得第十九】結尾時云：

> 三乘之路開，眞僞之途辨，賢聖之道存，無名之致顯矣。〔註234〕

僧肇提及，三乘之路得以打開，眞僞之途得以明辨，賢聖之道得以存在，涅槃無名的旨趣由此而顯名。元康曾注此段引文爲：

〔註232〕見《大正藏》冊四十五，頁152下。
〔註233〕見《大正藏》冊四十五，頁153中。
〔註234〕見《大正藏》冊四十五，頁161中。

> 三乘之論路開，謂〈宗本〉也；真偽之途辨，謂〈不遷〉、〈不真空〉
> 也；賢善之道存，謂〈般若無知〉也。無名之致顯，謂〈涅槃無名〉
> 也。〔註235〕

由於〈宗本義〉已確知是偽作，因而可知元康判斷「三乘之路開」是在描述〈宗本義〉，應有考據的疏失。但元康判斷，僧肇「真偽之途辨」，是意指〈物不遷論〉、〈不真空論〉；「賢善之道存」，意指〈般若無知論〉；「無名之致顯」，在說明〈涅槃無名論〉，頗有一番道理，應可信之。那麼僧肇「三乘之路開」，指的是什麼呢？據僧肇〈般若無知論〉與〈涅槃無名論〉篇首，分別揭示「夫般若虛玄者，蓋是三乘之宗極也，誠真一之無差」、「涅槃之道，蓋是三乘之所歸，方等之淵府」，〔註236〕由此可知：僧肇主在說明《肇論》四論已著，舉凡般若、涅槃，以及真、俗二諦的道理皆已闡明，因而三乘的路由此打開。

要之，由僧肇〈涅槃無名論〉末段話，可推知〈涅槃無名論〉與《肇論》他論有著有機體的關係。

8、涅槃與般若

涅槃與般若是一體兩面的關係。僧肇若有撰寫詮釋能知之智的〈般若無知論〉，並在四一〇年著作有關詮釋所知之境的〈不真空論〉、〈物不遷論〉，則在四一四年往生前，應有著作有關涅槃思想作品的打算，以與僧肇他論相互應。

（二）〈涅槃無名論〉與僧肇《注維摩詰經》的關係

〈涅槃無名論〉與僧肇《注維摩詰經》的關係，除了上文所證，皆具有相通的涅槃之體、得涅槃的方法與工夫，以及得涅槃的境界外，尚有幾處可證明二者相互呼應。諸如：

1、五　陰

〈涅槃無名論〉【開宗第一】、【覈體第二】、【考得第十八】等，皆提及「『五陰』永滅」的觀念。僧肇《注維摩詰經》中也有提及「五陰」的觀念，如「壞五陰和合，名為涅槃」〔註237〕、「五陰諸法，假會成身」〔註238〕等。

2、權　智

〔註235〕見唐・元康：《肇論疏》卷下，《大正藏》冊四十五，頁 200 下。
〔註236〕見《大正藏》冊四十五，頁 153 上；157 上。
〔註237〕見《大正藏》冊三十八，頁 348 中。
〔註238〕見《大正藏》冊三十八，頁 376 中。

僧肇《注維摩詰經》序即言「此經所明統萬行，則以權智爲主」〔註239〕、「權智，此經之關要」。〔註240〕因讀《維摩詰經》而出家的僧肇，定位《維摩詰經》的思想「關要」是「權智」，可見僧肇個人也重視權巧應機應材的智慧。〈涅槃無名論〉也蘊涵著僧肇「權智」的觀念，諸如【位體第三】「有餘、無餘者，信是權寂致教之本意」等。

3、結　習

僧肇《維摩詰經》云：

> 夫涅槃者，道之眞也，妙之極也。二乘結習未盡，闇障未除，如之何以垢累之神，而求眞極之道乎？以其三有分盡，故假授涅槃，非實涅槃也。〔註241〕

僧肇表示，涅槃是究極的道理，玄妙的極致。二乘的結縛習氣未盡，無明之障未除，如此如何能以含有煩惱的神識，欲求至眞極至的涅槃之道？由此可知，僧肇認爲二乘「結習未盡，闇障未除」，尚不能證得涅槃。而〈涅槃無名論〉也有相似的話。如【辨差第九】提及「如來結習都盡，聲聞結習不盡」、「夫以群生萬端，識根不一，智鑒有淺深，德行有厚薄，所以俱之彼岸，而升降不同」；【明漸第十三】「結是重惑，而可謂頓盡，亦所未喻」、「所乘不一者，亦以智力不同」，這些話皆在說明二乘有結習，不可頓盡，恰與僧肇《注維摩詰經》文相呼應。

4、正　觀

僧肇《注維摩詰經》與〈涅槃無名論〉，皆有談及「正觀」。前者，如僧肇注「伏心是道場，正觀諸法故」云：「強梁則觀邪。調伏，則觀正也。」；〔註242〕後者，【位體第三】對「正觀」並有一番定義。

由以上幾點可知，〈涅槃無名論〉與僧肇他論，有著共通的思想，有著一體成型的關係。諸如皆以「非有非無」來表述「言語道斷，心行處滅」的形而上眞理，並有談及假名觀、聖人觀等。若要論及結構，則〈般若無知論〉難答的寫作方式，與〈涅槃無名論〉同出一轍。〔註243〕由此可證〈涅槃無名

〔註239〕見《大正藏》冊三十八，頁324上。
〔註240〕見《大正藏》冊三十八，頁379下。
〔註241〕見《大正藏》冊三十八，頁393上。
〔註242〕見《大正藏》冊三十八，頁364下。
〔註243〕關於僧肇如此難答的寫作方式，Richard H.Robinson認爲「與鳩摩羅什之《鳩摩羅什法師大義》（大乘大義章）相似」。（見 Richard H.Robinson 著，郭忠

論〉應是僧肇作。

四、據僧肇涅槃思想的「聽習」來源

　　一思想家思想體系的建立，或有創新的思想蛻變，主因除了來自於自己獨特的思考活動之外，常是因爲接收到外界文化思想的薰陶或衝擊。僧肇著有〈般若無知論〉、〈不眞空論〉，以及〈物不遷論〉等三論，是學界公認的事實。這三論可屬同一系列，皆在宣揚大乘中觀般若學；其中，有關涅槃思想並沒有任何「顯性」的闡述。那麼，僧肇是否有涅槃思想呢？就僧肇《注維摩詰經》，可知答案明確是「有」。僧肇如何有涅槃思想呢？由僧肇〈奏秦王表〉可知，其得悉涅槃思想的管道是「聽習」。僧肇的「聽習」來源有那些呢？就僧肇所處的羅什譯場推測，其涅槃思想的主要來源，應來自於僧肇經常聽習羅什談及「涅槃」之義。此外，僧肇的「聽習」來源，應包含與同儕學伴之間的思想交流、譯場中所翻譯的經文，以及羅什對外的學術交流活動。由此，使得僧肇對大乘涅槃境界有新的領悟。以下，茲舉數例來推測僧肇「聽習」涅槃思想的可能來源。

（一）羅什的涅槃思想

　　這應是僧肇聽習涅槃思想的主要來源。而關於羅什的涅槃思想，可顯見於東晉慧遠問、羅什答：《鳩摩羅什法師大義》（《大乘大義章》）。〔註244〕文中，羅什在回答廬山慧遠的問題中，確已提及法身、佛性、涅槃、七住、無住……等涅槃概念。若取《鳩摩羅什法師大義》與〈涅槃無名論〉對照，將可發現〈涅槃無名論〉許多處，皆是承繼《鳩摩羅什法師大義》未完的論題，再加以釐清、深化。此外，〈涅槃無名論〉詞彙的運用，或諸多觀點，應也頗受《鳩摩羅什法師大義》的影響。本處茲舉數例，以明僧肇的「聽習」來源：

1、假名觀

　　【開宗第一】「無名」者云：「有餘、無餘者，良是出處之異號，應物之假名耳。」〔註245〕其中，「假名」的觀點，羅什也曾提及：「法身可以假名

　　　　生譯：《印度與中國的早期中觀學派》，南投：正聞出版社，1996 年 12 月，頁 211）
〔註244〕見《大正藏》冊四十五，頁 122 上～143 中。
〔註245〕見《大正藏》冊四十五，頁 157 下。

說，不可以取相求。」；〔註246〕「凡和合之法，則有假名，但無實事耳。」
〔註247〕

2、燈　滅

【覈體第二】中，「有名」者假「五陰永盡，譬如燈滅」的聖言，來敍述「無餘涅槃」是至人「滅身滅智，捐形絕慮」的境界。「燈滅」之說，是小乘空宗常用的語彙，而羅什亦有提及「相續中念念生滅故，當觀無常相。如燈炎，雖有生滅，相續不斷故。」〔註248〕文中，羅什提及燈炎有生滅，因而相續不斷。此觀點雖非同於【位體第三】「無名」者反「燈滅」之說，卻已闡明燈不會完全滅盡。

3、三乘之道

〈九折十演者〉中，【明漸第十三】「無名」者曾回應【詰漸第十二】「有名」者有關「體而未盡，是所未悟」的質疑，提及：「三獸渡河，中渡無異，而有淺深之殊者，爲力不同故也。三乘眾生，俱濟緣起之津，同鑒四諦之的……。」〔註249〕此觀點，羅什也有提及：「道法是一，分別上中下，故名爲『三乘』。……隨觀力故。而有差別。」〔註250〕此外，慧遠於文中曾問「三乘之學，猶三獸之度岸耳。……遍學之義。未可見也。」羅什則答：「言三獸者。如兔不能及象馬之道，馬不能及象所蹈。如馬要先逕兔道，然後自行其道。香象要先逕兔馬之道，後乃自倒其地。菩薩亦如是，先洗二乘之地。然後自到其道也。」〔註251〕由此可見，僧肇「三獸渡河」之說，應與《鳩摩羅什法師大義》有關。

除了以上三例，僧肇〈涅槃無名論〉中的許多思想、語彙，皆與《鳩摩羅什法師大義》有關，可證羅什的涅槃思想是僧肇的「聽習」來源。

（二）《中論》的涅槃思想

鳩摩羅什約於公元四○九年譯出《中論》，而僧肇著作〈涅槃無名論〉約在四一三年後。若二者加以相較，可知僧肇的涅槃思想也應頗受《中論》〈觀涅槃品〉以及他品的影響。最明顯可見的，僧肇主以「非有非無」來詮釋涅

〔註246〕見《大正藏》冊四十五，頁 127 上。
〔註247〕見《大正藏》冊四十五，頁 137 下。
〔註248〕見《大正藏》冊四十五，頁 138 下。
〔註249〕見《大正藏》冊四十五，頁 160 中。
〔註250〕見《大正藏》冊四十五，頁 136 上。
〔註251〕見《大正藏》冊四十五，頁 139 中～下。

槃之體，而「非有非無」的觀點，恰是《中論》常用的語彙。如《中論·觀涅槃品》「涅槃不名有」、「有尙非涅槃，何況於無耶」、「如佛經中說，斷有斷非有。是故知涅槃，非有亦非無」〔註252〕等，於〈涅槃無名論〉中皆可見相類似的語彙或思想。

（三）同儕竺道生涅槃思想的影響

僧肇與竺道生在羅什僧團中，在相較下，應屬年紀較小的一輩。二人之間，有著深篤莫逆的情誼，這可見於僧肇〈答劉遺民書〉云：

> 生上人頃在此，同止數年，至於言話之際，常相稱詠。中途還南，
> 君得與相見。未更近問，悒悒何言。〔註253〕

僧肇在寫給劉遺民信中，透露自己與道生在羅什僧團中，常「言話之際，常相稱詠」，而在道生離去後，內心難掩失落之感。智慧的汲取，與生命視野的開拓，常是經由與同儕學伴激盪討論才能獲得。僧肇與道生雖義學所宗，但從僧肇這段話可知，與道生之間「同氣相求，同聲相應」，〔註254〕有著思想的互動交流。因而可推測，雖然竺道生是離開羅什僧團後，其涅槃思想才大噪，但或許道生在僧團中即蘊釀著頓悟成佛的涅槃思想，並多多少少激盪、影響僧肇立基於大乘中觀的涅槃思想。〔註255〕

（四）道安的涅槃思想

羅什未入關前的中土，所流傳的涅槃思想，例如道安：

> 是故先聖，照以止觀，陰結日損，成泥洹品。……大乘之舟接，泥
> 洹之關路。〔註256〕

道安表示，聖賢者常透由止觀觀照的禪法，來日損消泯自己的妄執習性，究登涅槃。道安並表示，大乘法是接渡登涅槃的法門。道安並云：

〔註252〕見龍樹菩薩造，梵志青目釋，姚秦·鳩摩羅什譯：《中論》卷四，《大正藏》冊三十，頁35上～中。

〔註253〕見《大正藏》冊四十五，頁155下。

〔註254〕見元·文才：《肇論新疏》，《大正藏》冊四十五，頁224上。

〔註255〕許抗生說：「道生的佛性妙有說的思想淵源，源自於羅什的大乘空學。僧肇與道生在長安師事羅什時，是一對十分要好的好朋友，言詠之際十分投合，思想互相發明，共同闡發著般若三論的思想。」（許抗生：《僧肇評傳》，南京：南京大學出版社，2001年2月二刷，頁12）由此也可證得，僧肇與竺道生的思想是「互相發明」。

〔註256〕見道安：〈陰持入經序〉第五，《出三藏記集》卷六，《大正藏》冊五十五，頁44下～45上。

經曰：道從禪智，得近泥洹。〔註257〕

世尊立教法，有三焉：一者，戒律也；二所，禪定也；三者，智慧
也。斯三者，至道之由戶，泥洹之關要也。〔註258〕

道安援引聖言表示，禪智之法是就近得泥洹的道路。此外，世尊的立教有「戒
律」、「禪定」、「智慧」等三種。這三種，皆是習道的入門，是登得涅槃的修
習要鍵。

由道安的論述可知，道安頗重視以禪法的工夫，來證得涅槃。這與僧肇
的涅槃思想有些相似，諸如〈九折十演者〉【位體第三】，僧肇特強調「無言
無說，心行處滅」的「正觀」工夫，〔註259〕或【妙存第七】「玄道在於妙悟，
妙悟在於即眞。即眞則有無齊觀，齊觀則彼己莫二」〔註260〕……等，皆可發
現僧肇頗重視以禪定、智慧等工夫，來證得涅槃。由於道安的禪法思想，影
響當時整個時代的涅槃思想，因此可推測僧肇或許直間或間接有「聽習」道
安的涅槃思想。

由以上可知，僧肇有「聽習」涅槃思想的來源。就此可駁正石峻（B3b.）
〔註261〕認爲僧肇不具涅槃思想的謬誤。順此，也可釐清一議題：亦即湯用彤
（A4.）〔註262〕判定〈涅槃無名論〉是僞作之因之一，在於《肇論》傳統詮釋
者諸如元康等，皆援引較僧肇作品晚出土的《大般涅槃經》，來注疏〈涅槃無
名論〉，因而湯氏據此判定〈涅槃無名論〉必非是僧肇作。之後，數位學者皆
反駁湯氏此論。諸如：W. Leibenthal（C2.）〔註263〕提及《大般涅槃經》部分
譯文，可能在公元四一六年前，便傳至長安，成爲〈涅槃無名論〉引用的對
象，使得僧肇可能有涅槃思想。橫超慧日（D1b.）〔註264〕也提及，〈涅槃無名
論〉雖出於《大般涅槃經》之前，但「涅槃」的概念早已東傳。此外，橫超

〔註257〕見道安：人生欲生經序〉第六，《出三藏記集》卷六，《大正藏》冊五十五，
頁 45 上。

〔註258〕見道安：〈比丘大戒序〉第十一，《出三藏記集》卷十一，《大正藏》冊五十五，
頁 80 上。

〔註259〕見《大正藏》冊四十五，頁 158 中。

〔註260〕見《大正藏》冊四十五，頁 159 中。

〔註261〕參石峻：〈讀慧達「肇論疏」述所見〉，收錄於張曼濤主編：《現代佛教學術叢刊
（48）——三論典籍研究》（臺北：大乘文化出版社），1979 年 8 月初版，頁 306。

〔註262〕同上。

〔註263〕見 Walter Liebenthal, *Chao Lun:The Treatises of Seng-chao*.Hong Kong U.P., 1968,
p.150。

〔註264〕同上，頁 167～190。

慧日並提出元康並非認爲僧肇援引《涅槃經》的證據（D2a1.）。劉成有（E5a8.）〔註265〕也認爲湯氏「據《肇論疏》等，均謂此論中引及《涅槃經》」是值得仔細考證。許抗生（E7a1.）〔註266〕也認爲湯氏此觀點，是有問題，而提出論證。賴鵬舉（E8c.）〔註267〕也論證僧肇時代有涅槃思想。

就以上數位反駁湯氏的學者觀點，可證僧肇所處的時代，雖然《涅槃經》尚未出土，但其實已譯、已傳的涅槃思想已充斥整個大環境，使僧肇有「聽習」涅槃思想的來源。此說，恰可與筆者證僧肇有「聽習」涅槃思想的來源，相互呼應。也可證明〈涅槃無名論〉並非僞作。

此外，於此順應補充上一節中，幾位詮釋者的觀點。

1、回應 A3.：筆者認爲《肇論》傳統詮釋本盡援引較〈涅槃無名論〉晚出土的《涅槃經》，來注疏〈涅槃無名論〉，這是詮釋本根據〈涅槃無名論〉的涅槃思想與《大般涅槃經》相似，而以爲〈涅槃無名論〉引及《涅槃經》。這是《肇論》傳統詮釋本未作好考據文獻的疏失。

2、回應 A4.：筆者認爲羅什、僧肇有涅槃的思想，這根據《注維摩詰經》即可得知。《注維摩詰經》中，僧肇還援引《涅槃經》常提及的「身如四大毒蛇」〔註268〕爲論說根據，〔註269〕因此可推證僧肇時代，《大般涅槃經》雖未譯出，但涅槃思想已充溢，只不過般若思想居於主流地位。因此湯氏（A4.）此說，亦不足爲證。

3、論「五陰永盡，譬如燈滅」（補充 E8c2.）：賴鵬舉提及湯用彤等學者懷

〔註265〕 參劉成有：〈關於《涅槃無名論》作者問題的討論——《涅槃無名論》的著作權應歸僧肇〉，《文史哲》第四期，1990 年，頁 35～37。

〔註266〕 參許抗生：《僧肇評傳》，南京：南京大學出版社，2001 年 2 月二刷，頁 30。

〔註267〕 參賴鵬舉：〈佛教思想的傳統與僧團的實踐——以東晉羅什、慧遠兩僧團間的大論辯爲觀察〉，《宗教傳統與社會實踐論文集》（臺北：中研院民族學研究所）（抽印本），1999 年 3 月，頁 1～33。

〔註268〕 如《大般涅槃經》卷二十三 ：「菩薩摩訶薩得聞受持大涅槃經。觀身如篋地水火風如四毒蛇見毒觸毒氣齧毒。一切眾生遇是四毒故喪其命。眾生四大亦復如是」（《大正藏》冊十二，頁 499 中）。如此「身如四大毒蛇」之意句，於《大般涅槃經》中處處可見。（概可參《大正藏》冊十二，頁 397 上：411 中：435 上～中：499 中～500 中：552 下：652 中：637 中：676 中：687 上：743 上～743 下：798 中：876 上：885 下～886 上）

〔註269〕 《注維摩詰經》卷二，肇注云：「六情，喻空聚，皆有誠證，喻在他經。是故《涅槃經》云：觀身如四大毒蛇。」（《大正藏》冊三十八，頁 342 下）

疑「五陰永盡，譬如燈滅」，出自涼本《涅槃經》（北涼玄始十年，公元四二一年出）。賴氏表示較涼本《涅槃經》先出的許多經文，皆有相似的句子，並非涼本《涅槃經》所獨有。賴鵬舉舉《佛入涅槃密跡金剛力士哀戀經》爲例，證明〈涅槃無名論〉【覈體第二】「五陰永盡，譬如燈滅」，先出涼本《涅槃經》的諸《涅槃經》等皆有相似的句子，並非涼本《涅槃經》所獨有。〔註270〕筆者於此，再茲舉數例以證之：

（1）後漢安息三藏安世高譯《迦葉結經》卷一云：「我等當滅度，意淨如燈滅」。〔註271〕

（2）阿羅漢婆素跋陀撰，符秦西域三藏鳩摩羅佛提等譯《四阿鋡暮抄解》卷二云：

> 問云：何無爲？無爲，一涅槃。此是無義，云何處三？答：無爲。
> 有餘、無餘此二（二種舉上二以爲三修妒路），假令涅槃一無爲，彼
> 由行説，二也。有餘、無餘，此間有餘名，行結得受。是身是有餘，
> 是有餘名。彼盡一切結滅，作證盡身有餘，如是有餘。無餘名，謂
> 此受陰棄，更不受身如燈滅，是無餘名。〔註272〕

此段主要是藉由問答的形式，來闡明有餘涅槃與無餘涅槃的定義。所謂「有餘」，是「彼盡一切結滅，作證盡身有餘」；所謂「無餘」，是「此受陰棄，更不受身如燈滅」。此種觀點，與僧肇〈涅槃無名論〉【覈體第二】「有名」者所定義的「有餘」、「無餘」涅槃相似，可知此段引文，應是代表小乘空宗對涅槃的認知。據此可知，〈涅槃無名論〉中「五陰永盡，譬如燈滅」的句子，並非是援自《大般涅槃經》。

（3）龍樹菩薩造，秦羅什譯《大智度論》卷二云：「佛已永寂入涅槃，諸滅結眾亦過去。世界如是空無智，癡冥逐增智燈滅。」〔註273〕由此可再證〈涅槃無名論〉中「五陰永盡，譬如燈滅」的句子，並非是援自《大般涅槃經》。

（4）提婆菩薩造，婆藪開士釋，姚秦·鳩摩羅什譯《百論》卷二，〈破常品〉第九云：「涅槃名離一切著，滅一切憶想，非有非無，非物非非物。譬

〔註270〕參賴鵬舉：〈佛教思想的傳統與僧團的實踐——以東晉羅什、慧遠兩僧團間的大論辯爲觀察〉，《宗教傳統與社會實踐論文集》（臺北：中研院民族學研究所）（抽印本），1999年3月，頁1～33。

〔註271〕見《大正藏》冊四十九，頁4中。

〔註272〕見《大正藏》冊二十五，頁9下～10上。

〔註273〕見《大正藏》冊二十五，頁67中。

如燈滅，不可論說。」〔註274〕據此可知，羅什詮釋涅槃是「非有非無，非物非不物」，也提及「燈滅」語彙，如此之說與〈涅槃無名論〉相似，因此很難證明〈涅槃無名論〉援自《大般涅槃經》。

（5）天竺沙門眾護撰，西晉竺法護譯《修行道地經》卷六云：「學如是者，便得究竟。修行道地，心如虛空。五通自然，不懼終始，永若燈滅。」〔註275〕

（6）尊婆須蜜造，符秦・僧伽跋澄等譯《尊婆須蜜菩薩所集論》卷十云：「『本盡不造新，於有無愛著。種盡法不生，涅槃猶燈滅。』……涅槃猶燈滅者，不起便涅槃。猶如燈滅者，不可限量。……涅槃者，[火＊霍]然無垢，猶燈滅者，不爲造有所縛。」〔註276〕

由上可知，「譬如燈滅」等如斷滅論的思想，是部派佛教、原始佛教、或小乘空宗慣用的譬喻。〈涅槃無名論〉的「譬如燈滅」，實非援引自《大般涅槃經》。順此亦可證，湯用彤（A3.）之見恐有誤。

以下，筆者並以表格方式，證明〈涅槃無名論〉並非援引《大般涅槃經》，以駁正湯用彤（A4.）〔註277〕所持的偽作論據。表中，（B─F），主要是列出《肇論》傳統詮釋者在注疏〈涅槃無名論〉（A）時，所援引《大般涅槃經》（G）的經文。（I、J、K）主要代表著〈涅槃無名論〉可能的「聽習」來源：

〈九折十演者〉考據一覽表

A〈九折十演者〉與《大般涅槃經》相似的經文〔註1〕	B唐・元康《肇論疏》卷下〔註2〕	C宋・遵式《注肇論疏》卷五～六〔註3〕	D元・文才《肇論新疏》卷下〔註4〕	E元・文才《肇論新疏游刃》卷下〔註5〕	F明・德清《肇論略注》卷五～六〔註6〕	G宋・慧嚴等依《泥洹經》加之《大般涅槃經》〔註7〕	I姚秦・鳩摩羅什譯，後秦・僧肇注《注維摩詰經》〔註8〕	J東晉慧遠問、羅什答：《鳩摩羅什法師大義》〔註9〕	K僧肇可能參考的經文
【開宗第一】：「有餘、無餘者，良是出處之異號，應物之假名耳。」〔註10〕	「《大般涅槃》，或名有餘，或曰無餘者，無有、有無之別體也。」〔註11〕					有餘、無餘：「善男子，我所說者，亦有餘義，亦無餘義。」〔註12〕「萬事萬名，虛假以生。道在真悟，故超越假名。」〔註14〕	（肇曰）假名：「虛妄假名，智者不著。」〔註13〕	（什答曰）1、有餘、無餘：a.「有餘、無餘爲異耳。」〔註15〕b.「一切阿羅漢，雖得有餘涅	1、出處之異號：《菩薩瓔珞經》：「佛言：我今亦在有餘泥洹，亦在無餘泥洹。……如我三十二相成此色

〔註274〕見《大正藏》冊三十，頁180下～181上。
〔註275〕見《大正藏》冊十五，頁223下。
〔註276〕見《大正藏》冊二十八，頁801下。
〔註277〕同上。

								槃,心意清淨,身口所作,不能無失念。……是人入無餘涅槃時,以空空三昧,捨無漏道。從是以後,永無復有身口業失。時聞促故,不應難言,更當起也。」〔註16〕 2、假名: a.「法身可以假名說,不可以取相求。」〔註17〕 b.「凡和合法,則有假名,但無實事耳。」〔註18〕	身,則有餘泥洹;觀過去諸佛如恒沙數,無形不可見,則是無餘泥洹。」〔註19〕 2、假名: a.《十住經》:「以辭無礙智,知諸法假名,而不斷假名說。以樂說無礙智,隨假名不壞無邊說。」〔註20〕 b.《成實論》:因假名法,更成假名。〔註21〕c.《大智度論》:「經言,所有色皆從四大和合有。和合有故,皆是假名。假名,故可散。」〔註22〕
【開宗第一】:「滅度者,言其大患永滅,超度四流。」〔註23〕				「本經二十七云:一者欲瀑;二者有瀑;三者見瀑;四者,無明瀑。」〔註24〕		「離四瀑水,故名為『洲』;……諸結火滅,故名『滅度』;離覺觀故,故名『涅槃』。」〔註25〕	1、滅度:「(肇曰)欲言在生死,生死不能污;欲言住涅槃,而復不滅度。是以處中道而行者,非在生死,非住涅槃。」〔註26〕 2、大患永滅:「(肇曰)法想雖除我,於真猶為倒。未免於患,故應離之。」〔註27〕 3、流:「(什曰)度生死流已,坦然無為,無復眾患也。」〔註28〕	(什答曰) 1、滅度:「佛滅度後,以經法為法身,更無餘法身名也。《摩訶衍》中說:菩薩無生法忍,斷諸煩惱,為度眾生故。」〔註29〕 2、患:「菩薩亦如是。深見生死過患,涅槃寂滅安穩之處。唯有諸佛,乃能令出。更無餘人也。」〔註30〕	

【開宗第一】:「斯是鏡象之所歸,絕稱之幽宅也。」〔註31〕			「二十七經云:又涅槃者,名爲屋宅,能遮煩惱、惡風雨故等。」〔註32〕		宅: 1、「解脫者,名無舍宅。譬如虛空,無有舍宅,解脫亦爾。言舍宅者,喻二十五有。無有舍宅者,喻眞解脫。眞解脫者,即是如來。」〔註33〕 2、「解脫者,名無異處。譬如有人唯居上妙清淨屋宅,更無異處。解脫亦爾。無有異處。無異處者即眞解脫。」〔註34〕 3、「解脫者名曰屋宅。」〔註35〕	宅: 1、「每尋斟茲典,以爲棲神之宅。」〔註36〕 2、「(肇曰)三界之室,宅也。」〔註37〕 3、「獨明身之虛僞,眾穢過患,四大假會,以爲神宅,非實家也。」〔註38〕 4、「(肇曰)身爲幻宅。曷爲住內?」〔註39〕	宅:「(什答曰)所宅之形,非復本器。」〔註40〕	
【開宗第一】:「超群有以幽升……。」〔註41〕			「本經第十云:說正解脫,無二十五有。」〔註42〕		1、「眞解脫者,亦復如是,皆悉遠離二十五有。」〔註43〕 2、「如來亦爾。畢竟遠離二十五有,永得涅槃安樂之處。」〔註44〕	群有:「(肇曰)齊天地爲一旨,而不乖其實;鏡群有以玄通,而物我俱一。」〔註45〕		
【開宗第一】:「經云:眞解脫者,離於言數,寂滅永安,無始無終,不晦不明,不寒不暑,湛若虛空,無名無說。」〔註46〕	「此等諸文,是《涅槃經》中解脫大意,非全文也。」〔註47〕		「義引《涅槃》、《淨名》等經。《涅槃》第五廣說眞解脫相。二十一中亦說:涅槃非諸相故。」〔註48〕	「此義引《涅槃》、《淨名》等經。」〔註49〕	1、眞解脫者:「(善男子)(眞解)脫者,名曰……」〔註50〕 2、離於言數:「非喻者,如無比之物,不可引喻……」〔註51〕	1、眞解脫:「(肇曰)解脫,謂無爲,眞解脫也。」〔註57〕 2、寂滅:a.「(肇曰)大覺之道,寂滅無相。至味和神,論若甘露。於菩提樹,先降外魔,然後成甘露寂滅大覺之道。	（什答曰） 1、解脫:「(肇曰)以一心相應慧,通達一切法。得無礙,名之爲佛。無礙解脫,是佛法之根本。」〔註67〕 2、寂滅:「如大乘經:一切法從本以來,常寂滅相。」〔註68〕	《放光般若經》:「一切眾生,皆空寂故。是故眾生無始無終,與空等故。」〔註71〕

							甲	乙	丙
							3、寂滅：「解脫者，名曰虛無。虛無，即是解脫。」〔註52〕 4、永安：「解脫者，名曰安隱。如多賊處，名不安隱；清夷之處，乃名安隱。是解脫中，無有怖畏，故名安隱。是故安隱，即真解脫。」〔註53〕 5、不寒不暑：「真解脫者，名無逼切。如春涉熱，夏日食甜，冬日觸冷。真解脫者，無有如是不適意事。」〔註54〕 6、湛若虛空：「譬如虛空，無有邊際。」〔註55〕	結習內魔，於茲永盡矣。」〔註58〕 b.「有為法，無常苦空無我；無為法，寂滅不動。」〔註59〕 c.「（肇曰）不然不滅，乃真寂滅也。」〔註60〕 3、寒暑：a.「（肇曰）謂佛身直是形之妙者，未免生死寒暑之患，曷為而求？」〔註61〕 b.「（肇曰）涅槃，無生死寒暑飢渴之患。其道平等，豈容分別？」〔註62〕	3、始、終：「致有利鈍，觀有深淺，悟有難易，始終為異，非實有別。」〔註69〕 4、虛空：「法性常住，如虛空，無有為、無為等戲論。……法性者，有佛無佛，常住不壞，如虛空無作無盡。」〔註70〕
							7、湛若虛空，無名無說：「善男子！汝今善解，甚深難解。如來有時，以因緣故，引彼虛空，以喻解脫。如是解脫，即是如來。真解脫者，一切人天，無能為譬。而此虛空，實非其喻。為化眾生，故以虛空，非喻為喻。當知解脫，即是如來。如來之性，即是解脫。解脫、		4、虛空：「（肇曰）無心於等，而無不等，故謂若虛空也。」〔註63〕 5、虛空、寒暑：「（肇曰）經云：法身者，虛空身也。無生，而無不生；無形，而無不形。……寒暑不能為其患，生死無以化其體故。其為物也，微妙無象，不可為有；備應萬形，不可為無。彌綸八

						如來,無二無別。」〔註56〕	極,不可爲小;細入無間,不可爲大。故能出生入死,通洞于無窮之化。變現殊方,應無端之求。」〔註64〕 6、無名無說: a.「(什曰)凡言無名無說,離識離觀。類如離見也。」〔註65〕 b.「(肇曰)眞境無言,凡有言論皆是虛戲。」〔註66〕
【開宗第一】:「本之有境,則五陰永滅……沖而不改,故不可爲有;至功常存,故不可爲無。」〔註72〕			「《涅槃經》云:能建大義。」〔註73〕	「大經二十一云:如來涅槃,非有非等。」〔註74〕	1、「大涅槃,能建大義。」〔註75〕 2、「如來涅槃,非有非無。」〔註76〕	1、有境:「超群數之表,絕有心之境。」〔註77〕「(肇曰)超三界之表,絕有心之境。」〔註78〕 2、五陰:a.「(肇曰)壞五陰和合,名爲涅槃。」〔註79〕 b.「(肇曰)五陰喻五賊也。」〔註80〕 3、不有不無:「(肇曰)欲言其有,有不自生;欲言其無,緣會即形。會形,非謂無;非無,非謂無。且有有,故有無。無有,何所無?有無,故有有。無無,何所有?然則自有,則	1、境:「(什答曰)〈住生品〉中說言:或有獨處玄廓之境者,若以獨處玄廓爲本,來化眾生,此復何答?」〔註82〕 2、五陰:「(什答曰)如一有爲法,皆虛妄不實。有爲法者,即是五陰。」〔註83〕 3、不無不無:「(遠問曰)法性常住,爲無耶?爲有耶?若無如虛空,則與有絕,不應言性住。若有而常住,則墮常見;若無而常住,則墮斷見。若不有不無,則必有異乎?」〔註84〕

									不有；自無，則不無。此法王之正說也。」〔註81〕
【冪體第二】：「澡八解之清流，憩七覺之茂林……啓八正之平路……。」〔註85〕	「以七覺爲茂林，……亦出《大品》、《涅槃》等經。……啓開八正耳。正見、正思惟、正語、正業、正命、正精進、正念、正定，爲八也。出《大品》、《涅槃》等經耳。」〔註86〕					1、八解脱：「八解脱三昧：一、內有色相外觀色解脱三昧；二、內無色相外觀色解脱三昧；三、淨解脱身證三昧；四、空處解脱三昧；五、識處解脱三昧；六、無所有處解脱三昧；七、非有想非無想處解脱三昧；八滅盡定解脱三昧。」〔註87〕 2、七覺：「七覺分：一、念覺分；二、擇法覺分；三、精進覺分；四、喜覺分；五、除覺分；六、定覺分；七、捨覺分。」〔註88〕 3、八正：「云何名爲八正道耶？……」〔註89〕	八解： a.「（《維摩經文》）八解之浴池」〔註90〕 b.「（肇曰）八解脱法漿，以潤其身也。」〔註91〕 八解、七覺：「（肇曰）總持強記萬善之苑也。於此苑中，樹無漏之林，敷七覺之華。結解脱之果，嚴八解之池。積禪定之水，湛然充滿。布七淨之華，羅列水上。」〔註92〕 八正：「（肇曰）五通爲象馬，大乘爲上車。一心爲御者，遊於八正道也。」〔註93〕	（什答曰） 1、解脱：a.「若以三解脱門，觀涅槃法，知斷如是結使，得如是涅槃。」〔註94〕 b.「以空解脱門。能入涅槃。」〔註95〕 c「菩薩有二種……二者，無方便行般若波羅蜜，入三解脱門。……取涅槃證有二種，一、行菩薩道，以無方便，入三解脱門，證於涅槃。」〔註96〕 2、七覺：「如經中說：比丘慈心和合，修七覺意，設斷五道因緣者，慈悲猶在。發佛道心時，還得增長，名爲大慈大悲。」〔註97〕 3、正道：「如人密知是道非道，便離非道行正道。菩薩亦如是。」〔註98〕	
【冪體第二】：「經云：五陰永盡，譬如燈滅。」〔註99〕	「《涅槃》第九卷云：『一闡提人，見於如來，畢竟涅槃。猶如燈滅，膏油俱盡也。』」〔註100〕					甲、 1、「燈滅盡，已無有方所。如來亦爾，既滅度已，無有方所。」〔註101〕 2、「一闡	乙、 五陰：「（什謂佛菩薩教衆生離惡魔，棄四大，捨五陰。」〔註105〕	丙、 燈：「（肇曰）相續中念念生滅故，當觀無常相。如燈炎，雖有生滅，相續不斷故。」	丁、 《佛入涅槃密跡金剛力士哀戀經》「如來已去，不復還耶？猶如燈滅，更不復明。」

						提，見於如來，畢竟涅槃，謂真無常，猶如燈滅，膏油俱盡。」〔註102〕 3、「涅槃，即是遠離煩惱永盡，滅無遺餘。猶如燈滅，更無法生。」〔註103〕 3、「如燈油盡，明焰則滅。眾生愛盡，則見佛性」〔註104〕	五陰諸法，假會成身。起，唯諸法共起；滅，唯諸法共滅。無別有真宰，主其起滅者也。」〔註106〕	〔註107〕	〔註108〕 2、《修行道地經》：「學如是者，便得究竟。修行道地，心如虛空。五通自然，不懼終始，永若燈滅。」〔註109〕 3、《尊婆須蜜菩薩所集論》：『『本盡不造新，於有無愛著。種盡法不生，涅槃猶燈滅。』……涅槃猶燈滅者，不起便涅槃。猶如燈滅者，不可限量。……涅槃者，[火＊霍]然無垢，猶燈滅者，不為造有所縛。」〔註110〕 4、《中論》：「若隨身者，身無則神無。如燈滅，則明滅。」〔註111〕「（龍樹）五陰常相續，猶如燈火炎。（青目）……如眾緣和合，有燈炎。若眾緣不盡，燈則不滅。若盡，則滅。」〔註112〕 5、《大智度論》：「佛已永寂入涅槃，諸滅結眾亦過去。世界如是空無智，癡冥逐增智燈滅。」〔註113〕 6、《百論》：「涅槃名離

								一切著，滅一切憶想。非有非無，非物非非物。譬如燈滅，不可論說。」〔註114〕 7、《四阿鋡暮抄解》：「無餘名，謂此受陰棄，更不受身如燈滅，是無餘名。」〔註115〕 8、《迦葉結經》：「我等當滅度，意淨如燈滅」〔註116〕
【位體第三】：「然則聖人之在天下也，寂寞虛無，無執無競，導而弗先，感而後應。」〔註117〕	「《涅槃》云：「世智說有，我亦說有；世智說無，我亦說無也。」〔註118〕				無執無競：「世智說有，我亦說有；世智說無，我亦說無。」〔註119〕	（肇曰） 1、「至人冥真體寂，空虛其懷。雖復萬法並照，而心未嘗有。苦樂是逕，而不爲受。物我永寂，豈心受之可得？」 2、「夫至人空洞無象，應物故形。形無常體，況國土之有恒乎？」〔註120〕 3、「至人變謀無方，隱顯殊跡。故迭爲脩短，應物之情耳。」〔註121〕 4、「至人殊應，其教不一。」〔註122〕	1、聖人：「（什答曰）唯有聖人，初得道時，所觀之法，滅一切戲論，畢竟寂滅相。此中涅槃相，生死相，尚不可得，何況四大五根？」〔註123〕 2、無執無競：「（什答曰）聖人……若以果報得者，不須功業，隨意應物……。」〔註124〕 3、感應：「（遠問曰）神通既廣。隨感而應。」〔註125〕	
【位體第三】：「佛言：吾無生不生，雖生不生；無形不形，雖形不形。以知		「『無形』下亦義引《放光》、《涅槃》等經。……如《涅槃》三十二云：菩			1、不生：「以不煩惱故，則見佛性。以見佛性故，則得安住大般涅	（肇曰） 1、無生不生： a.「法身無生，而無生。」	（什答曰）無生： a.「大乘部者，謂一切法無生無滅，語言道	1、無生不生： a、《放光般若經》：「無生，雖生，不著於生」

存不為有。」〔註126〕		薩摩訶薩受羆身，乃至鹿兔龍蛇等身。然但由感起即應而眞故。復云：不生不形，即不為有也。」〔註127〕		槃，是名不生。是故……不生者，名涅槃。」〔註128〕 2、不形：「無知無形，畢竟清淨。」〔註129〕	〔註130〕 b.「如非不滅，非有非不生滅，故假以言記；非有生滅，以知無記。」〔註131〕 2、不生、不形：「無生，而無不生；無形，而無不形。」〔註132〕 3、存不為有：「至人冥眞體寂，空虛其懷。雖復萬法並照，而心未嘗有。」〔註133〕	斷，心行處滅，無漏無為，無量無邊，如涅槃相，是名法身。」〔註134〕 b.「無為（法）無生、無滅、無住、無異。」〔註135〕 c.「諸佛如來……以此因緣，說一切法，無生無滅，斷言語道，滅諸心行，同泥洹相。」〔註136〕	〔註137〕 b.《大智度論》：「無生不生，雖生，不為生法所污。」〔註138〕 c.《百論》：「內曰：生，無生不生。」〔註139〕 2、無形形不：1、《菩薩瓔絡經》：「所謂泥洹非有非無，非有形非無形。」〔註140〕 2、《佛說無言童子經》：「無形而現形，亦不住於色。欲以開化眾，現身而有教。」〔註141〕
【位體第三】：「又云：入於涅槃，而不般涅槃，以知亡不為無。」〔註142〕	「入於般涅槃，而不入於涅槃，此《涅槃》經文也。」〔註143〕	「初引《晉華嚴》……廣示如經。後引義同，即本經二十一中之義。」〔註144〕		「如來入於涅槃，當知如來亦不畢定入於涅槃。」〔註145〕	「如來入於涅槃，而不捨於菩薩之道，是菩薩行。」〔註146〕 2、入涅槃：a.「（肇曰）慧力強者，觀煩惱，即是入涅槃，不待斷而後入也。」〔註147〕 b.「欲言住世間，法身絕常俗；欲言住涅槃，現食同人欲。」〔註148〕 3、經文引	涅槃：1、「（什答曰）是菩薩，名之不在涅槃，不在世間，無有定相。以種種方便，度脫眾生。」〔註150〕 2、「如《自在王經》說：佛告自在王菩薩：我於燃燈佛時，通達四自在。即於爾時，已得佛道，入於涅槃，是吾身也。……。自利已辦，但為教化眾生，淨佛國土，具足諸神通力威德故。	

					意：「（肇曰）大士觀生死同涅槃，故能不捨。」〔註149〕	以此因緣，可知身分雖盡，常以化身，度脫眾生。」〔註151〕
【位體第三】：「寧復痾瘵中達，壽極雙樹，靈竭天棺，體盡焚燎者哉？」〔註152〕	「雙卷《泥洹經》云：佛將涅槃，向拘尸國，中路患痾，後至雙樹，遂即涅槃，今言何有斯理也。《涅槃經》云：佛正說法，至第十卷，中途現病，此亦痾瘵中達也。」〔註153〕	「《泥洹經》云：佛將般涅槃，於中路患痾。」〔註154〕		「我今背痛……有二因緣則無病苦。何等為二？一者，鄰愍一切眾生；二者，給施病者醫藥……諸佛世尊，亦復如是。猶如虛空，云何當有諸病苦耶？」〔註155〕	喻病：1、「（肇曰）身無為，而無不為。無不為，故現身有病；無為，故不墮有數。」〔註156〕 2、「（什曰）現病行乞等，是貧法也」〔註157〕	
【妙存第七】：「經曰：涅槃非法，非非法，非有為非無為等。今述彼大意也。」〔註158〕	「《涅槃》十九云：如來涅槃，非有非無，非有為非無為等。今述彼大意也。」〔註159〕	「本經二十一云：略謂涅槃非相，非不相；非物，非不物等。」〔註160〕	「經即本經二十一，略云：涅槃非相，非不相；非物，非不物等。」〔註161〕	1、「如來之身……非法，非非法。」〔註162〕 2、「如來涅槃，非有非無，非有為非無為。」〔註163〕 3、「若有眾生，不聞如是《大涅槃經》，疑心甚多。所謂……若法、若非法……聽是經者，如是諸疑，悉得永斷。」〔註164〕 4、「如來……非法，非非法。……以是義故，如來不定。」〔註165〕	「（什答曰）涅槃常寂滅相，無戲論諸法。若常寂滅無戲論，則無所妨。又諸佛大菩薩，深入法性，不見法性不三品之異，但為度眾生故，說有三分耳。」〔註166〕	1、《中論》：「從不生法，亦不生非法。從非法不生，法及於非法。」〔註167〕 2、《大智度論》：「以法性無法非法，以是故摩訶衍勝出一切世間及諸天人阿修羅。」〔註168〕
【明漸第十三】：「三乘眾生，俱濟緣起之津，同鑒四諦之的……。」			「《涅槃》略云：十二緣生，下智觀者，得聲聞道等。」〔註170〕		（肇曰）1、四諦、三乘：「佛以四諦妙法，濟三乘眾生。」	

					1、緣:「無常無斷,即是觀照十二緣智。如是觀智,是名佛性。」〔註171〕 2、四諦:「若能見四諦,則得斷生死」〔註172〕	〔註173〕 2、濟、津:「津河可度處,名正濟;險難處,名邪濟。佛道名正濟,外道名邪濟也。」〔註174〕	（什答曰） 1、三乘: a.「道法是一,分別上中下,故名為『三乘』。……隨觀力故。而有差別。」〔註175〕 b.「（遠問曰）三乘之學,猶三獸之度岸耳。……遍學之義。未可見也。」（什答曰）……言三獸者。如兔不能及象馬之道,馬不能及象所蹈。如馬要先逕兔道,然後自行其道。香象要先逕兔馬之道,後乃自倒其地。菩薩亦如是,先洗二乘之地。然後自到其道也。」〔註176〕	
〔註169〕								
【明漸第十三】:「夫群有雖眾,然其量有涯,正使智猶身子,辯若滿願,窮才極慮,莫窺其畔。」〔註177〕			「意云:有限俗諦直令窮滿願之辨才,不能盡談其名極,身子之智慮不能遍知其狀,故《涅槃》三十五云:我往一時在耆闍崛山,與彌勒菩薩共論世諦。舍利弗等五百聲聞,於是事中都不識知,何況出世第一義諦?」〔註178〕	「《涅槃》云:佛言,我與彌勒等共論世諦。舍利弗等五百聲聞,於是事中都不識知,何況出世第一義諦?」〔註179〕	「我往一時在耆闍崛山,與彌勒菩薩共論世諦。舍利弗等五百聲聞,於是事中都不識知,何況出世第一義諦?」〔註180〕	「（肇曰）夫有心,則有封。有封,則有疆。封疆既形,則其智有涯。其智有涯,則所照不普。至人無心。無心,則無封;無封,則無疆。封疆既無,則其智無涯。其智無涯,則所照無際。故能以一念一時畢,知一切法也。一切智,雖曰		

						行標，蓋亦萬行之一耳。會萬行之所成者，其唯無上道乎？故所列眾法，皆爲場也。」〔註181〕		
【窮源第十六】:「經云：涅槃無始無終，湛若虛空。」〔註182〕			「本經二十一云：涅槃非始非終等，虛空爲喻，在經多有。」〔註183〕		涅槃：a.「一切諸佛，無有畢竟入涅槃者，常住不變……」〔註184〕 b.「譬如男女，於明淨鏡，見其色像，了了分明。大涅槃鏡，亦復如是。」〔註185〕	虛空：「（肇曰）無心於等，而無不等，故謂若虛空也。」〔註186〕	1、始、終：「致有利鈍，觀有深淺，悟有難易，始終爲異，非實有別。」〔註187〕 2、虛空：「法性常住，如虛空，無有爲、無爲等戲論。……法性者，有佛無佛，常住不壞，如虛空無作無盡。」〔註188〕	《放光般若經》:「一切眾生，皆空寂故。是故眾生無始無終，與空等故。」〔註189〕
【通古第十七】:「見緣起爲見法，見法爲見佛。」〔註190〕			「下即《涅槃》文。」〔註191〕	「下義引《涅槃》經文。」〔註192〕	「若有人見十二緣者，即是見法。見法者，即是見佛。」〔註193〕	1、「既除我想，唯見緣起諸法，故名法想。」〔註194〕 2、「觀緣起，斷邪見之道也。」〔註195〕		《了本生死經》:「佛說是，若比丘見緣起爲見法，已見法爲見我。……於是賢者舍利弗謂諸比丘言。……此謂何義？是說有緣。若見緣起無命非命，爲見法；見法無命非命，爲見佛。」〔註196〕
【考得第十八】:「經云：眾生之性，極於五陰之內。」〔註197〕			「本經二十九云：離五陰已無別眾生。又云：下初二句示眾生之體，五陰即體故；次二句示證相，法喻可		「離五陰，已無別眾生。」〔註199〕	「法身超絕三界，非陰界入所攝，故不可以生住去來而睹，不可以五陰如性而觀也。」〔註200〕	「（什答曰）有爲法者，即是五陰。」〔註201〕	1、《中論》:「實離五陰，無別眾生。」〔註202〕 2、《成實論》:「五陰和合，假名爲我。因是我故，有生

			知。」〔註198〕				有滅,及罪福等。非無假名,但非實耳。」〔註203〕
【考得第十八】:「又云:得涅槃者,五陰都盡,譬猶燈滅。」〔註204〕				※參【覈體第二】甲欄	※參【覈體第二】乙欄	※參【覈體第二】丙欄	※參【覈體第二】丁欄
【玄得第十九】:「經曰:涅槃非眾生,亦不異眾生。」〔註205〕			「本經二十二云:如來非眾生、非非眾生,以如來即涅槃故。可義引也。二十九云:眾生佛性不一不二等。」〔註206〕	「引《涅槃經》義。」〔註207〕	「如來非眾生,亦非非眾生。」〔註208〕	「(肇曰)欲言住世間,法身絕常俗;欲言住涅槃,現食同人欲。」〔註209〕	1、《放光般若經》:「般若波羅蜜,亦不於五陰中求,亦不離五陰中求。……亦非五陰,亦不離五陰。」〔註210〕 2、《中論》:「如來非是五陰,離五陰亦無如來。」〔註211〕

註釋:

〔註 1〕參《大正藏》冊四十五,頁 157 中～161 中。

〔註 2〕參《大正藏》冊四十五,頁 191 中～200 下。

〔註 3〕參《卍續藏》冊九十六,頁 311 上～366 上。

〔註 4〕參《大正藏》冊四十五,頁 218 上～243 中。

〔註 5〕參《卍續藏》冊九十六,頁 539 下～576 下。

〔註 6〕參《卍續藏》冊九十六,頁 624 上～653 上。

〔註 7〕見宋・慧嚴等依《泥洹經》加之《大般涅槃經》,《大正藏》冊十二,頁 605 上～852 中。

〔註 8〕參姚秦・鳩摩羅什譯,後秦・僧肇注:《注維摩詰經》,《大正藏》冊三十八,頁 327 上～419 下。

〔註 9〕見《大正藏》冊四十五,頁 122 上～143 中。

〔註 10〕見《大正藏》冊四十五,頁 157 下。

〔註 11〕參《大正藏》冊四十五,頁 192 上。

〔註 12〕見宋・慧嚴等依《泥洹經》加之《大般涅槃經》卷十,《大正藏》冊十二,頁 666 中。

〔註 13〕見《大正藏》冊三十八,頁 352 下。

〔註 14〕見《大正藏》冊三十八,頁 358 中。

〔註 15〕見《大正藏》冊四十五,頁 130 下～131 上。

〔註 16〕見《大正藏》冊四十五,頁 133 中。

〔註 17〕見《大正藏》冊四十五,頁 127 上。

〔註 18〕見《大正藏》冊四十五,頁 127 上。

〔註 19〕見姚秦‧竺佛念譯《菩薩瓔珞經》卷七,《大正藏》冊十六,頁 72 上。

〔註 20〕見姚秦‧鳩摩羅什譯:《十住經》卷四,《大正藏》冊十,頁 525 中。

〔註 21〕見訶梨跋摩造,姚秦‧鳩摩羅什譯:《成實論》卷四,《大正藏》冊三十二,頁 265 下。

〔註 22〕見龍樹菩薩造,姚秦‧鳩摩羅什譯:《大智度論》卷三十一,《大正藏》冊二十五,頁 292 上。

〔註 23〕見《大正藏》冊四十五,頁 157 下。

〔註 24〕見《卍續藏》冊九十六,頁 544 上。

〔註 25〕見宋‧慧嚴等依《泥洹經》加之《大般涅槃經》卷二十九,《大正藏》冊十二,頁 794 中。

〔註 26〕見《大正藏》冊三十八,頁 380 上。

〔註 27〕見《大正藏》冊三十八,頁 376 下。

〔註 28〕見《大正藏》冊三十八,頁 342 下。

〔註 29〕見《大正藏》冊四十五,頁 127 中。

〔註 30〕見《大正藏》冊四十五,頁 141 下。

〔註 31〕見《大正藏》冊四十五,頁 157 下。

〔註 32〕見《卍續藏》冊九十六,頁 544 下。

〔註 33〕見宋‧慧嚴等依《泥洹經》加之《大般涅槃經》卷五,《大正藏》冊十二,頁 634 上。

〔註 34〕見宋‧慧嚴等依《泥洹經》加之《大般涅槃經》卷五,《大正藏》冊十二,頁 634 中。

〔註 35〕見宋‧慧嚴等依《泥洹經》加之《大般涅槃經》卷五,《大正藏》冊十二,頁 634 下。

〔註 36〕見僧肇〈注維摩詰經序〉,《大正藏》冊三十八,頁 327 中。

〔註 37〕見《大正藏》冊三十八,頁 339 中。

〔註 38〕見《大正藏》冊三十八,頁 342 上。

〔註 39〕見《大正藏》冊三十八,頁 345 上。

〔註 40〕見《大正藏》冊四十五,頁 123 中。

〔註 41〕見《大正藏》冊四十五,頁 157 下。

〔註 42〕見《卍續藏》冊九十六,頁 544 下。

〔註 43〕見宋‧慧嚴等依《泥洹經》加之《大般涅槃經》卷五,《大正藏》冊十二,頁 633 上。

〔註 44〕見宋‧慧嚴等依《泥洹經》加之《大般涅槃經》卷五,《大正藏》冊十二,頁 636 中。

〔註 45〕見《大正藏》冊三十八,頁 372 下。

〔註 46〕見《大正藏》冊四十五,頁 157 下。

〔註 47〕見《大正藏》冊四十五,頁 193 上。

〔註 48〕見《大正藏》冊四十五,頁 230 下。

〔註 49〕參《卍續藏》冊九十六,頁 625 下。

〔註 50〕見宋‧慧嚴等依《泥洹經》加之《大般涅槃經》卷五,《大正藏》冊十二,頁 631 上～636 下。

〔註 51〕見宋‧慧嚴等依《泥洹經》加之《大般涅槃經》卷五,《大正藏》冊十二,頁 636 下。

〔註52〕見宋・慧嚴等依《泥洹經》加之《大般涅槃經》卷五,《大正藏》冊十二,頁 632 中。

〔註53〕見宋・慧嚴等依《泥洹經》加之《大般涅槃經》卷五,《大正藏》冊十二,頁 632 下。

〔註54〕見宋・慧嚴等依《泥洹經》加之《大般涅槃經》卷五,《大正藏》冊十二,頁 633 上。

〔註55〕見宋・慧嚴等依《泥洹經》加之《大般涅槃經》卷五,《大正藏》冊十二,頁 637 上。

〔註56〕見宋・慧嚴等依《泥洹經》加之《大般涅槃經》卷五,《大正藏》冊十二,頁 636 下。

〔註57〕見《大正藏》冊三十八,頁 352 下。

〔註58〕見《大正藏》冊三十八,頁 333 上。

〔註59〕見《大正藏》冊三十八,頁 353 中。

〔註60〕見《大正藏》冊三十八,頁 354 下。

〔註61〕見《大正藏》冊三十八,頁 342 下。

〔註62〕見《大正藏》冊三十八,頁 348 上。

〔註63〕見《大正藏》冊三十八,頁 363 上。

〔註64〕見《大正藏》冊三十八,頁 343 上。

〔註65〕見《大正藏》冊三十八,頁 346 上。

〔註66〕見《大正藏》冊三十八,頁 346 中。

〔註67〕見《大正藏》冊四十五,頁 126 上。

〔註68〕見《大正藏》冊四十五,頁 125 上。

〔註69〕見《大正藏》冊四十五,頁 139 上～中。

〔註70〕見《大正藏》冊四十五,頁 126 中。

〔註71〕西晉・無羅叉奉詔譯:《放光般若經》卷九,《大正藏》冊八,頁 66 中。

〔註72〕見《大正藏》冊四十五,頁 230 下。

〔註73〕見《大正藏》冊四十五,頁 230 下。

〔註74〕見《卍續藏》冊四十五,頁 545 下。

〔註75〕見宋・慧嚴等依《泥洹經》加之《大般涅槃經》卷四,《大正藏》冊十二,頁 627 上。

〔註76〕見宋・慧嚴等依《泥洹經》加之編《大般涅槃經》卷十九,《大正藏》冊十二,頁 730 上。

〔註77〕見僧肇:〈注維摩詰經序〉,《大正藏》冊三十八,頁 327 上。

〔註78〕見《大正藏》冊三十八,頁 343 上。

〔註79〕見《大正藏》冊三十八,頁 348 中。

〔註80〕見《大正藏》冊三十八,頁 341 中。

〔註81〕見《大正藏》冊三十八,頁 332 下～333 上。

〔註82〕見《大正藏》冊四十五,頁 129 中。

〔註83〕見《大正藏》冊四十五,頁 125 中。

〔註84〕見《大正藏》冊四十五,頁 135 下。

〔註85〕見《大正藏》冊四十五,頁 158 上 。

〔註86〕參《大正藏》冊四十五,頁 193 中～下。

〔註87〕見宋・慧嚴等依《泥洹經》加之編《大般涅槃經》卷二十八,《大正藏》

冊十二，頁 793 上。

〔註 88〕見宋·慧嚴等依《泥洹經》加之編《大般涅槃經》卷二十八，《大正藏》
冊十二，頁 792 下～793 上。

〔註 89〕見宋·慧嚴等依《泥洹經》加之編《大般涅槃經》卷三十四，《大正藏》
冊十二，頁 831 下。

〔註 90〕見《大正藏》冊三十八，頁 394 上。

〔註 91〕見《大正藏》冊三十八，頁 395 上。

〔註 92〕見《大正藏》冊三十八，頁 394 上。

〔註 93〕見《大正藏》冊三十八，頁 394 中。

〔註 94〕見《大正藏》冊四十五，頁 139 下。

〔註 95〕見《大正藏》冊四十五，頁 140 下。

〔註 96〕見《大正藏》冊四十五，頁 141 上。

〔註 97〕見《大正藏》冊四十五，頁 133 下。

〔註 98〕見《大正藏》冊四十五，頁 139 中～下。

〔註 99〕見《大正藏》冊四十五，頁 158 上。

〔註 100〕參《大正藏》冊四十五，頁 194 中。

〔註 101〕見宋·慧嚴等依《泥洹經》加之編《大般涅槃經》卷四，《大正藏》冊十
二，頁 630 上。

〔註 102〕見宋·慧嚴等依《泥洹經》加之編《大般涅槃經》卷九，《大正藏》冊十
二，頁 660 上。

〔註 103〕見宋·慧嚴等依《泥洹經》加之編《大般涅槃經》卷三十一，《大正藏》
冊十二，頁 814 中。

〔註 104〕見宋·慧嚴等依《泥洹經》加之編《大般涅槃經》卷二十七，《大正藏》
冊十二，頁 782 上～中。

〔註 105〕見《大正藏》冊三十八，頁 342 下。

〔註 106〕見《大正藏》冊三十八，頁 376 中。

〔註 107〕見《大正藏》冊四十五，頁 138 下。

〔註 108〕見失譯人名，今譯秦錄：《佛入涅槃密跡金剛力士哀戀經》，《大正藏》冊
十二，頁 1117 上。

〔註 109〕見西晉竺法護譯：《修行道地經》卷六，《大正藏》冊十五，頁 223 下。

〔註 110〕見尊婆須蜜造，符秦·僧伽跋澄等譯：《尊婆須蜜菩薩所集論》卷十，《大
正藏》冊二十八，頁 801 下。

〔註 111〕見龍樹菩薩造，梵志青目釋，姚秦·鳩摩羅什譯：《中論》卷二，《大正
藏》冊三十，頁 13 下。

〔註 112〕見龍樹菩薩造，梵志青目釋，姚秦·鳩摩羅什譯：《中論》卷四，《大正
藏》冊三十，頁 39 上。

〔註 113〕見龍樹菩薩造，姚秦·鳩摩羅什譯：《大智度論》卷二，《大正藏》冊二
十五，頁 67 中。

〔註 114〕見提婆菩薩造，婆藪開士釋，姚秦·鳩摩羅什譯：《百論》卷二，《大正
藏》冊三十，頁 180 下。

〔註 115〕見阿羅漢婆素跋陀撰，符秦·鳩摩羅佛提等譯：《四阿鋡暮抄解》卷三，
《大正藏》冊二十五，頁 9 下～10 上。

〔註 116〕後漢·安世高譯：《迦葉結經》卷一，《大正藏》冊四十九，頁 4 中。

〔註 117〕見《大正藏》冊四十五，頁 158 中。

〔註 118〕參《大正藏》冊四十五，頁 195 上。

〔註 119〕見宋・慧嚴等依《泥洹經》加之編《大般涅槃經》卷三十三，《大正藏》冊十二，頁 829 中。

〔註 120〕見《大正藏》冊三十八，頁 334 中。

〔註 121〕見《大正藏》冊三十八，頁 370 下。

〔註 122〕見《大正藏》冊三十八，頁 393 上。

〔註 123〕見《大正藏》冊四十五，頁 135 中。

〔註 124〕見《大正藏》冊四十五，頁 130 中。

〔註 125〕見《大正藏》冊四十五，頁 129 下。

〔註 126〕見《大正藏》冊四十五，頁 158 下。

〔註 127〕見《大正藏》冊四十五，頁 233 下～234 上。然而於宋・慧嚴等依《泥洹經》加之編《大般涅槃經》，未找到相應經文。

〔註 128〕見宋・慧嚴等依《泥洹經》加之編《大般涅槃經》卷十八，《大正藏》冊十二，頁 723 下。

〔註 129〕見宋・慧嚴等依《泥洹經》加之編《大般涅槃經》卷三，《大正藏》冊十二，頁 622 下。

〔註 130〕見《大正藏》冊三十八，頁 330 中。

〔註 131〕見《大正藏》冊三十八，頁 361 下。

〔註 132〕見《大正藏》冊三十八，頁 343 上。

〔註 133〕見《大正藏》冊三十八，頁 333 上。

〔註 134〕見《大正藏》冊四十五，頁 123 下。

〔註 135〕見《大正藏》冊四十五，頁 135 中。

〔註 136〕見《大正藏》冊四十五，頁 135 下。

〔註 137〕西晉・無羅叉譯：《放光般若經》卷十七，《大正藏》冊八，頁 123 中。

〔註 138〕見龍樹菩薩造，姚秦・鳩摩羅什譯：《大智度論》卷八十七，《大正藏》冊二十五，頁 673 中。

〔註 139〕提婆菩薩造，婆藪開士釋，姚秦・鳩摩羅什譯：《百論》卷二，《大正藏》冊三十，頁 178 上。

〔註 140〕見姚秦・竺佛念譯：《菩薩瓔珞經》卷七，《大正藏》冊十六，頁 72 上。

〔註 141〕西晉・竺法護譯：《佛說無言童子經》卷一，《大正藏》冊三十三，頁 523 中。

〔註 142〕見《大正藏》冊四十五，頁 158 下。

〔註 143〕參《大正藏》冊四十五，頁 195 中。

〔註 144〕見《大正藏》冊四十五，頁 234 上。

〔註 145〕見宋・慧嚴等依《泥洹經》加之編《大般涅槃經》卷二十，《大正藏》冊十二，頁 737 下。

〔註 146〕見《大正藏》冊三十八，頁 381 上。

〔註 147〕見《大正藏》冊三十八，頁 345 中。

〔註 148〕見《大正藏》冊三十八，頁 349 上。

〔註 149〕見《大正藏》冊三十八，頁 373 下。

〔註 150〕見《大正藏》冊四十五，頁 124 中。

〔註 151〕見《大正藏》冊四十五，頁 123 下。

〔註152〕見《大正藏》冊四十五，頁 159 上。

〔註153〕參《大正藏》冊四十五，頁 195 下。

〔註154〕見《大正藏》冊四十五，頁 157 下。然而於宋‧慧嚴等依《泥洹經》加之編《大般涅槃經》，未找到相應經文。

〔註155〕見宋‧慧嚴等依《泥洹經》加之編《大般涅槃經》卷十，《大正藏》冊十二，頁 669 下～672 下。

〔註156〕見《大正藏》冊三十八，頁 360 上。

〔註157〕見《大正藏》冊三十八，頁 360 中。

〔註158〕見《大正藏》冊四十五，頁 159 中。

〔註159〕參《大正藏》冊四十五，頁 196 下～197 上。

〔註160〕見《大正藏》冊四十五，頁 236 上。

〔註161〕見《卍續藏》冊九十六，頁 639 上。

〔註162〕見宋‧慧嚴等依《泥洹經》加之編《大般涅槃經》卷三，《大正藏》冊十二，頁 622 下～623 上。

〔註163〕見宋‧慧嚴等依《泥洹經》加之編《大般涅槃經》卷十九，《大正藏》冊十二，頁 730 上。

〔註164〕見宋‧慧嚴等依《泥洹經》加之編《大般涅槃經》卷十九，《大正藏》冊十二，頁 730 下。

〔註165〕見宋‧慧嚴等依《泥洹經》加之編《大般涅槃經》卷二十，《大正藏》冊十二，頁 738 上。

〔註166〕見《大正藏》冊四十五，頁 133 下。

〔註167〕見龍樹菩薩造，梵志青目釋，姚秦‧鳩摩羅什譯：《中論》卷三，《大正藏》冊三十，頁 28 下。

〔註168〕見龍樹菩薩造，姚秦‧鳩摩羅什譯：《大智度論》卷五十一，《大正藏》冊二十五，頁 422 下。

〔註169〕見《大正藏》冊四十五，頁 160 中。

〔註170〕見《大正藏》冊四十五，頁 239 而於宋‧慧嚴等依《泥洹經》加之編《大般涅槃經》，未找到相應經文。

〔註171〕見宋‧慧嚴等依《泥洹經》加之編《大般涅槃經》卷二十五，《大正藏》冊十二，頁 768 中。

〔註172〕見宋‧慧嚴等依《泥洹經》加之編《大般涅槃經》卷十四，《大正藏》冊十二，頁 693 下。

〔註173〕見《大正藏》冊三十八，頁 333 中。

〔註174〕同上，三九一中。

〔註175〕見《大正藏》冊四十五，頁 136 上。

〔註176〕見《大正藏》冊四十五，頁 139 中～下。

〔註177〕見《大正藏》冊四十五，頁 160 中。

〔註178〕見《大正藏》冊四十五，頁 239 上～中。

〔註179〕見《卍續藏》冊九十六，頁 645 上。

〔註180〕見宋‧慧嚴等依《泥洹經》加之編《大般涅槃經》卷三十二，《大正藏》冊十二，頁 821 下。

〔註181〕見《大正藏》冊三十八，頁 365 上。

〔註182〕見《大正藏》冊四十五，頁 161 上。

〔註 183〕見《大正藏》冊四十五，頁 241 上。

〔註 184〕見宋‧慧嚴等依《泥洹經》加之編《大般涅槃經》卷十九，《大正藏》冊十二，頁 730 上。

〔註 185〕見宋‧慧嚴等依《泥洹經》加之編《大般涅槃經》卷十九，《大正藏》冊十二，頁 730 中。

〔註 186〕見《大正藏》冊三十八，頁 363 上。

〔註 187〕見《大正藏》冊四十五，頁 139 上～中。

〔註 188〕見《大正藏》冊四十五，頁 126 中。

〔註 189〕見西晉‧無羅叉奉詔譯：《放光般若經》卷九，《大正藏》冊八，頁 66 中。

〔註 190〕見《大正藏》冊四十五，頁 161 上。

〔註 191〕見《大正藏》冊四十五，頁 241 中。

〔註 192〕見《卍續藏》冊九十六，頁 649 下。

〔註 193〕見宋‧慧嚴等依《泥洹經》加之編《大般涅槃經》卷二十五，《大正藏》冊十二，頁 768 下。

〔註 194〕見《大正藏》冊三十八，頁 376 中。

〔註 195〕見《大正藏》冊三十八，頁 380 上。

〔註 196〕見吳‧支謙譯：《了本生死經》，《大正藏》冊十六，頁 815 中。

〔註 197〕見《大正藏》冊四十五，頁 161 上。

〔註 198〕見《大正藏》冊四十五，頁 242 上。

〔註 199〕見宋‧慧嚴等依《泥洹經》加之編《大般涅槃經》卷二十七，《大正藏》冊十二，頁 782 上。

〔註 200〕見《大正藏》冊三十八，頁 410 中。

〔註 201〕見《大正藏》冊四十五，頁 125 中。

〔註 202〕見龍樹菩薩造，梵志青目釋，姚秦‧鳩摩羅什譯：《中論》卷三，《大正藏》冊三十，頁 21 上。

〔註 203〕見訶梨跋摩造，姚秦‧鳩摩羅什譯：《成實論》卷三，《大正藏》冊三十二，頁 260 中。

〔註 204〕見《大正藏》冊四十五，頁 161 上。

〔註 205〕見《大正藏》冊四十五，頁 161 中。

〔註 206〕見《大正藏》冊四十五，頁 242 下。

〔註 207〕見《卍續藏》冊九十六，頁 652 上。

〔註 208〕見宋‧慧嚴等依《泥洹經》加之編《大般涅槃經》卷二十，《大正藏》冊十二，頁 738 中。

〔註 209〕見《大正藏》冊三十八，頁 349 上。

〔註 210〕西晉‧無羅叉奉詔譯：《放光般若經》卷六，《大正藏》冊八，頁 46 上～中。

〔註 211〕見龍樹菩薩造，梵志青目釋，姚秦‧鳩摩羅什譯：《中論》卷三，《大正藏》冊三十，頁 29 下。

　　從此表可知，《肇論》傳統詮釋者，諸如「B 唐‧元康《肇論疏》、C 宋‧遵式《注肇論疏》、D 元‧文才《肇論新疏》、E 元‧文才《肇論新疏游刃》、

F 明‧德清《肇論略注》」等，盡表〈涅槃無名論〉引及「G 宋‧慧嚴等依《泥洹經》加之《大般涅槃經》」。此說，看似合理。然而吾人再深入考察僧肇的思想背景，探溯其思想淵源，諸如考察與僧肇切身極有關係的「I 姚秦‧鳩摩羅什譯，後秦‧僧肇注《注維摩詰經》」，或是考察具有間接影響性關係的「J 東晉慧遠問、羅什答：《鳩摩羅什法師大義》」、及其「K 僧肇可能參考的經文」。吾人可能會恍然大悟，而爲僧肇〈涅槃無名論〉中的引經據典、或其涅槃思想，找到一個更充分理由根據的歸宿，而不再輕信間接資料，諸如《肇論》傳統注疏者之言，或現代《肇論》詮釋者並非完全周圓的訊息。由此即可證明僧肇時代確有涅槃思想，並且〈涅槃無名論〉有受（I、J、K）的影響。〔註 278〕

由上可知，僧肇〈涅槃無名論〉確有涅槃思想的「聽習」來源，而且其「聽習」來源不是較〈涅槃無名論〉晚出土的《大般涅槃經》，而是僧肇的師友以及整個時代氛圍的涅槃思想。

本節，主要是綜結〈涅槃無名論〉眞僞考史後，針對詮釋者層層的回應觀點，再提出個人小小的補充論據。分別根據僧肇《注維摩詰經》的涅槃思想、僧肇的頓悟漸修思想、〈涅槃無名論〉與僧肇他論相互呼應的幾個地方，以及〈涅槃無名論〉的「聽習」來源來作一探討，由此證成〈涅槃無名論〉是僧肇作。

第三節　小　結

本章第一節，主要在以條理分明的方式，隨順歷史脈絡，爬梳一九三八年後，有關〈涅槃無名論〉的眞僞考內容。在詮釋者獨特見解或回應之見中，可見湯用彤、石峻等持僞作論的許多觀點，已被其他詮釋者以有力的論據加以駁正。檢討〈涅槃無名論〉眞僞考的成果，可推知迄今尚存的問題是，〈涅

〔註 278〕關於湯用彤依據唐‧元康等傳統詮釋本，引用《涅槃經》注疏〈涅槃無名論〉，而疑〈涅槃無名論〉。筆者認爲，傳統注疏本，不僅於注疏〈涅槃無名論〉時引用《涅槃經》，並且在詮釋僧肇他論時，亦是多處援引之。如元康注〈物不遷論〉「夫生死交謝，寒暑遞遷，有物流動，人之常情」：「涅槃經云：一切諸世間，生者皆歸死。壽命雖無量，要必有終盡。」因此，關於唐‧元康等傳統詮釋本援引《涅槃經》注疏〈涅槃無名論〉的情形，應是傳統詮釋本沒有分清楚〈涅槃無名論〉與《涅槃經》的先後致成。

槃無名論〉究竟全篇是僧肇作，或是部分糅雜後人，諸如慧觀的漸悟觀點於內。

因此，本章第二節，首先針對《注維摩詰經》的涅槃思想，加以探討，以證成僧肇有「涅槃思想」，並進而與〈涅槃無名論〉相較，發現二者有著相互呼應的關係。再者，並探討僧肇《注維摩詰經》與〈涅槃無名論〉的涅槃思想，從中發現僧肇主張七住證得涅槃，七住以上的涅槃境界是「一」，其中存有智力不同的三乘，須有漸修的工夫，來遣去重重的結習。僧肇並認為六住以下的眾生可頓悟涅槃，但也不否認鈍根器者須有漸修的必要。由此可證明僧肇的涅槃思想，不同慧觀的漸悟思想，因此〈涅槃無名論〉不是慧觀作，而文中「無名」者所難的頓悟對象也不是竺道生。繼上後，並證明〈涅槃無名論〉與僧肇他論環環相扣，可謂為有機體，缺一不可。此外，並證明〈涅槃無名論〉的「聽習」來源，並非是來自於較〈涅槃無名論〉晚出土的《大般涅槃經》，而是直承龍樹、羅什的大乘中觀派的涅槃思想，亦即無住無為、非有非無的涅槃思想，僧肇並受整個時代氛圍的涅槃思想的影響。由此證得〈涅槃無名論〉全文應是僧肇作。

公元一九三八年以前，詮釋者對〈涅槃無名論〉的真實性，可謂是「見山是山」，毫無存疑。然而之後，經由湯用彤、石峻以許多疑點，提及此篇是偽作，學界則轉以「見山不是山」的立場，來懷疑〈涅槃無名論〉的身分與價值。爾後，經由 Walter Liebentha 折衷說，以及橫超慧日、賴鵬舉、劉成有、陳作飛、張兆勇等人陸續提及〈無名論〉是真作，並以有力的證劇，俱細靡遺的回應偽作論的疑點，則〈涅槃無名論〉是真是偽，應當有九成的翻案。經由本章探討，筆者認為〈涅槃無名論〉已可從「見山不是山」過渡至「見山是山」，此篇應確是僧肇所作。

第七章　《肇論》及其詮釋的檢討

　　回顧古今中外僧肇思想的研究成果，可謂成果斐然。舉凡義理、或是文獻考據層面，皆有近乎棒棒接力傳承的建設性突破。其中，在詮釋者觀點歧異之處，尤可彰顯僧肇思想予人無限寬闊的詮釋空間。喜的是，僧肇思想擁有創造性詮釋的豐碩成果；憂的是，有部分詮釋者不能盡然會意僧肇語言文字底下的深層義涵，在誤解的偏差之下，對僧肇甚至給予並未屬實的貶抑評價。

　　關於僧肇思想詮釋成果的全景，由於非常可觀宏大，不能頓時呈顯，因而此處藉由詮釋者或時人對僧肇思想及其著作的評價定位，來窺探詮釋面貌的一隅。

（一）褒賞類

　　主指詮釋者或時人對僧肇思想及其著作，給予極高的讚美評價，諸如羅什稱讚僧肇是「法中龍象」〔註1〕、「秦人解空第一」；〔註2〕時人稱譽羅什門下有「十哲」、「八俊」、「四聖」，僧肇皆名列其中；〔註3〕隱士劉遺民讚嘆僧肇「不意方袍，復有平叔」；〔註4〕隋·吉藏譽「若肇公名肇，可謂玄宗之始」，〔註5〕並將僧肇與其師羅什並稱，謂「什、肇山門」，〔註6〕視僧肇為羅什的親傳，並是三論宗的直系；明末蕅益智旭將僧肇與天台慧思、智者二大師並論，

〔註1〕元·念常集《佛祖歷代通載》卷七云：「什公在姑臧，肇走依之。什與語驚曰：法中龍象也。」（《大正藏》冊四十九，頁529下）
〔註2〕見隋·吉藏：〈百論序疏〉，《大正藏》冊四十二，頁232上。
〔註3〕參梁·慧皎：《高僧傳》卷七，《大正藏》冊五十，頁368中；宋·智圓：《涅槃玄義發源機要》，《大正藏》冊三十八，頁23中。
〔註4〕參梁·慧皎：《高僧傳》卷六，《大正藏》冊五十，頁365上。
〔註5〕見隋·吉藏：〈百論序疏〉，《大正藏》冊四十二，頁232上。
〔註6〕隋·吉藏：《中觀論疏》卷二，《大正藏》冊四十二，頁29上。

並視其著作爲中土撰述中最爲精醇者，可媲印度祖師馬鳴、龍樹、無著和天親；〔註7〕湯用彤讚「僧肇爲中華玄宗大師」，並肯定〈物不遷論〉、〈不眞空論〉，及〈般若無知論〉等三論「實無上精品」，「融會中印之義理。於體用問題，有深切之證知而以極優美極有力之文字表達其義。故爲中華哲學文字最有價值之著作也」；〔註8〕唐君毅認爲中國佛家學者能繼承佛家緣起性空的宗旨，以發明印度般若宗之義，又能會通魏晉王、郭玄學的論者，蓋唯有僧肇可以當之；〔註9〕勞思光讚「僧肇乃羅什門下第一能承繼發揚師說者」、「中國最能闡明般若空義之人」；〔註10〕呂澂讚僧肇在羅什門下「比較『專精』，稱得上羅什正傳」，其《肇論》「得著羅什所傳龍樹學的精神的」；〔註11〕任繼愈讚「僧肇是鳩摩羅什門徒中對以後的影響最大、聲望最高的一個」〔註12〕、「從總體看，《肇論》是一個完整的體系……哲理性強，語言文字精煉」；〔註13〕許抗生讚「僧肇佛學是兩晉佛教大乘般若空學發展的最高也是最后的產物，是對兩晉佛學的一次總結。……僧肇的佛學應視作爲魏晉時期中印文化交融的一大產兒」〔註14〕、「對兩晉佛教般若學思想的總結，同時也是對魏晉時期玄學思想的總結」〔註15〕、湯一介讚僧肇思想是「魏晉玄學的終結，中國佛

〔註7〕 蕅益智旭於《閱藏知津》的「凡例」中云：「此土述作，唯肇公及南嶽、天台二師，醇乎其醇，眞不愧馬鳴、龍樹、無著、天親，故特收入大乘宗論；其餘諸師或未免大醇小疵，僅可入雜藏中。」（《佛教大藏經》冊一一三，頁2）

〔註8〕 見湯用彤：《漢魏兩晉南北朝佛教史》（上），臺北：駱駝出版社，1996年1月一版二刷，頁333。

〔註9〕 唐君毅說：「中國佛家學者之能承佛家之宗旨之重因緣，而即因緣說空，以發明印度般若宗之義，而又會通之於魏晉之王、郭之玄學之論者，蓋唯有僧肇之數論，可以當之。」（見唐君毅：〈僧肇三論與玄學〉，收錄於張曼濤主編：《三論典籍研究（三論宗專集之二）》（現代佛教學術叢刊（四十八））（臺北：大乘文化出版社），1979年8月，頁209）

〔註10〕 參勞思光：《新編中國哲學史》（二），臺北：三民書局，1996年3月增訂八版，頁247：250。

〔註11〕 呂澂：《中國佛學思想概論》，臺北：天華出版社，1982年初版，頁111：113。

〔註12〕 見任繼愈主編：《中國佛教史》第二卷，北京：中國社會科學出版社，1985年11月一刷，頁470。

〔註13〕 見任繼愈主編：《中國佛教史》第二卷，北京：中國社會科學出版社，1985年11月一刷，頁471。

〔註14〕 見許抗生：《僧肇評傳》，南京：南京大學出版社，2001年2月二刷，頁161。

〔註15〕 見許抗生：《三國兩晉玄佛道簡論》，濟南：齊魯書社，1991年12月，頁256～257。

學的開始」〔註16〕、洪修平讚僧肇是「魏晉玄佛合流的終結和中國化佛教體系的初創」。〔註17〕

（二）貶損類

由本文的探討可知，給予僧肇負面評價者，大多集中在〈物不遷論〉一文。舉凡唐・澄觀批評僧肇有「濫同小乘」之嫌；〔註18〕明・鎮澄批評僧肇有「小乘正解」與「外道常見」；〔註19〕廖明活批評僧肇模糊「部分不同」與「完全不同」的界限，「陳義類乎詭辯，能服人口而未能服人心」；〔註20〕錢偉量認為僧肇將論證的結論預先包含在其割裂的前提；〔註21〕劉國梁批評僧肇割裂時間；〔註22〕方東美評〈物不遷論〉有牽強附會之處……。〔註23〕此外，也有依名循實的詮釋者，在詮釋《肇論》時，一旦僧肇提及雙遣法或雙存法等用語時，便批評僧肇割裂「有」、「無」的範疇。〔註24〕諸如此類的貶抑評價，不勝枚舉，與另一方詮釋者對僧肇給予褒賞的呼聲不相上下。

考察詮釋者對僧肇思想有著懸殊的評價，將可發現給予僧肇褒賞評價者，泰多對僧肇思想有肯定會意之處，而考察部分詮釋者評價僧肇有自相矛盾的思想，筆者發現並非屬實，因為僧肇思想確實是如理如法，實是部分詮釋者迷失在僧肇弔詭的語言之中，或執著僧肇語言的表面義，以致未能設身處地會意僧肇的原義。筆者深有感觸，因而本章旨在檢討、歸納、分析《肇論》本身的詮釋難處，以及點出部分前人詮釋成果中可能不足之處。

〔註16〕見湯一介：《在非有非無之間》，臺北：正中書局，1995 年 9 月，頁 59。

〔註17〕見洪修平：《論僧肇哲學 —— 魏晉玄佛合流的終結和中國化佛教體系的初創》，收錄於《中國佛教學術論典》冊十九（高雄：佛光山文教基金會），2001年初版，頁 327～448（南京大學哲學系碩士論文，1984 年）。

〔註18〕見唐・澄觀：《華嚴經疏鈔》冊三卷十九之二十九，臺北：華嚴蓮社出版，1971年，頁 40。

〔註19〕見《卍續藏》冊九十七，頁 752 下。

〔註20〕見廖明活：〈僧肇物不遷義質疑〉，《內明》一二六期，1982 年 9 月，頁 3～4。

〔註21〕見錢偉量：〈僧肇動靜觀辨析〉，《世界宗教研究》第三期，1987 年，頁 107。

〔註22〕見劉國梁：〈試論老莊思想對僧肇的影響〉，《齊魯學刊》第四期，1987 年，頁85。

〔註23〕見方東美：《中國大乘佛學》，臺北：黎明出版社，1986 年 6 月再版，頁 67。

〔註24〕如任繼愈認為僧肇對「有」、「無」範疇本身，完全作了割裂的理解（參任繼愈主編：《中國佛教史》第二卷，北京：中國社會科學出版社，1985 年 11 月一刷，頁 486）。

第一節 《肇論》的詮釋難處

僧肇思想實有詮釋的難處,原因並不是僧肇有言盡詞窮、不能解決基源問題的表達困限,而是由於僧肇作品中一些令人匪夷所思、易成誤解的特質致成。其實,這些詮釋難處,若以僧肇所處的時代文化,以及龍樹中觀學的思維脈絡視之,將可迎刃而解。可惜時光難以回溯,中觀學也不是易懂的科目,所以僧肇思想的詮釋難處仍在詮釋作品中表露無遺。

本節旨以僧肇的代表作《肇論》爲對象,以檢討的方式,分析僧肇思想中較易令詮釋者誤解的特質,使吾人在不同的詮釋背景之下,雖有時空的隔閡、文化的懸殊,卻能明瞭僧肇思想並沒有不完滿的疏失,進而契入僧肇的微言大義。

一、語言弔詭難解

僧肇的語言非常弔詭難解,其邏輯式的推理與遮撥式的表達方式,皆與龍樹的中觀學相近。僧肇並將龍樹「八不」的思想表達得淋漓盡致,可謂直承暨創新龍樹中觀學的語言特色。茲以數點,介紹僧肇語言的弔詭:

(一) 雙遣法 ([(−A) ^− (−Ã)])

世人在處理事物存在的概念時,常以「有」(實有)、「無」(實無) 判定之,忽略眞諦是超越「有」(實有)、「無」(實無) 法的認知。〔註25〕《肇論》四論,旨在闡明諸法實相。實相是超越二元對立的概念,是難以言詮,而僧肇在《肇論》中詮說實相的方式之一,即是參循龍樹中觀學派的方法論,依據般若學雙重否定的雙遣原則,「寓立於破」,來顯豁諸法實相。由此可知,所謂雙遣法,即是將一組相對的概念,以遣其所非的遮詮方式,加以表述。

僧肇運用雙遣法的用意,如同龍樹,主要在消泯世間相對性的概念,將論敵的主張摧蕩殆盡。亦即僧肇採用對「有」、「無」概念遮撥的方式,在不同的篇章中,以不同的進路,來闡明諸法實相,來駁正世人的謬執妄見。僧肇有關雙遣的語句,可以「非有非無」([(−A) ^− (−Ã)]) 一詞代表之,諸如〈般若無知論〉「實而不有,虛而不無」,〔註26〕主詮般若聖智;〈不眞空

〔註25〕參僧肇〈涅槃無名論〉云:「有無之數,誠以法無不該,理無不統。然其所統,俗諦而已。」(《大正藏》冊四十五,頁159上)
〔註26〕見《大正藏》冊四十五,頁153中。

論〉「言有，是爲假有，以明非無，借無以辨非有」，〔註27〕主詮不眞「空」義；〈物不遷論〉「動而非靜，以其不來；靜而非動，以其不去」，〔註28〕主詮現象界事物沒有運動的可能；〈涅槃無名論〉「涅槃非有，亦復非無」，〔註29〕主詮涅槃境界。從中可知，僧肇在行文中時常強調的「非有非無」，在某一程度上，旨在言詮諸法實相是「無名」、「無相」，是緣起性空的眞理。意謂世間事物的存在，並非是「實有」或「實無」，而是以「假有」或「假無」的姿態存在。

（二）雙存法（[A 即 B]）

僧肇語言的弔詭難解，除了明顯運用「雙非」的雙遣法，尚運用顯其所是的雙存法。《肇論》中最通用之例，乃以「即」來銜接一組看似對立相反的概念，吾人可以[A 即 B]稱之，而 B 往往代表（一A）。爲何 A 與（一A）能併存？若加以考察，將可知 A 與（一A）看似對立相反，實際上各具不同語義脈絡之下的義涵，使得 A 與（一A）所指涉的義涵並不存在任何邏輯上的謬誤。《肇論》中顯著之例，諸如「知即無知；無知即知」、「無相即爲相」、「用即寂，寂即用」〔註30〕、「即僞即眞」〔註31〕、「色即是空，空即是色」、「色即爲非色」、「變即無相，無相即變」〔註32〕、「我即無爲，無爲即我」、「爲即無爲，無爲即爲」〔註33〕等，就此可知，僧肇擅用「相即不二」之理的「雙存法」，來消解名言概念的對立性，使得 A 與（一A）能合理併立，駁正世人對 A 不等同（一A）的執著。

由上可知，僧肇所運用的「雙遣法」與「雙存法」，表述現象界事物的存在與不存在，以及不可言詮的眞理境界，足以顯證僧肇語言的弔詭。因此，世人若以二元對立的思考模式來理解僧肇思想，必會處處逢遇困境。唯有不拘執於名相概念，放下己身對「有」（實有）、「無」（實無）的執著，才能明瞭僧肇的微言大義。

〔註27〕見《大正藏》冊四十五，頁 152 下。
〔註28〕見《大正藏》冊四十五，頁 151 上。
〔註29〕見《大正藏》冊四十五，頁 157 下。
〔註30〕見〈般若無知論〉，《大正藏》冊四十五，頁 154 上〜下。
〔註31〕見〈不眞空論〉，《大正藏》冊四十五，頁 152 中。
〔註32〕見〈答劉遺民書〉，《大正藏》冊四十五，頁 156 下。
〔註33〕見〈涅槃無名論〉，《大正藏》冊四十五，頁 160 上；下。

二、運用道、玄的語彙

歷來有不少詮釋者根據僧肇作品中運用大篇幅的道、玄語彙，以及自己所理解的僧肇原義，判定僧肇學說「仍屬玄學系統」，〔註34〕或「與玄學劃不清界線」……，〔註35〕而將僧肇思想納爲玄學的一部分，或是道、玄化思想的進一步沿續，由此，而以道、玄思想系統來詮釋僧肇思想。筆者認爲如此的詮釋方式，實會陷入曲解僧肇原義的危機之中。原因在於考察僧肇學說，將可得知僧肇僅止於形式上假用道、玄的語彙，在實質的思想體系中，則迥異於道、玄，以及中國傳統文化。以下將根據僧肇著作的道、玄語彙，來探討僧肇思想與道、玄的關係：

（一）核心思想有別

核心思想是主導一家學說形成與開展的命脈。僧肇的核心思想是緣起性空之理，由此而闡明諸法實相，並提供開啓智慧之門，以及登得涅槃彼岸的方法。玄學的核心思想則傾向於「有」、「無」的一端，諸如玄學家代表王弼賦予「無」是萬物主宰者的身分，能生成萬物，或如郭象反對萬物背後有主宰者的存在，而認爲物「有」自性，能自己生成自己，能自然自爾自化自成。雖然玄學家各自稟持的「無」說或「有」說，特具意涵，在某個程度之下，能開展、衍伸而解決玄學各種範疇的清辯議題；雖然玄學的「無」說或「有」說，較世人二元對立思考模式下的「實有」、「實無」完滿；雖然玄學的「無」說或「有」說，在魏晉紛亂的世代中，多多少少能解決安身立命的困境難題，但是玄學偏於「有」或「無」一端之說，仍僅止於自圓其說，未達究竟的層次，未明萬物的根本道理。反倒是僧肇的學說，則不偏於「有」或「無」的一端，完全行於大乘中觀學的中道上，深契諸法實相。可見，僧肇思想與玄

〔註34〕見湯用彤：《漢魏兩晉南北朝佛教史》（上），臺北：駱駝出版社，1996 年 1 月一版二刷，頁 338。

〔註35〕呂澂批評僧肇思想「未能完全擺脫所受玄學的影響，不僅運用了玄學的詞語，思想上也與玄學劃不清界限」。呂澂並舉〈不眞空論〉「審一氣以觀化」、「物我同根，是非一氣」等句爲例，認爲「這就大同於玄學思想」。原因在於，玄學主要談論宇宙論，而「印度大乘佛學對認識論很注意，但對宇宙論就不大注意，羅什本人也不理解，因此僧肇一碰到關於宇宙論問題，就會不知不覺地走進了玄學的圈子。」「這可說是由於羅什學說本身帶給僧肇的缺點」由此，呂澂還認爲「這一缺陷也影響到以後中國佛學的發展，使得不純粹的思想摻雜其間，從而更傾向於神祕化」。（參呂澂：《中國佛學思想概論》，臺北：天華出版社，1982 年初版，頁 113）

學的思想根基與路線迥然不同。這誠如元康《肇論疏》所云：

> 肇法師假莊、老之言，以宜正道，豈即用莊、老爲法乎？必不然也。
>
> ……肇法師卜措懷抱，豈自無理，以莊、老之理爲佛理乎？〔註36〕

元康釐清僧肇思想與道家的關係，僅止於假借《老子》、《莊子》的語彙，來闡明佛教正義，其思想系統非屬道家。元康並肯定僧肇「卜措懷抱」，豈會擷取道家的義理充當佛理？由此可知，僧肇撰著，僅是援用《老》、《莊》語彙，來闡釋大乘中觀學的要義。

（二）語彙內涵有別

R. H. Robinson 提及，若要識別《肇論》的名詞定義，可從兩方面觀察：一是歷史的，即從僧肇之前、之後，以及同時期人士的著作中發現各該名詞的定義；二是「描述性的定義」，即從各該名詞在僧肇著作的模式中所處的地位，以及對照各該名詞之前後文義所表彰的意義。〔註37〕可知，若依循 Robinson 所言，對於僧肇所使用的語彙，予以進行勘察其屬於「歷史性的定義」，以及「描述性的定義」，將可發現僧肇思想的實質內容，與道、玄之間並沒有任何關係。

（三）釋疑為證

呂澂曾根據僧肇的「審一氣以觀化」，而判定僧肇在闡明宇宙論，「大同於玄學思想」。〔註38〕龔雋曾回應此見。龔氏稱讚呂氏觀察非常深刻，注意到印度中觀與玄學實屬不同的系統，中觀不講宇宙論而玄學重說宇宙論。龔氏就此提問，僧肇說的「審一氣以觀化」是否同於《莊子》的宇宙論？龔氏舉證，如元康疏說此不過借莊語「以喻不二法門」，講「以目一道」〔註39〕的道

〔註36〕見唐・元康：《肇論疏》卷一，《大正藏》冊四十五，頁 163 下～164 上。

〔註37〕Richard H. Robinson 著，郭忠生譯：《印度與中國的早期中觀學派》，南投：正聞出版社，1996 年 12 月，頁 212。

〔註38〕參呂澂：《中國佛學思想概論》，臺北：天華出版社，1982 年初版，頁 113。

〔註39〕唐・元康《肇論疏》卷上云：「『化』，謂萬化也。『適』，謂往適也。《莊子》內篇〈大宗師〉章云：彼方且與，造物者爲人而遊乎天地一氣。郭注云：皆冥之，故無二也。《莊子》外篇〈北遊〉章云：人之生也，氣之聚也。是其美者爲神奇，其不美者爲臭腐，臭腐復化爲神奇，神奇復化爲臭腐。故曰：通天下一氣也。《離騷》第六卷〈遠遊〉章云：順凱風以從遊，至南巢而一息。見王子而宿之，審一氣之和德。王逸注云：究問元釋精之祕要也。今借此等諸言，以目一道也。」（《大正藏》冊四十五，頁 171 上）由此段可知，元康藉由《莊子》、《離騷》等語，來證明僧肇「借此等諸言，以目一道」。

理，文才的疏也從觀照實相的意義上解釋。〔註 40〕龔氏就此判定，這顯然不是宇宙論的。〔註41〕龔氏回應之見，有一番道理，筆者從之。

由上可知，僧肇的遣詞用句雖然饒富玄學味，但僅止於文字表面形式，文字的內涵實是中觀義，因此在理解或詮釋僧肇作品時，唯有以大乘中觀學的學說系統視之，才能游刃於僧肇作品中。因此，誠如侯外廬表示僧肇著作「形式上是魏晉玄學的遺緒」；〔註42〕又誠如許抗生劃分僧肇思想與道、玄的關係時所言，僧肇佛學的思維方式和得出的佛學結論，主要來自印度龍樹中觀佛學的話，而其所運用的語言文字形式及其所討論的哲學主要問題，以及在討論中所提供的論據，或主要或部分來自道、玄思想；〔註43〕又誠如龔雋肯定僧肇思想與道、玄思想並非屬於「同質性的體系」，〔註44〕這皆表明僧肇思想實質與道、玄不同。

三、「寄之狂言」

〔註40〕元・文才注僧肇「是以聖人乘眞心而理順，則無滯而不通；審一氣以觀化，故所遇而順適」：「……前文云極耳目等，云今極耶，故云『審一氣』等。『一氣』語，借道家，喻一性也。『觀』，謂觀照，即量智也。『化』，謂萬化，即一切事相也。『遇』謂對遇。『適』者，契合也。意云：諦審一氣之性，以觀萬化，則凡所對遇，無不順性而契合。如此雖極目觀色，無非實相。縱耳聆音，反聞自性，豈惑聲色，而爲制哉。……此文乃釋內通外應之由，所以爲異也。然了境由心，依心照境。境，則眞俗不二，第一眞也。心，則理量齊鑑，中道智也。」（見元・文才《肇論新疏》卷一，《大正藏》冊四十五，頁208 中）由此段可知，文才詮釋「審一氣以觀化」的「觀」是「觀照」；「一氣」，是借道家語，來比喻「一性」；「化」是一切事相……。可知，文才並非認爲僧肇思想是玄學的一部分。

〔註41〕參龔雋：〈僧肇思想辯證——《肇論》與道、玄關係的再審查〉，《中華佛學學報》第十四期，2001 年 9 月，頁 136，注二。

〔註42〕侯外廬《中國思想史》卷三說：「從僧肇的現存著作看來，他擷取龍樹中觀學說，發揮了中土般若學的玄學命題，在形式上是魏晉玄學的遺緒，而在內容上則更多地滲透著印度的佛學思想。」（北京：人民出版社，1957 年，頁 457～458）

〔註43〕許抗生《僧肇評傳》說：「如果說僧肇佛學的思維方式（如不落兩邊，有無雙遣）和得出的佛學結論（如不眞空義等），主要來自印度龍樹中觀佛學的話，那麼他所運用的語言文字形式和他所討論的哲學主要問題（如有無、動靜、無知、無名），以及在討論中所提供的論據，或主要是或部分是來自中國古代老莊哲學和當時的魏晉玄學（魏晉老莊學）思想的。」（南京：南京大學出版社，2001 年 2 月二刷，頁 177）

〔註44〕見龔雋：〈僧肇思想辯證——《肇論》與道、玄關係的再審查〉，《中華佛學學報》第十四期，2001 年 9 月，頁 137。

　　劉遺民致書給僧肇時，曾評〈般若無知論〉「理微者辭險，唱獨者應希」，〔註45〕意謂僧肇作品理論精微，言辭難解，曲高和寡得令世人難以理解。考察僧肇作品「辭險」之因，除了歸於僧肇的表達形式與技巧之外，還應包含僧肇著作中所談論的內容，非屬世間俚俗的智慧，而是在闡明諸法實相的真理。

　　真理本是難以言詮，僧肇也極有自知之明，因此在〈般若無知論〉中，詮釋般若聖智時，即道出「聖智幽微，深隱難測，無相無名，乃非言相之所得」的言詮困境，因而三度自謙的提及自己是以「寄之狂言」的方式，來說明般若聖智；〔註46〕在〈不真空論〉中，提及「空」的道理是「潛微幽隱，殆非群情之所盡」；〔註47〕在〈物不遷論〉中，提及「靜躁之極，未易言也」，為了闡明「物性」，因而「聊復寄心於動靜之間」；〔註48〕在〈涅槃無名論〉中，援引聖言「涅槃非法，非非法，無聞無說，非心所知」、「眾人若能以無心而受，無聽而聽者，吾當以無言言之」等，來表示自己也將以「無言」的方式表述涅槃之道。〔註49〕這皆透露僧肇深解真理難以言詮，因而一再於文中，強調不可以世間智慧，以及以世人的思維模式，來理解僧肇著作中所言詮的真理。

　　那麼，僧肇所提供的理解真理的方法是什麼呢？考察僧肇文意，如〈答劉遺民書〉中，提及般若是「攀緣之外，絕心之域」，是「絕言之道，知何以傳？庶參玄君子，有以會之耳」、須「忘言內得，取定方寸」等，來回應執持一端詰難的劉遺民之見，此外，僧肇並於文末，語重心長的冀盼與劉遺民「相期於文外」。〔註50〕又如〈涅槃無名論〉中，強調世人要能「無心而受，無聽而聽」等，〔註51〕這皆透露僧肇強調「會意」文外之意的工夫。

　　由此可知，僧肇思想難以理解之因之一，在於有著「寄之狂言」的方式，實非世人易於會意。

四、富有駁正用途的名言施設語句

　　僧肇的作品，其遣詞用句蘊涵著豐富的多重性，除了轉化道、玄的語彙，

〔註45〕見劉遺民：〈劉遺民書問〉，《大正藏》冊四十五，頁 155 上。
〔註46〕參僧肇：〈般若無知論〉，《大正藏》冊四十五，頁 153 上～157 上。
〔註47〕見僧肇：〈不真空論〉，《大正藏》冊四十五，頁 152 上。
〔註48〕見僧肇：〈物不遷論〉，《大正藏》冊四十五，頁 151 上。
〔註49〕見僧肇：〈涅槃無名論〉，《大正藏》冊四十五，頁 159 中。
〔註50〕參僧肇：〈答劉遺民書〉，《大正藏》冊四十五，頁 156 上～157 上。
〔註51〕見僧肇：〈涅槃無名論〉，《大正藏》冊四十五，頁 159 中。

除了有著麗辭華藻的駢文形式，〔註52〕此外，並富有駁正用途的名言施設語句。誠如陳・慧達《肇論疏・物不遷論》云：

> 如來說法去「常」，故說「無常」，非謂是「無常」；去「住」，故說「不住」，非謂是「不住」。〔註53〕

慧達此段話，說明聖言的教說旨要，沒有固定的內容。往往因材，針對不同根器、持不同妄執的駁正對象，對症說法。亦即，聖者爲了駁正謬誤的一方，經常善巧地暫居非謬誤一方的立場，舉凡說「無常」、「不住」，並非即代表聖者以爲真理絕對是「無常」、「不住」。

《肇論》的言說技巧，即是取聖者對症下藥的善巧之道。〈般若無知論〉中，「異端」者執持般若是「有知」、「有會」，因而僧肇闡明般若是「無知」、「無會」的道理以駁正之，但僧肇所說的「無知」，並非如木石般的什麼都不知道，而只是意謂著沒有惑智的存在；〔註54〕〈不真空論〉中，謬誤者對佛家的「空」，有著不同層次的理解，或詮釋爲「實無」，或詮釋爲道、玄家重視神靜工夫的「無」，或詮釋爲可「宰割」求之，這皆不如法，因而僧肇於文中，闡明「不真空」的道理，並指出「空」並非真的「實無」，而是「非有非無」；〈物不遷論〉中，僧肇爲了駁正執「有物流動」者的說法，因而說明物「不遷」的道理；〈涅槃無名論〉中，僧肇爲了駁正依名求實的「有名」者所執的涅槃「有名」、「有相」的看法，因而說明涅槃是「無名」、「無相」。

僧肇於《肇論》中所說的內容，皆是針對欲駁正的對象，先是反其道而言，然後匯歸至無執、無取、無爲、無分別義的真理，就此顯豁般若義、涅槃義、真諦義。僧肇自己也強調「談真有不遷之稱，導俗有流動之說。雖復

〔註52〕涂豔秋於《僧肇思想研究》中，即提及「在說明諸法的實相……，僧肇竟以極華美的形式來刻劃與描述，其緣故不外乎是因爲僧肇身處六朝，而講究鋪采摛文本是六朝的風氣」，涂氏並提及〈劉遺民書問〉也是駢詞儷句而成，而所謂的駢詞儷句，其形成原因是「句式工整，對偶精巧與音律考究」（臺北：東初出版社，1996年4月初版二刷，頁264～265）。此外，萬金川說：「在聽到鳩摩羅什所講述的龍樹哲學後，僧肇便以中國當時流行的駢文形式寫作了《肇論》，雖然在文法與修辭的表達上與龍樹《中論》的風格截然不同，但就思想層面而言，可以說已然相當正確地掌握到了龍樹與提婆的中觀思想。（萬金川主講，編輯組整理：〈中觀佛教的研究方法回顧與展望〉，《香光莊嚴》第五十二期，1997年12月20日（網路版））根據萬氏之說，可證僧肇雖以駢文形式寫成《肇論》，卻確切掌握大乘中觀思想。

〔註53〕見《大正藏》冊一五〇，頁892上。

〔註54〕見《大正藏》冊四十五，頁153中～下。

千途異唱，會歸同致」、「去住雖殊，其致一也」﹝註55﹞、「有無稱異，其致一也」、「此彼莫定乎一名」﹝註56﹞、「聖跡萬端，其致一而已」﹝註57﹞……等「兩言一會」的道理，因此多處提及，縱然聖言時說「無常」，時說「常」；時說「不遷」，時說「遷」等，卻並沒有自相矛盾之處。

由此可知，僧肇雖定《肇論》四論篇名為「般若無知」、「不眞空」、「物不遷」、「涅槃無名」，卻僅在駁正謬誤者所執持的觀點，諸如般若「有知」、「空」是實無、「有物流動」、涅槃「有名」……等，其用意並非要「徵文者，聞不遷，則謂昔物不至今；聆流動，則謂今物可至昔」，﹝註58﹞亦即僧肇並不冀望謬誤者在被駁正之後，反過來執著「般若無知」、「不眞空」、「物不遷」、「涅槃無名」的表面義。僧肇所欲說的微言大義，即是教人不執著一端而已。因而，富有駁正用途的名言施設語句，可謂是《肇論》詮釋難處之一。

五、有賴個人實修的體證工夫

僧肇思想，如同其師羅什、或上溯其思想淵源的龍樹，皆是立基在緣起性空的思想上，說明「無執」的道理。「無執」的道理，看似易解易行，事實上卻有落實的困難。身為圓顱方趾的吾人，常多多少少有某個程度的偏執，因而在取《肇論》為閱讀文本或詮釋文本時，很容易會望文生義，或依名循實，或持著吾人慣性認知的語彙內涵來理解《肇論》的語言文字。

僧肇深明眞理「深隱難測」，不可「易言」，卻不能苟且杜默，因而強調自己是假「狂言」、「無言」的方式說之，也強調聽者必須「無心而受，無聽而聽」，亦即具備「無執」、「無別」、「無為」的條件才能獲悉眞理實相。身為詮釋者的吾人，常是無法完全具備僧肇所開的「無心」、「無聽」的條件，常「懷必然之志」，常「秉執規矩而擬大方」，因而或深或淺的曲解僧肇原義，甚至對僧肇思想頗有微辭。

僧肇〈般若無知論〉說，眞理是「異於人者神明，故不可以事相求之」﹝註59﹞、「即之明文，聖心可知」；〈答劉遺民書〉末說「至理虛玄，擬心已

﹝註55﹞ 見僧肇：〈物不遷論〉，《大正藏》冊四十五，頁 151 下。

﹝註56﹞ 見僧肇：〈不眞空論〉，《大正藏》冊四十五，頁 152 中～下。

﹝註57﹞ 見僧肇：〈般若無知論〉，《大正藏》冊四十五，頁 153 中。

﹝註58﹞ 見僧肇：〈物不遷論〉，《大正藏》冊四十五，頁 151 下。

﹝註59﹞ 見《大正藏》冊四十五，頁 153 中。

差」，冀「相期於文外」；〔註60〕〈不眞空論〉說，「道遠乎哉？觸事而眞。聖遠乎哉？體之即神」；〔註61〕〈物不遷論〉說，聖言是「微隱難測」，「可以神會，難以事求」；〔註62〕〈涅槃無名論〉說「正觀」、「無爲而無所不爲」、「無所得，故爲得」……〔註63〕僧肇在行文中，提供了證悟眞理的工夫論，也提供理解《肇論》的途徑。因而可知，《肇論》的詮釋難處之一，在於涉及個人實修會意的工夫。

由此可知，眞理不易明，而用言詮的方式表達難以言詮的眞理，總會或多或少留有一餘隙，需要聽者透過「會意」等實修的工夫，才能對眞理瞭然於心。因此，僧肇於《肇論》中，多處提及「觸事即眞」等之類的工夫論，籲人要身體力行，會意微隱難測的聖言，才不致曲解微言大義。

僧肇作品向來「言約而義豐，文華而理詣」，〔註64〕因此引發一些古今詮釋者「取意求文，各隨所見。推宗定教，曾無一家」，〔註65〕甚至對僧肇有負面的評價。探究其因，這除了涉及詮釋者各有各的詮釋背景、詮釋素質之外，還牽涉到僧肇代表作《肇論》本身特具特殊性，不能定位爲世間一般的知識，因而不能以吾人慣用的二元對立的思維模式去理解之，也不能斷章取義而忽略箇中微言。

由本節的探討可知，《肇論》的詮釋難處，歸納之，約有五難：一、直承並創新龍樹中觀學的語言特色，熟稔雙遣法、雙存法的運用，因而有著弔詭難解的語言；二、盡通篇的道、玄語彙，令人生疑僧肇學說是否是道、玄的一部分；三、所要闡述的道理，並非是世間易解易詮的一般知識，而是難以言詮的眞理，因此其「寄之狂言」的表達形式，恐要世人「忘言內得」；四、富有駁正用途的名言施設語句，因此吾人若稍不留神，忽略要從情境、場域來抉微僧肇文字底下的深層義涵，如此將易曲解僧肇思想原義，甚至可能重蹈明‧鎮澄的誤詮，以致批判僧肇有「小乘」、「外道」的見解；五、聖言是「微隱難測」，舉凡「般若」、「涅槃」、「空」、「物性」等眞理，皆是有

〔註60〕見《大正藏》冊四十五，頁157上。

〔註61〕見《大正藏》冊四十五，頁153上。

〔註62〕見《大正藏》冊四十五，頁153上。

〔註63〕見《大正藏》冊四十五，頁158中～161中。

〔註64〕見陳‧小招提寺慧達：〈肇論序〉，《大正藏》冊四十五，頁150下。

〔註65〕宋‧遵式《注肇論疏》卷一云：「然古今解釋，注疏頗多。取意求文，各隨所見。推宗定教，曾無一家。遂令學者迷文，宗途失旨。」（《卍續藏》冊九十六，頁199上～199下）

賴個人的實修體證工夫，若僅止哲學的思辨，而沒有直觀洞識的工夫，很容易在重重曲解僧肇原義後，又添上一記負面的評價。由上可知，僧肇思想並沒有自相矛盾之處，然而其作品卻有令詮釋者不易詮釋的特質，有賴詮釋者留心之。

第二節　《肇論》詮釋的檢討

有關「詮釋」，由於詮釋者的歷史與文化的背景，以及詮釋者個人的學思背景，皆不盡相同，以致有著無窮無際的創造性詮釋的空間。吾人不能全然否定創造性詮釋的價值，卻也不能忽視創造性詮釋作品與被詮釋作品之中相互聯繫的臍帶關係。筆者認爲好的創造性詮釋作品，其思想精髓應不悖離被詮釋作品的本義。因而本節，旨以個人所還原的僧肇思想原義爲裁量準則，試予檢討僧肇思想的研究成果中，詮釋者可能的詮釋疏處。

一、文化典範的轉移

一思想，常因文化典範的轉移，而有不同的詮釋向度。《肇論》詮釋史中可窺見的重重面貌，即是一例。

僧肇的思想根柢，立基在龍樹大乘中觀學說。此學說，在羅什、僧肇相繼去逝之後，盛況已不復，後因戰爭的緣故，文化典範轉移，佛教界轉而重視天台、華嚴、禪、淨土宗，龍樹中觀學更是顯得乏人問津。致使《肇論》詮釋者在不同的文化典範下，對龍樹中觀學，甚或僧肇思想，甚或僧肇思想核心中所蘊涵的緣起性空、八不中道的中觀思想，恐有不解，或有別出的詮釋新義。因此，當吾人檢視《肇論》詮釋史，將可發現並非所有詮釋者皆以大乘中觀學的途徑來詮釋僧肇思想。以下茲舉幾位傳統《肇論》詮釋者的論說內容述之：

宋·遵式詮釋《肇論》內文前，序：

> 夫森羅萬象，一法印之所謂心也。心也者，寂然幽邃，廓爾沖融，無滅無生，三際莫之能易。……是知非一心，而萬法不存，法非心也。非萬法，而一心不顯，心非法也。〔註66〕

遵式表示，在森羅萬象的現象界中，眞理即是「心」。「心」是寂靜幽微深邃，

〔註66〕見宋·遵式：《注肇論疏》卷一，《卍續藏》冊九十六，頁214上。

廓然沖虛融通，無生無滅，過去、現在、未來等三世不能改變。遵式並表示，沒有「一心」，萬法將不能存在，「法非心」；沒有萬法，則「一心」之理將不能彰顯，「心非法」。由此可知，遵式主以「一心」統攝萬法，來詮釋《肇論》所表達的眞理。元·文才詮釋〈宗本義〉篇名：

> 四論所崇，曰「宗」。「本」，謂根本通法及義。法有通、別。通者，即實相之一心。中吳淨源法師云：「然茲四論，宗其一心。」然四論雖殊，亦各述此一心之義也。別者，即四論所宗各殊。所以爾者，非一心無以攝四法，非四法無以示一心。即一是四，即四是一。〔註67〕

文才以「實相之一心」，來詮釋「宗本」的「本」。並援引宋·淨源「然茲四論，宗其一心」，來證明己說無誤。文才表示，《肇論》四論雖然不同，但皆在述說「一心」之義。並表示，沒有「一心」將不能統攝《肇論》四論，沒有《肇論》四論將不能顯示一心。二者關係是「即一是四，即四是一」。由此可見，淨源、文才皆認爲《肇論》在闡明「一心」之理。又明·德清或許受了前人詮釋的立場，再加上自己的詮釋背景，亦是以「一心」的方式，來詮釋《肇論》。又文才注〈肇論·不眞空論〉「故《道行》云：心亦不有，亦不無」云：

> 心爲諸法之本，然通眞妄。眞謂如來藏心，亦非有無，如〈無名論〉引釋；妄即妄想識心，從緣生者，亦非有無。此中辯之。以經義含有二法，故不可局。〔註68〕

文才肯定「心」是萬法的根本，並二分爲表稱眞理的「如來藏心」，以及表稱妄念的「妄想識心」。又如明·德清在詮釋〈宗本義〉「本無、實相、法性、性空、緣會，一義耳」時云：

> 本無者，直指寂滅一心，了無一法，離一切相，迥絕聖凡。……是以本無爲一心之體，緣會爲一心之用。實相、法性、性空，皆一心所成萬法之義，故曰一義耳。依一心法，立此四論。〔註69〕

從中可見，德清認爲僧肇主以「心法」來闡述《肇論》四論。德清在詮釋〈不眞空論〉「然則道遠乎哉？觸事而眞。聖遠乎哉？體之即神」時云：

〔註67〕見宋·文才：《肇論新疏》卷上，《大正藏》冊四十五，頁201中～下。

〔註68〕見宋·文才：《肇論新疏》卷上，《大正藏》冊四十五，頁211上。

〔註69〕見《卍續藏》冊九十六，頁578下。

此結歸一心，以明聖人之實證也……。〔註70〕

德清認為「觸事即眞」、「體之即神」的工夫，是「結歸一心」。又德清以序的
方式詮釋〈涅槃無名論〉篇名時，定義「涅槃」有「自性涅槃」、「有餘涅槃」、
「無餘涅槃」、「無住涅槃」等四種名，云：

此四種名，但約體用之稱，其實一心。……是爲不生不滅，常住一
心之都稱耳。〔註71〕

此處，亦明顯可見德清以「一心」來詮釋「涅槃」。

　　由上可知，雖然創造性詮釋，往往賦予被詮釋作品無限可能的義涵。但
若以被詮釋作品的原義爲基準點，則可發現創造性詮釋的作品恐有未忠實原
義的疏失。因此，諸如宋・遵式、淨源、元・文才、明・德清等《肇論》傳
統詮釋者，幾乎皆以華嚴唯心的立場來詮釋有著大乘中觀體系的僧肇思想。
歸結其要因，應是文化典範轉移的緣故，以致未能忠實僧肇原義。又如，晚
明〈物不遷論〉的諍辯，會形成爲僧肇辯護的正方與詰難僧肇的難方皆曲解
僧肇原義的主因，在於諍辯者在文化典範的轉移下，未領中觀學的奧義，純
粹以如來藏的思想來詮釋僧肇思想致成。

二、《肇論》旨言出世間法

　　《肇論》中，僧肇所駁正的對象，往往是循名求實、執文生義、有著二
元對立思考模式的人。僧肇所闡述的眞理，是超越語言的設限，超越相對的
概念。因此若詮釋者恰是循名求實，持著相對概念，諸如執「有」、「無」一
端來看僧肇思想，不解僧肇將「有」、「無」概念併立的論說巧意，則將滯於
文義，淪於批評僧肇有斷裂的思想。如任繼愈在詮釋僧肇思想時，論說詳審，
多處發人所未發，但每當論及僧肇「雙遣」、「雙存」的思想時，馬上便會曲
解僧肇之意，〔註72〕如此即可得知任氏恐設限於相對的概念，未曉僧肇「有」、
「無」的究竟義涵，亦即未曉僧肇論旨是超越二元對立的出世間法。

三、聖言常是殊文異說

　　凡是聖言，往往是聖人針對不同根器的人而施予應機教化的學說。僧肇

〔註70〕見《卍續藏》冊九十六，頁 599 下。
〔註71〕見《卍續藏》冊九十六，頁 621 下。
〔註72〕參任繼愈主編：《中國佛教史》第二卷，北京：中國社會科學出版社，1985
　　　　年 11 月一刷。

思想恰是以聖言權巧的方式表述，說「無常」以破執「常」者，說「不住」以破執「住」者，其微言用意在遣去世人的執著，要世人無分別心去看事物。亦言之，僧肇思想本質，並非是由一般世俗知識所建構，也並非是藉由佛教知識去參予玄學或一切概念認知的對辯，而由己方知識來駁倒想要駁正的一方。僧肇駁正的動機，僅是解構世人所執的自以爲是的眞理，使迷執的世人重新對究竟眞理有一番認知。因此若世人未能體會聖言是「群籍殊文，百家異說」，〔註73〕未能融會貫通，領宗得意，即有可能曲解僧肇原義。

四、義理與考據難能兼顧

義理與考據，缺一不二，但二者要兼顧，卻非易事，如《肇論》傳統詮釋者，幾乎不疑《肇論》版本的眞僞，也不疑出土文獻的先後順序：

（一）《大般涅槃經》

《肇論》傳統詮釋者大多援用僧肇逝後才出土的《大般涅槃經》，來解釋僧肇〈涅槃無名論〉內文中的引經來源或參考出處，促使近代會有〈涅槃無名論〉眞僞考的考據活動。

（二）〈宗本義〉

1、民國以來，〈宗本義〉是僞作，已成定局。但《肇論》傳統詮釋者大多未能發現〈宗本義〉是僞作。由上一點可知，遵式、淨源、文才、德清皆視〈宗本義〉指的是「一心」之理，是《肇論》四論所宗的對象。此外，元康雖未以「一心」來定位〈宗本義〉，但也是認爲該篇是《肇論》四論所宗的對象。〔註74〕可見《肇論》傳統詮釋者，幾乎不疑〈宗本義〉的眞實性。

2、晚明〈物不遷論〉諍辯，反鎮澄者，大多援引〈宗本義〉，來爲僧肇辯護，而不疑〈宗本義〉的眞實性。如龍池幻有禪師《龍池幻有禪師語錄》云：

> 原夫《肇論》之作有四。……所依大乘般若之旨，先建〈宗本義〉，
> 則曰：「本無、實相、法性、性空，緣會，一義耳。」如水之有源，
> 木之有本。據一〈宗本〉，豈惟通諸四論，即始、終、圓、頓之教。
>
> 〔註75〕

〔註73〕見《大正藏》冊四十五，頁157上。
〔註74〕見唐・元康：《肇論疏》卷上，頁165上。
〔註75〕見《中華大藏經》第二輯第九十九冊《嘉興續藏經》《龍池幻有禪師語錄》卷

幻有禪師說明僧肇在著作《肇論》四論前，依大乘般若之旨，先著〈宗本義〉，提及「本無、實相、法性、性空，緣會，一義耳」。禪師認為〈宗本義〉的著作，猶如水有了源頭，木有了根本。依據〈宗本義〉，即能通達《肇論》四論之理，即始、終、圓、頓之教。由此可知，禪師援引〈宗本義〉，來駁正鎮澄持說的謬誤。而由《語錄》可知，禪師多處援引〈宗本義〉為論據，反映出禪師未解〈宗本義〉是偽作。此外，雲棲株宏亦援引〈宗本義〉，來證明僧肇有緣起性空的思想。

　　由上可知，詮釋者若未作好考據的治學工夫，即使過程有著豐富的徵引論述，亦不能令人取信。

五、直接與間接資料取用程度有別

　　若要瞭解僧肇的思想，主力應是對僧肇的作品作通透深徹的理解，並將前人對僧肇的詮釋成果作為輔佐教材，以相輔相成的方式得知僧肇思想的全貌。若詮釋者本末倒置，或全然偏重信任於第二手文獻資料，則將引發重大的詮釋危機。原因在於，詮釋者若純粹透由前人對被詮釋者的詮釋、描摹、評價，以間接窺見被詮釋者思想的全貌，忽略要親身對被詮釋者的作品作直接的思維活動；這現象，即意謂詮釋者將被前人的詮釋觀點所制約或左右，有著盲目附和的隨波疏失。諸如湯用彤在學界有著權威性的地位，其論說往往影響多人的判斷。然而就本文的探討可知，湯用彤關於僧肇思想是體用觀、〈涅槃無名論〉是偽作、僧肇學說是玄學系統……等許多論點，皆存待商榷之處。因而，吾人若凡事聽信權威者的論說，或依從前人的詮釋成果，而未加以親自回歸原典，未對《肇論》內文作一深入咀嚼分析的思察工夫，則易流於人云亦云，偽上加偽。

六、理智治學與直觀洞識難能兼顧

　　理智治學，是作學問的基本態度；直觀洞識，涉及到身體力行後直覺所證入的神祕境界。二者，是研究涵蘊著濃厚工夫論的中國哲學時，皆不可缺的要領。《肇論》若要詮釋得宜，則須兼有理智治學與直觀洞識的工夫。缺一，將有所偏；兼二，則非易事。

　　為何研究《肇論》，在理智治學之外，尚須有直觀洞識的工夫呢？主要在

十一，修訂中華大藏經會印行，1968 年，頁 40984 上。

於眞理是無可言詮，所有用語言文字描述的眞理，僅是眞理的基本輪廓。若要得知眞理的全貌，則須歸至求道者個人身體力行的功夫，去會意，去補其用語言文字描摹的眞理的輪廓的內涵。僧肇於著述中，除了進行哲學思辯分析的工作，來消泯被駁正者對知識的執著，並提供一套會意眞理、成聖成佛的工夫論。僧肇強調「即眞」的工夫，認爲唯有親自實踐履行，才能會意眞理。順此可知，詮釋者若要理解僧肇原義，則必須「相期於文外」，〔註76〕須有直觀洞識的工夫才得。

七、僧肇語彙蘊涵多重性

僧肇的語彙有著描述性的定義與歷史性的定義，並非吾人慣用思維所能認知，因而常須謹愼辨析，抉發重重義蘊，以瞭解僧肇思想整體面貌。此非易事，致使《肇論》詮釋成果多元豐富。如陳・慧達《肇論疏》認爲僧肇所闡述的般若「無知」，與所證得的涅槃，皆是以階層的方式逐漸取得，並未意識僧肇所闡述的般若本是「無知」、涅槃是可「頓」得。慧達會如此詮釋的主要原因，應是僧肇援用大量道、玄語彙，使得慧達認爲僧肇所言的「般若」、「涅槃」，皆是像道、玄一樣，是須漸除惑智與結縛才得。

由以上幾點可知，僧肇思想兼容並蓄，除了有著大乘中觀學說的思想精髓，並兼括中國傳統文化、佛教大、小乘教，並涉略外道、世人之見。僧肇豐厚的學養在作品中表露無遺，卻致使不同學養背景的吾人，在詮釋時大多趨於創造性詮釋，在忠實原典上有著程度之別。雖說，詮釋作品若要說完全忠實原典原義，常因時空的轉移，文化背景的不同，而不能如願；雖說，創造性詮釋能賦予被詮釋作品無限豐富、無限可能的詮釋空間，但若太過悖離原典，而去進行創造性詮釋，則易有浮泛敷淺的疏失。

第三節　小　結

本章，旨在檢討《肇論》本身的詮釋難處，以及檢討《肇論》詮釋成果可能不足之處。

有關《肇論》詮釋的難處，原因在於僧肇直承並創新龍樹中觀學語言弔詭的特色，其著述有大量的道、玄語彙、闡述的內容性質是「寄之狂言」的

〔註76〕見《大正藏》冊四十五，頁 151 下。

眞理、富有駁正用途的名言施設語句，以及有賴個人實修體證的工夫等。

　　有關《肇論》詮釋的檢討，旨在點出部分詮釋者不契僧肇原義之因，可能在於文化典範的轉移，詮釋者並非以僧肇所直承的大乘中觀學作爲切入的詮釋途徑；部分詮釋者可能忽略《肇論》旨言出世間法，而慣性運用世間法的思維模式來詮釋《肇論》；聖言常是殊文異說，而《肇論》恰是以聖言權巧方式論說，因而不得斷章截取一部分，來判定僧肇思想全義；義理與考據要能兼顧，極爲不易，因而部分《肇論》詮釋者在治學上，可能僅偏重義理或考據的一端；直接與間接文獻資料不可偏，但若以《肇論》作爲詮釋焦點，則間接資料僅得位於輔佐地位，而非主位，不可本末倒置；若欲圓滿的理解眞理，或詳實研究《肇論》等類的工夫哲學，則理智治學與直觀洞識的工夫是須雙管齊下，不可缺一，但要兼顧，卻非易事；僧肇語彙有著描述性的定義與歷史性的定義，若以吾人對文字的慣用認知去理解僧肇語彙，則將有所偏。

　　本章點出詮釋者與被詮釋作品本身各具有特殊的條件。諸如被詮釋作品的詮釋難處，並非是由自己致成，而是因爲時空轉移，本來通行的語言文字、時人的思考模式完全替換，使得被詮釋作品在不同的時空中，不被另一時空的詮釋者所理解。又如詮釋者不「忠實」被詮釋作品的原義，原因之一是，時空轉移，詮釋背景不同所致成。但身爲詮釋者，若要盡量「忠實」原典，或作到良好的創造性詮釋，便需要竭力跨越時空文化的隔閡，盡量「設身處地」的會意被詮釋作品的原義，盡量克服詮釋方法的疏處。

　　要之，本章可算是筆者對《肇論》及其詮釋的小小省思。希冀藉由本章的探討，讓詮釋者明瞭僧肇思想並沒有自我矛盾之處，僧肇思想是如理如法，只不過僧肇作品《肇論》較難以讓詮釋者理解而已。此外，並由本章的檢討，讓部分詮釋者理解，若要會意《肇論》的微言大義，則必須貼近僧肇的思維模式與思想體系，而非僅是以「有色」眼光評量或批判僧肇思想。

結　論

　　本文，旨以《肇論》爲中心，來研究僧肇思想。研究進路，簡言之，即
是以僧肇於《肇論》中所欲解決的基源問題，以及《肇論》相關詮釋議題來
作爲行文的軸心，以開展僧肇思想的原貌。希冀以問題探討的方式，來繼承
與創新前人的研究成果，釐清《肇論》中有待商榷的詮釋議題，使僧肇思想
的輪廓與內涵更能清楚如實的呈顯。

　　關於本文的研究成果，可分爲兩類：

　　其一，就本文的探討可知，僧肇思想並不存在自我矛盾的謬誤，並不符
合部分囿於自身文化的詮釋背景、詮釋素養的詮釋者，在曲解僧肇思想後，
所給予的負面評價。並可確立僧肇的思想，直承印度龍樹的大乘中觀學說。
雖然《肇論》充斥道、玄語彙，實際上，僧肇思想與道、玄之間卻存有異質
性的關係，因而不可將僧肇思想納入道、玄系統。又，關於僧肇思想的版圖，
本文在繼承與創新前人的研究成果後，提出相關論據，判定〈涅槃無名論〉
是僧肇思想的一部分，證明僧肇除了有般若學，並兼有涅槃學。並且，僧肇
是主張頓悟思想，而非漸悟思想。此外，若整體探究僧肇思想，可知僧肇作
品中所欲解決的基源問題，主要是在闡明諸法實相，以駁正世人的謬誤妄執，
來引領世人離苦得樂，成聖成佛。

　　其二，就本文的探討可知，關於有待商榷的《肇論》詮釋議題，往往是
詮釋者對僧肇思想有或深或淺程度曲解而所衍伸孳化的產物。曲解的成因，
包含僧肇思想本身有詮釋的難處，諸如直承龍樹的弔詭語言、基於時代氛圍
而有的道、玄語彙、所闡述的內容性質是究竟眞理、有賴詮釋者實證以會意
的工夫等，使得詮釋者不易進入僧肇的思維模式，以進行詮釋的課題。此外，

曲解的成因，也包含詮釋者本身有著自身的詮釋背景、詮釋素養，若不能符合詮釋者本身應具有的基本條件，不能設身處地理解僧肇思想原義，其詮釋成果很容易有不當之處。

關於本文研究的特色：

本文旨以《肇論》爲中心，來研究僧肇思想。試圖回歸原典，抉微僧肇思想原義，探究僧肇解決基源問題所展示的內容，並以僧肇思想原義作爲基準點，來裁量、回應《肇論》的詮釋議題。本文特色，主在繼承前人的研究成果，再一步予以「創新」，諸如：古今有些詮釋者忽略僧肇思想與佛、玄交涉的時代思潮的關係；忽略深入探討僧肇與廬山法性論者劉遺民有關「般若」的思想對話；忽略心無、即色、本無等三宗的代表人物，並非皆符合僧肇〈不眞空論〉中所欲駁正的對象；忽略僧肇著作〈物不遷論〉僅是取材動靜議題，來談「物性」之理；忽略姚興〈與安成侯嵩書〉有豐富的線索，可證明僧肇〈涅槃無名論〉是呼應、發揮姚興「涅槃無名」說，可作爲〈涅槃無名論〉是僧肇眞作的證據之一；忽略僧肇語彙雖近同道、玄語彙，彼此卻是同名異質；忽略僧肇學說實不屬於道、玄系統；忽略僧肇頓悟思想實是立基於大乘中觀學說；忽略〈涅槃無名論〉【詰漸第十二】、【明漸第十三】主在談證涅槃者，結習是頓盡或頓盡，而非在表露僧肇反頓悟思想；忽略《肇論》四論與僧肇《注維摩詰經》彼此相互呼應，是有機體，而可證明〈涅槃無名論〉確是僧肇所作；忽略僧肇思想並沒有自相矛盾之處……。關於以上前人忽略或不足之處，本文皆有某程度的涉及與釐清。此外，本文並對僧肇的思想淵源，著作《肇論》的內因外緣、微言大義，以及語彙的深層義涵等，予以一定的探討。

要之，本文盡量以「宏觀」與「微觀」的視野來進行研究，竭力還原僧肇思想，對學界未決的〈涅槃無名論〉眞偽予以判定，並整合《肇論》詮釋者歧異的觀點，釐清《肇論》詮釋有待商榷的議題。雖然本文可能有許多囿於學養而不完滿的疏失，卻亦有一些與前人有別、仍算屬實的可取之處。若有不足處，尚祈方家教之。

附　錄

僧肇生平及其相關大事紀年表

帝　王	年　號	西　曆	大　事　紀
晉成帝	咸和九年	三三四年	慧遠生於并州雁門郡樓煩縣（山西崞縣東），俗姓賈。
	咸康元年	三三五年	道安（慧遠師）自冀州入鄴，師事佛圖澄。
康　帝	建元二年	三四四年	鳩摩羅什生。
孝　武	康寧二年	三七四年	僧肇出生（日人塚本善隆推測）
			竺道潛卒於岎山，壽八十九。
	三年	三七五年	前秦禁止老、莊、圖讖之學
			道安鑄造丈六金銅彌陀像，安置於檀溪寺，並改爲金像寺。
	太元元年	三七六年	慧常等人奉持《光贊般若經》，歸返襄陽。
			慧永於廬山創建西林寺。
	四年	三七九年	符堅攻陷襄陽，送道安至長安五重寺。
	六年	三八一年	孝武帝建立內道場。
			鄯善王、車師前部王，以及康居、于闐等國使者來秦入貢，交相推崇鳩摩羅什的德學。
	七年	三八二年	前秦呂光征服西域諸國。
			天竺沙門曇摩蜱執胡本《摩訶般若波羅蜜經》（大品經），竺佛念譯出，道安作序。
	八年	三八三年	前秦僧伽跋澄譯《鞞婆沙阿毗曇》十四卷。又於長安譯《阿毗曇八犍度論》三十卷
			符堅派呂光征龜茲，欲迎請鳩摩羅什東來。
	九年	三八四年	習鑿齒卒。
			呂光滅龜茲，獲鳩摩羅什，適符堅淝水兵敗，乃自立爲大涼天王，都姑臧，羅什亦暫留姑臧。
			慧遠入居廬山東林寺。
			僧肇出生於京兆（即長安），俗姓張。

十年	三八五年	鳩摩羅什隨呂光至涼州。
		姚萇殺苻堅，都長安，自稱秦帝（史稱後秦）。
		道安卒，年七十四。
		竺佛念、曇摩難提於長安譯出《中阿含經》、《菩薩瓔珞經》等。
十一年	三八六年	東晉慧遠於廬山創建東林寺。
		北魏建國（～534）。
十二年	三八七年	竺法汰卒，年六十八。
十六年	三九一年	僧伽提婆至廬山，應慧遠之請，重譯《阿毗曇心論》四卷，《三法度論》三卷。譯成，慧遠爲之序。
十七年	三九二年	慧遠以禪經律藏未備，派遣弟子法淨、法領至西域求經，於于闐得《方經》新經二百餘部，又至遮拘槃國得華嚴前分三萬六千偈，曠歲乃返。
十八年	三九三年	姚萇卒，姚興立。
		（僧肇冠年，與耆宿英彥，對辯關中，聲名大噪。）
		戴逵著《釋疑論》。
		周續之著《難釋疑論》。
十九年	三九四年	慧遠著《三報論》
二十一年	三九六年	劉遺民隱居廬山。
安帝	隆安元年	僧伽提婆於建康弘阿毗曇學。
	三九七年	竺道生入廬山。
		寶雲、智嚴等人前往西域。
二年	三九八年	僧肇出長安，赴姑臧，師事鳩摩羅什。
		東晉桓玄欲沙汰僧尼，慧遠上書阻止。
		僧伽提婆於建業重譯《中阿含》（竺佛念、曇摩難提初譯）、僧伽羅叉執梵本，道慈筆受，吳國李寶、唐化共書。共六十卷。
三年	三九九年	法顯西行求法。
		京邑僧眾上書桓玄，反對調查沙門戶籍。
四年	四〇〇年	法顯等西度流沙。
		印度彌勒（350～430？）著《瑜珈師地論》、《大乘莊嚴經論》、《現觀莊嚴論頌》。
		慧遠與友人遊石門。
五年	四〇一年	後秦王姚興迎請鳩摩羅什至長安。
		僧肇隨羅什入長安，於逍遙園從事譯經事業。僧肇等爲之助譯。

安　帝	元興元年	四〇二年	鳩摩羅什譯出《禪經》、《彌陀經》、《無量壽經》、《思益經》，以及《彌勒成佛經》。
			東晉桓玄欲沙汰眾僧，與慧遠論沙門禮敬王者說。
			慧遠等於廬山結蓮社念佛，劉遺民作誓文。
			法顯至北天竺那竭國城，同行僧慧達、寶雲及僧景，則還秦土。
	二年	四〇三年	鳩摩羅什始譯《摩訶般若波羅蜜經》（即《大品般若》），至翌春譯出。
			慧遠致書鳩摩羅什，論大乘深義。
			東晉桓玄迫令廬山以外的沙門還俗。
	三年	四〇四年	鳩摩羅什譯出《百論》。
			僧肇作〈百論序〉。
			慧遠作《沙門不敬王者論》（一說403年）。
			智猛等十五人前往印度求法。
			弗若多羅於長安譯《十誦律》六十一卷，未竟而卒。由曇摩流支、羅什共譯畢。
	義熙元年	四〇五年	羅什讀慧遠所著《法性論》，嘆其暗與理合。
			鳩摩羅什譯出《大智度論》一百卷，秦主姚興請慧遠作序。遠以論文繁廣不便初學，刪抄為二十卷，為之作序。。
			其後，慧遠多次書問大乘大義數十章，今存十八章，集為《大乘大義章》。
			竺道生（約33歲），與慧嚴、慧叡、慧觀同往長安，受學。
			僧肇著〈般若無知論〉。
	二年	四〇六年	何無忌作《難祖服論》致慧遠，遠修書作答，並著《沙門袒服論》。
			鳩摩羅什譯出《妙法蓮華經》七卷、《維摩詰經》三卷、《成實論》、《梵網經》二卷（？）等。其譯經地點，並由逍遙園移至長安大寺。
			僧肇作〈梵網經序〉（？）。
			道生參與鳩摩羅什的譯場。
			罽賓國僧卑摩羅又抵長安。
			佛陀跋陀羅抵長安。（？）
	三年	四〇七年	竺道生往廬山，以僧肇所著〈般若無知論〉示劉遺民，激賞不已，並以論呈慧遠，共披尋翫味。
			僧肇著〈維摩經序〉，注《維摩詰經》。
			佛陀耶舍至後秦。
	四年	四〇八年	鳩摩羅什譯出《小品般若》十卷、《十二門論》四卷等。
			僧叡作〈小品經序〉。
			廬山劉遺民致書僧肇，對〈般若無知論〉有所咨難，並附慧遠〈念佛三昧詩集序〉。
			支法領攜胡本《華嚴經》，與佛陀耶舍抵達長安。

	五年	四〇九年	鳩摩羅什譯出《中論》、《十二門論》。
			僧肇書答劉遺民，解說〈般若無知論〉義理。
			法顯離開多摩梨帝國，泛海前往錫蘭。
			竺道生抵建康，住青園寺。
	六年	四一〇年	僧肇著〈不眞空論〉、〈物不遷論〉。
			劉遺民卒。
			法顯訪問錫蘭無畏山寺，並取得《長阿含》、《雜阿含》諸經的梵本。
	七年	四一一年	佛陀跋陀羅、慧觀等人離開長安，至廬山，應慧遠之請，譯出《達摩多羅禪經》（《修行方便禪經》）二卷，遠並爲之作序。
			法顯離開錫蘭。
	八年	四一二年	後秦主姚興逼令道恆、道標罷道還俗，助振王業。
			法顯攜六卷《泥洹經》返國，遠聞法顯在西域山中見佛影，遂於廬山建龕室，謂畫工圖寫，邀謝靈運爲制銘文，《佛影銘》成。慧遠爲之作序。
			佛陀耶舍於長安譯出《四分律》。
	九年	四一三年	鳩摩羅什卒於長安大寺，年七十。
			佛陀耶舍與竺佛念譯出《長阿含經》。
			僧肇撰〈長阿含經序〉。
			僧肇作〈鳩摩羅什法師誄〉。
			秦主姚興答書安成侯姚嵩，有關涅槃無名的問題，僧肇作〈涅槃無名論〉。並上表秦主，謂敕令繕寫，諸班子姪。
	十年	四一四年	僧肇卒於長安，年三十一。（若依日人塚本善隆推想，僧肇生於西元三七四年，則僧肇卒時爲四十一歲）
			慧永（廬山慧遠俗弟）卒，年八十三。
			法顯於道場寺撰《佛國記》。
	十二年	四一六年	後秦主姚興卒，其子姚承繼位。
			慧遠卒於廬山東林寺，年八十三。
	十三年	四一七年	道恆寂，年七十二。
	十四年	四一八年	法顯譯出《大般泥洹經》六卷。
			佛陀跋陀羅、法顯合譯《摩訶僧祇律》四十卷。
恭帝（宋武帝）	元熙二年（永初元年）	四二〇年	劉裕篡東晉，改國號爲宋。

參考書目

壹、書籍類

一、古　籍

1. 後秦・僧肇：《肇論》，《大正藏》冊四十五，頁 150 下〜161 中。

2. 陳・小招提寺慧達：〈肇論序〉，《大正藏》冊四十五，頁 150 上〜下。

3. 唐・元康：《肇論疏》，《大正藏》冊四十五，頁 161 下〜200 下。

4. 元・文才：《肇論新疏》，《大正藏》冊四十五，頁 201 上〜243 中。

5. 日人安澄：《中論疏記》，《大正藏》冊六十五，頁 92 中〜96 下。

6. 龍樹菩薩造，梵志青目釋，姚秦三藏鳩摩羅什譯：《中論》，《大正藏》冊三十，頁 1 上〜39 下。

7. 梁・僧佑：《出三藏記集》卷十二，《大正藏》冊五十五，頁 82 中〜94 下。

8. 梁・慧皎：《高僧傳》，《大正藏》冊五十。

9. 東晉慧遠問、羅什答：《鳩摩羅什法師大義》，《大正藏》冊四十五，頁 122 上〜143 中。

10. 姚秦・鳩摩羅什譯、後秦・僧肇注：《注維摩詰經》，《大正藏》冊三十八，頁 327 上〜419 下。

11. 宋・慧嚴等依《泥洹經》加之《大般涅槃經》，《大正藏》冊十二，頁 605 上〜852 中。

12. 明・龍池幻有禪師：《龍池幻有禪師語錄》卷十一—十二，《中華大藏經》第二輯冊九十九《嘉興續藏經》，修訂中華大藏經會，1968 年，頁 40984 上〜41007 下。

13. 唐・澄觀：《大方廣佛華嚴經隨疏演義鈔》，《大正藏》冊三十六，頁 1 上

～701 上。

14. 陳·慧達：《肇論疏》，《卍續藏》冊一五○，續藏經會編印，臺北：新文豐出版公司，1993 年，頁 833 上～896 下。

15. 宋·遵式：《注肇論疏》，《卍續藏》冊九十六，續藏經會編印，臺北：新文豐出版公司，1993 年，頁 199 上～366 下。

16. 宋·淨源：《肇論中吳集解》，《叢書集成續編》冊四十六，臺北：新文豐出版公司，頁 432 上～469 上。

17. 元·文才：《肇論新疏遊刃》，《卍續藏》冊九十六，續藏經會編印，臺北：新文豐出版公司，1993 年，頁 467 上～576 下。

18. 明·德清：《肇論略注》，《卍續藏》冊九十六，續藏經會編印，臺北：新文豐出版公司，1993 年，頁 577 上～654 上。

19. 明·鎮澄：《物不遷正量論證》暨〈序〉，《卍續藏》冊九十四，續藏經會編印，臺北：新文豐出版公司，頁 728 下～756 上。

20. 明·道衡：《物不遷正量論證》，《卍續藏》冊九十四，續藏經會編印，臺北：新文豐出版公司，頁 723 上～726 上。

21. 明·眞界：《物不遷論辯解》暨〈序〉，《卍續藏》冊九十四，續藏經會編印，臺北：新文豐出版公司，頁 757 上～769 上。

22. 清·郭慶藩輯：《莊子集釋》，臺北：漢京書局，1973 年 9 月初版。

23. 余嘉錫編撰：《世說新語箋疏》，臺北：華正書局，1989 年 3 月。

24. 樓宇烈校釋：《王弼集校釋》，臺北：華正書局，1992 年 12 月初版。

二、近人專書

1. 侯外廬主編：《中國思想通史》第三卷，北京：人民出版社，1957 年。

2. 任繼愈編：《漢唐中國佛教思想論集》，北京：生活、讀書、新知三聯書店，1963 年。

3. 唐君毅：《中國哲學原論（原性篇）》，香港：新亞書院研究所，1968 年 2 月出版。

4. 釋印順講，釋續明記錄：《中觀今論》，新竹：福嚴精舍，1971 年 7 月重版。

5. 勞思光：《中國哲學史》（一）、（二），臺北：三民出版社，1975 年。

6. 何啓民：《魏晉思想與談風》，臺北：學生書局，1976 年 6 月二版。

7. 張曼濤主編：《般若思想研究》（現代佛教學術叢刊（四十五）），臺北：大乘文化出版社，1979 年 8 月。

8. 張曼濤主編：《三論宗之發展及其思想》（現代佛教學術叢刊（四十七）），臺北：大乘文化出版社，1979 年 8 月。

9. 羅光：《中國哲學思想史——魏晉、隋唐佛學篇》（上），臺北：學生書局，1980 年 6 月初版

10. 呂澂：《中國佛學思想概論》，臺北：天華出版社，1982 年初版。

11. 劉建國：《中國哲學史史料學概要》（上），長春市：吉林人民出版社，1983年 5 月第一版，頁 350～354。

12. 劉貴傑：《竺道生思想之研究——南北朝時代中國佛學思想之形成》，臺北：臺灣商務印書館，1984 年初版。

13. 賀昌群、容肇祖、劉修士、湯錫予、袁行霈等著：《魏晉思想（甲編五種）》，臺北：里仁書局，1984 年 1 月。

14. 洪修平：《論僧肇哲學——魏晉玄佛合流的終結和中國化佛教體系的初創》，收錄於《中國佛教學術論典》冊十九（高雄：佛光山文教基金會），2001 年初版，頁 327～448（南京大學哲學系碩士論文，1984 年）。

15. 劉貴傑：《僧肇思想研究——魏晉玄學與佛教思想之交涉》，臺北：文史哲出版社，1985 年 8 月初版。

16. 任繼愈主編：《中國佛教史》第二卷，北京：中國社會科學出版社，1985年 11 月一刷。

17. （釋）印順：《空之探究》，臺北：正聞出版社，1986 年 3 月。

18. 方東美：《中國大乘佛學》，臺北：黎明出版社，1986 年 3 月再版。

19. 方穎嫻：《先秦道家與玄學佛學》，臺北：臺灣學生書局，1986 年 11 月初版。

20. 劉貴傑：《支道林思想之研究——魏晉時代玄學與佛學之交融》，臺北：臺灣商務印書館，1987 年 8 月二版。

21. 方立天：《中國佛教與傳統文化》，上海：上海人民出版社，1988 年 4 月一刷。

22. 林麗眞：《王弼》，臺北：東大圖書公司，1988 年 7 月。

23. 楊惠南：《吉藏》，臺北：東大圖書公司，1989 年。

24. [木*尾]山雄一、三枝充悳[直*心]等著，許洋主譯：《般若思想》，臺北：法爾出版社，1989 年 1 月 1 日。

25. 李潤生：《僧肇》，臺北：東大圖書公司，1989 年 6 月初版。

26. 江燦騰：《晚明佛教叢林改革與佛學諍辯之研究——以憨山德清的改革生涯爲中心》，臺北：新文豐出版公司，1990 年 12 月一版。

27. 韓廷傑：《三論玄義校釋》，臺北：文津出版社，1991 年。

28. 馮友蘭：《中國哲學史新編》（四），臺北：藍燈文化事業出版有限公司，1991 年 12 月。

29. 許抗生：《三國兩晉玄佛道簡論》，濟南：齊魯書社，1991 年 12 月。

30. 柳田聖山著，毛丹青譯：《禪與中國》，臺北：桂冠出版社，1992 年初版。

31. 楊惠南：《龍樹與中觀哲學》，臺北：東大圖書公司，1992 年再版。

32. 印順講，演培錄：《中觀論頌講記》，臺北：正聞出版社，1992 年 1 月修
　　一版。

33. 楊俊誠：《般若與玄學》，高雄：佛光出版社，1993 年。

34. 方立天：《中國佛教研究》（上），臺北：新文豐出版社，1993 年。

35. 楊惠南：《佛教思想發展史論》，臺北：東大圖書公司，1993 年初版。

36. 方立天：《佛教哲學》，臺北：洪葉文化事業有限公司，1994 年 7 月。

37. 候外廬主編：《中國思想通史》，北京：人民出版社，1995 年 3 月。

38. 吳汝鈞：《中國佛學的現代詮釋》，臺北：文津出版社，1995 年 6 月初版
　　一刷。

39. 方立天：《魏晉南北朝佛教論叢》，北京：中華書局，1995 年 7 月二刷。

40. 洪修平釋譯：《肇論》，高雄：佛光出版社，1996 年初版。

41. 單培根：《肇論講義》，臺北：方廣文化，1996 年初版（原載於《內明》
　　一六八期～一八五期，1986 年 3 月～1987 年 8 月）。

42. 湯用彤：《漢魏兩晉南北朝佛教史》（上）、（下），臺北：駱駝出版社，1996
　　年 1 月一版二刷。

43. 涂豔秋：《僧肇思想探究》，臺北：東初出版社，1996 年 4 月初版二刷（政
　　治大學中國文學研究所博士論文，1988 年）。

44. 張強：《開演般若・妙解空慧——僧肇大師傳》，高雄：佛光出版社，1996
　　年 7 月初版。

45. Richard H. Robinson 著，郭忠生譯：《印度與中國的早期中觀學派》，南投：
　　正聞出版社，1996 年 12 月。

46. 吳汝鈞：《龍樹中論的哲學解讀》，臺北：商務出版社，1997 年 2 月初版
　　一刷。

47. 劉述先：《當代中國哲學論：問題篇——新亞人文叢書》，八方文化企業
　　公司，1997 年 4 月。

48. 牟宗三：《佛性與般若》，臺北：臺灣書局，1997 年 5 月修訂版六刷。

49. 牟宗三：《才性與玄理》，臺北：學生書局，1997 年 8 月修訂八版。

50. 任繼愈主編：《中國佛教史》（第一卷），北京：中國社會科學出版社，1997
　　年 12 月三刷。

51. 印順：《中觀今論》，新竹：正聞出版社，1998 年 1 月。

52. 任繼愈：《漢唐佛教思想論集》，北京：人民出版社，1998 年 5 月三刷。

53. 湯一介：《郭象》，臺北：東大圖書公司，1999 年。

54. 褚伯思:《中國佛學史論》,臺北:佛光文化公司,1999 年 1 月五版一刷。

55. 傅偉勳:《從創造的詮釋學到大乘佛學——「哲學與宗教」四集》,臺北:三民書局股份有限公司,1999 年 5 月再版。

56. 湯一介:《佛教與中國文化》,北京:宗教文化出版社,1999 年 9 月。

57. 莊耀郎:《郭象玄學》,臺北:里仁書局,1998 年 3 月初版,1999 年 9 月第一次修訂。

58. 屈大成:《中國佛教思想中的頓漸觀念》,臺北:文津出版社,2000 年 1 月一刷。

59. 黃錦鋐、楊如雪、蔡纓勳校注:《新編肇論》,臺北:臺灣古籍出版有限公司,2000 年 11 月初版一刷。

60. 孫炳哲:《肇論通解及研究》,收錄於《中國佛教學術論典》冊十九(高雄:佛光山文教基金會)2001 年初版,頁 1~325(北京大學哲學系博士論文,1996 年)。

61. 許抗生:《僧肇評傳》,南京:南京大學出版社,2001 年 2 月二刷(1998 年 12 月一刷)。

62. 湯用彤:《魏晉玄學》,臺北:佛光書局,2001 年 4 月初版。

63. 蔡宏:《般若與老莊》,四川:巴蜀書社,2001 年 8 月一刷,頁 197~198。

64. 韋政通:《中國思想史》(下),臺北:水牛圖書出版公司,2001 年 11 月十三版一刷。

65. 戴璉璋:《玄智、玄理與文化發展》,臺北:中研院文哲所,2002 年 3 月初版。

66. 盧桂珍:《慧遠、僧肇聖人學研究》,臺北:國立臺灣大學出版委員會,2002 年 10 月初版(臺灣大學中國文學研究所博士論文,1999 年 6 月)。

67. 邱敏捷:《《肇論》研究的衍進與開展》,高雄市:高雄復文書局,2003 年。

68. 林中治:《物不遷論:《肇論》之一》,臺北:大圓出版社,2003 年 10 月初版初刷。

貳、期刊論文類

一、期刊論文

1. 任繼愈:〈關於《物不遷論》——一篇形而上學的佛學論文〉,收錄於《漢唐中國佛教思想論集》(北京:生活、讀書、新知三聯書店),1963 年,頁 193~218。

2. 林傳芳:〈格義佛教思想之史的展開〉,《華岡佛學學報》第一卷第二期,1972 年,頁 45~96。

3. 張曼濤：〈魏晉新學與佛教思想的問題〉（上），《華岡佛學學報》第二期，1973 年 5 月，頁 1～31。

4. 王煜：〈評介李華德譯註之「肇論」〉，《法相學會集刊》第二輯，1973 年 6 月，頁 1～3。

5. 王煜：〈老莊的言意觀對僧肇與禪宗的影響〉，《新亞書院學術年刊》第十五期，1973 年 9 月，頁 195～218。

6. 許祖成：〈肇論略注述譯〉，《文史學報（中興大學）》第五期，1975 年 5 月，頁 1～4。

7. 廖鍾慶：〈僧肇般若無知論析義〉，《鵝湖》第一卷第七期，1976 年，頁 26～30。

8. 葉偉平：〈從緣起性空談僧肇之物不遷論〉，《鵝湖》第二卷第四期，1976 年 10 月，頁 39～40。

9. 陳寅恪：〈支愍度學說考〉，收錄於《陳寅恪先生論文集》（下）（臺北：九思出版社），1977 年 6 月 1 日，頁 1229～1253。

10. 唐君毅：〈僧肇三論與玄學〉，收錄於張曼濤主編：《三論典籍研究（三論宗專集之二）》（現代佛教學術叢刊（四十八））（臺北：大乘文化出版社），1979 年 8 月，頁 209～234。

11. 開因：〈肇論宗本義說要〉，收錄於張曼濤主編：《三論典籍研究（三論宗專集之二）》（現代佛教學術叢刊（四十八））（臺北：大乘文化出版社），1979 年 8 月，頁 235～243。

12. 大光：〈僧肇與肇論之研究〉，收錄於張曼濤主編：《三論典籍研究（三論宗專集之二）》（現代佛教學術叢刊（四十八））（臺北：大乘文化出版社），1979 年 8 月，頁 245～266。

13. 安樂哲：〈僧肇研究〉，收錄於張曼濤主編：《三論典籍研究（三論宗專集之二）》（現代佛教學術叢刊（四十八））（臺北：大乘文化出版社），1979 年 8 月，頁 267～282。

14. 澄璧：〈試譯僧肇「物不遷論」〉，收錄於張曼濤主編：《三論典籍研究（三論宗專集之二）》（現代佛教學術叢刊（四十八））（臺北：大乘文化出版社），1979 年 8 月，頁 283～293。

15. 石峻：〈讀慧達「肇論疏」述所見〉，收錄於張曼濤主編：《三論典籍研究（三論宗專集之二）》（現代佛教學術叢刊（四十八））（臺北：大乘文化出版社），1979 年 8 月，頁 295～307。

16. 劉貴傑：〈玄學思想與般若思想之交融〉，《國立編譯館館刊》第九卷第一期，1980 年 6 月，頁 109～116。

17. 劉貴傑：〈支道林思想之研究〉，《華岡佛學學報》第四期，1980 年 10 月，頁 245～273。

18. 張春波:〈論發現《肇論集解令模鈔》的意義〉,《哲學研究》第三期(月刊),1981 年 3 月,頁 60～66。

19. 楊政河:〈魏晉南北朝佛學思想玄學化之研究〉,《華岡佛學學報》第五期,1981 年 12 月 31 日,頁 211～248。

20. 廖明活:〈莊子、郭象與支遁之逍遙觀試析〉,《鵝湖》第九卷第五期(總號第一○一號),1983 年 11 月,頁 8～13。

21. 吳希聲:〈肇論宗本義述解〉,《中國佛教》第二十五卷第八期,1981 年 5 月 30 日,頁 38～43。

22. 田博元:〈釋道安之般若思想〉,《華岡佛學年刊》創刊號,1982 年,頁 71～87。

23. 廖明活:〈僧肇物不遷義質疑〉,《內明》第一二六期,1982 年 9 月,頁 3～6。

24. 束際成:〈一篇宣傳形而上學宇宙觀的宗教哲學論文 —— 析《物不遷論》〉,《杭州師院學報》(社會科學版)第二期,1983 年 2 月,頁 17～21。

25. 樸庵:〈東晉道安及其對佛教的貢獻〉,《中華文化復興月刊》第十六卷第九期,1983 年 9 月,頁 37～41。

26. 周齊:〈僧肇《般若無知論》簡析〉,《齊魯學刊》1983 年第六期(總第五十七期),頁 26～29。

27. 汪曉魯:〈形而上學的精彩論證〉,《湘潭大學社會科學學報》第三期,1984 年,頁 23～25。

28. 田文棠:〈論僧肇佛教哲學思想及其理論淵源 —— 兼論鳩摩羅什的般若思想〉,《陝西師大學報(哲學社會科學版)》第二期(季刊),1984 年 2 月,頁 73～82。

29. 張炳陽:〈僧肇「不真空論」釋論〉,《中國佛教》第二十八卷第五期,1984 年 5 月,頁 21～27。

30. 顏忠信,〈江河競注而不流 —— 談僧肇之「物不遷論」〉,《慧炬》二四二～二四三期,1984 年 9 月,頁 18～20。

31. 蔡惠明:〈僧肇大師與「肇論」〉,《內明》一六七期,1986 年 2 月,頁 30～32。

32. 賀其叶勒圖:〈僧肇“不真空論”的邏輯問題〉,《內蒙古大學學報(哲學社會科學版)》第一期,1987 年,頁 46～47。

33. 錢偉量:〈僧肇動靜觀辨析 —— 讀《肇論・物不遷論》〉,《世界宗教研究》第三期,1987 年,頁 103～107。

34. 洪修平:〈僧肇「三論」解空的哲學體系初探〉,《世界宗教研究》第三期,1987 年,頁 92～102。

35. 劉國梁:〈試論老莊思想對僧肇的影響〉,《齊魯學刊》第四期,1987 年,

頁 83～87。

36. 余崇生：〈僧肇之「有無同異」思想〉，《東方宗教研究》第一期，1987
年 9 月，頁 31～41。

37. 鄭琳：〈說般若思想以及其與魏晉老莊學關係的探討〉，《人文學報》第六
期，1988 年 6 月，頁 11～27。

38. 尤煌傑：〈由僧肇「物不遷論」申論中、西哲學傳統對動、靜觀念的見解〉，
《國立臺北護專學報》第五期，1988 年 6 月，頁 81～108。

39. 悟可：〈「般若」譯經中玄學概念之比附〉，《中國佛教》第三十三卷第一
期，1989 年 1 月，頁 21～25。

40. 祝平一：〈從「肇論」、「壇經」論大乘空宗/禪宗的神祕主義：兼評道默
林對大乘/禪宗神祕主義的構想〉，《鵝湖月刊》第十四卷第十期（總號第
一六六），1989 年 4 月，頁 30～36。

41. 釋繼聲：〈僧肇的中觀論及其論證方法〉，《香港佛教》第三四八期，1989
年 5 月，頁 10～13。

42. 藍吉富：〈現代中國佛教的反傳統傾向〉，《普門》雜誌第一二四期，1990
年 1 月 10 日，頁 36～43。

43. 楊惠南：〈中國早期的般若學〉，收錄於楊惠南：《佛教思想新論》（臺北：
東大圖書公司），1990 年，頁 117～128。

44. 羅顥：〈不眞空新論〉（上），《中國佛教》第三十四卷第四期，1990 年 4
月 30 日，頁 12～14。

45. 羅顥：〈不眞空新論〉（中），《中國佛教》第三十四卷第五期，1990 年 5
月 30 日，頁 6～10。

46. 羅顥：〈不眞空新論〉，《中國佛教》第三十四卷第六期，1990 年 6 月 30
日，頁 11～17。

47. 劉成有：〈關於《涅槃無名論》作者問題的討論——《涅槃無名論》的
著作權應歸僧肇〉，《文史哲》第四期，1990 年 4 月，頁 35～37。

48. 石峻：〈就《涅槃無名論》的作者問題致《文史哲》編輯部〉，《文史哲》，
1990 年 4 月，頁 38。

49. 洪修平：〈老莊玄學與僧肇佛學〉，收錄於陳鼓應主編：《道家文化研究》
第五輯（臺北：文史哲出版社），1990 年 8 月校一版，頁 247～261。

50. 湯用彤：〈論「格義」——最早一種融合印度佛教和中國思想的方法〉，
收錄於湯用彤：《理學·佛學·玄學》（北京：北京大學出版社），1991
年，頁 282～294。

51. 余崇生：〈僧肇「體用相即」思想述論〉，《國際佛學研究》第一期，民國
1991 年 12 月，頁 69～84。

52. 董濟民：〈鎮澄法師及其兩本書〉，《五台山研究》第二期，1992 年，頁

27～30。

53. 仁慈:〈略述僧肇的佛學思想〉,《閩南佛學院學報》,1991 年 2 月,頁 50
～53。

54. 劉成有:〈僧肇佛學理論的宗教歸宿——兼及《涅槃無名論》的歸屬〉,
《廣東佛教》1992 年第五期(總二十七期),頁 41～44。

55. 劉國梁:〈僧肇的"動靜未始異"初論〉,《廣東佛教》1992 年第五期(總
二十七期),頁 45。

56. 周慶華:〈「格義」學的歷史意義與現代意義〉,《國際佛學研究》年刊第
二期,1992 年 12 月,頁 124～140。

57. 劉果宗:〈慧遠、僧肇之頓悟義〉,《獅子吼》第三十二卷第三期,1993
年 3 月 15 日,頁 22～23。

58. 龔雋:〈《肇論》思想新譯〉,《人文雜誌》第五期,1993 年,頁 66～69。

59. 王曉毅:〈漢魏佛教與何晏玄學關係之探索〉,《中華佛學學報》第六期,
1993 年 7 月,頁 207～217。

60. 石峻:〈《肇論》思想研究〉,收錄於《國故新知——中國傳統文化的再
詮釋》,北京:北京大學出版社,1993 年 8 月一刷,頁 234～254。

61. 辛旗:〈魏晉玄學影響下的般若學與六家七宗〉,《中國文化月刊》第一六
七期,1993 年 9 月,頁 21～33。

62. 賴鵬舉:〈東晉慧遠法師〈法性論〉義學的還原〉,《東方宗教研究》新第
三期,1993 年 10 月,頁 31～55。

63. 趙飛鵬:〈從玄學到佛學〉,《崇右學報》第四期,1993 年 12 月,頁 229
～244。

64. 賴鵬舉:〈關河的淨土學——中國淨土宗的北源〉,《圓光佛學學報》創
刊號,1993 年 12 月,頁 117～137。

65. 石峻:〈魏晉玄學與佛教〉,《哲學與文化》第二十一卷第一期,1994 年 1
月,頁 84～87。

66. 王治新:〈漢晉佛教比較研究〉,《重慶師院學報哲社版》第二期,1994
年,頁 84～87;二十四。

67. 劉元春:〈試論鳩摩羅什的大乘佛學思想〉,《西域研究》第四期,1994
年,頁 86～91。

68. 劉貴傑:〈經典導讀《肇論》〉,《哲學與文化》第二十一卷第四期,1994
年 4 月,頁 375～378。

69. 莊耀郎:〈王弼儒道會通理論的省察〉,《國文學報》第二十三期,1994
年 6 月,頁 41～62。

70. 賴鵬舉:〈關河的三世學與河西的千佛思想〉,《東方宗教研究》新四期,

1994 年 10 月，頁 233～259。

71. 彭文林：〈《肇論》中之破變動論證〉，《法光》第六十三期，1994 年 12 月 10 日，二～三版。

72. 楊士偉：〈僧肇的「運動」概念〉，《法光》第六十三期，1994 年 12 月 10 日，三版。

73. 傅偉勳：〈現代儒學的詮釋學暨思維方法論建立課題——從當代德法詮釋學爭論談起〉，收錄於江日新主編、成中英等著《中西哲學的會面與對話》（第二屆當代新儒學國際學術會議論文集）（臺北：文津出版社），1994 年 12 月初版，頁 127～152。

74. 楊士偉：〈僧肇的「運動」概念〉（下），《法光》第六十四期，1995 年 1 月 10 日，四版。

75. 徐小耀：〈僧肇「有無觀」、「體用論」之探討——兼談佛教中國化問題〉，《南京大學學報（哲學、人文、社會科學）》第一期，1995 年，頁 31～37。

76. 張成權：〈“重玄”學：超越魏晉玄學的道家哲學〉，《安徽大學學報》（哲學社會科學版）第二期，1995 年，頁 16～22。

77. 姚節群：〈三論宗創立者吉藏與般若中觀思想〉，《中華文化論壇》第四期，1995 年，頁 109～112。

78. 黃俊威：〈禪與境界管理——以《肇論》的〈涅槃無名論〉爲中心〉，收錄於《第一屆禪與管理研討會論文集》（北縣：華梵人文科技學院工業管理學系），1995 年 5 月 17 日，頁 175～183。

79. 賴鵬舉：〈關河的禪法——中國大乘禪法的肇始〉，《東方宗教研究》第五期，1996 年 10 月，頁 95～112。

80. 單培根：〈僧肇物不遷論探旨〉，《內明》第二八二期，1995 年 9 月，頁 13～14。

81. 龔雋：〈早期佛道異同論〉，《江西社會科學》1996 年第八期（總第一一七期），1996 年，頁 35～38。

82. 王曉毅：〈般若學對西晉玄學的影響〉，《哲學研究》第九期，1996 年，頁 61～80。

83. 本相：〈譯《物不遷論》〉，《閩南佛學院學報》1996 年第一期，1996 年 6 月，頁 84～88。

84. 黃夏年：〈僧肇時壽之我見〉，《閩南佛學院學報》1996 年第一期，1996 年 6 月，頁 54～56。

85. 彭文林：〈《肇論・不真空論》釋義〉，收錄於《1996 年佛學研究論文集——佛教思想的當代詮釋》（臺北：佛光出版社），1996 年 8 月，頁 180～220。

86. 胡曉光：〈僧肇大師中觀思想〉，《慧炬雜誌》三八八期，1996 年 10 月，頁 36～42。

87. 孔毅、李民：〈魏晉玄學的衰落及其與佛教的合流〉，《許昌師專學報》（社會科學版）第十六卷第二期，1997 年，頁 76～80。

88. 田文棠：〈論魏晉思想的文化意義〉，《中國文化研究》春之卷（總第十五期），1997 年，頁 4～9。

89. 李養正：〈試論支遁、僧肇與道家（道教）重玄思想的關係〉，《宗教學研究》第二期，1997 年，頁 64～73。

90. 李幸玲：〈格義新探〉，《中國學術年刊》第十八期，1997 年 3 月，頁 127～157。

91. 陳贇：〈簡論僧肇的佛學思想〉，《黃淮學刊（哲學社會科學版）》第十三卷第一期，1997 年 3 月，頁 21～23。

92. 方立天：〈中國佛教本無說的興起與終結〉，《中國文化研究》總第十八期（冬之卷），1997 年，頁 4～8。

93. 賴鵬舉：〈後秦僧肇的「法華三昧」禪法與隴東南北石窟寺的七佛造像〉，《佛學研究中心學報》第二期，1997 年 7 月，頁 211～231。

94. 林鎮國：〈歐美學界中觀哲學詮釋史略〉，《漢學研究中心》學報第二期，1997 年 7 月，頁 281～307。

95. 萬金川主講，編輯組整理：〈中觀佛教的研究方法回顧與展望〉，《香光莊嚴》第五十二期，1997 年 12 月 20 日（網路版）。

96. 元弼聖：〈僧肇之二諦義及其影響——以〈不眞空論〉爲中心〉，《正觀》第三期，1997 年 12 月 25 日，頁 169～207。

97. 洪修平：〈論鳩摩羅什及其弟子對中國佛教文化的貢獻〉，收錄於《1992年佛學研究論文集：中國歷史上的佛教問題》（臺北：佛光出版社），1998 年，頁 121～141。

98. 黃夏年：〈石頭希遷與《肇論》〉，《禪》第二期，1998 年（網路版）。

99. 沈維華：〈莊子、向郭與支遁之逍遙觀試析〉，《中國學術年刊》第十九期，1998 年 3 月，頁 145～160。

100. 余敦康：〈六家七宗——兩晉時期的佛教般若學思潮〉，收錄於余敦康：《中國哲學論集》（瀋陽：遼寧大學出版社），1998 年 3 月一版，頁 318～341。

101. 余敦康：〈鳩摩羅什與東晉佛玄合流思潮〉，收錄於余敦康：《中國哲學論集》（瀋陽：遼寧大學出版社），1998 年 3 月一版，頁 342～347。

102. 元弼聖：〈從佛教的語言思想發展看僧肇之假名觀〉，《中華佛學研究》第二期，1998 年，頁 299～311。

103. 李明芳：〈僧肇《物不遷論》略論〉，《東吳哲學學報》第三期，1998 年 4

月，頁 29～41。

104. 蔡振豐：〈道安經序思想的轉折及在格義問題上的意義〉，《文史哲學報》四十八期，1998 年 6 月，頁 251～292。

105. 賈占新：〈言意之辨與魏晉學術的分流〉（下），《河北大學學報（哲學社會科學版）》第二十三卷第二期，1998 年 6 月，頁 65～69；90。

106. 釋妙書：〈〈涅槃無名論〉與《中論》之涅槃觀〉，收錄於《第十屆佛學論文聯合發表會論文集》（桃園：圓光佛學研究所），1999 年 8 月，頁 1～21。

107. 方立天：〈鎮澄對僧肇《物不遷論》的批評〉，《哲學研究》第十一期，1998 年，頁 55～60。

108. 孫長祥：〈僧肇對有無問題的辨治——以《般若無知論》爲主的討論〉，收錄於《魏晉南北朝學術國際研討會發表論文彙編》（下）（台北：中國文化大學哲學系），1998 年 12 月，頁 1～13。

109. 張琨：〈僧肇哲學是中國哲學史上的重要一環〉，《世界宗教文化》第一期（總第十七期），1999 年，頁 51～52。

110. 沈順福：〈僧肇哲學與玄老思想比較研究〉，《東嶽論叢》第二十卷第一期，1999 年 1 月，頁 100～106。

111. 賴鵬舉：〈東晉末中國《十住》義學的形成〉，《圓光佛學學報》第三期，1999 年 2 月，頁 1～21。

112. 洪修平：〈論漢地佛教的方術靈神化、儒學化與老莊玄學化——從思想理論的層面看佛教的中國化〉，《中華佛學學報》第十二期，1999 年，頁 303～315。

113. 蔣海怒：〈僧肇對玄佛體用論的揚棄〉，《人文雜誌》第三期，1999 年，頁 21～24。

114. 賴鵬舉：〈佛教思想的傳統與僧團的實踐——以東晉羅什、慧遠兩僧團間的大論辯爲觀察〉，收錄於《宗教傳統與社會實踐論文集》（臺北：中研院民族學研究所）（抽印本），1999 年 3 月，頁 1～33。

115. 蔡振豐：〈《陰持入》經注序中格義問題的考察〉，《中國文學研究》第十三期，1999 年 5 月，頁 1～18。

116. 李養正：〈“玄風”“格義”對道佛交融的影響〉，收錄於李養正《佛道交涉史論要》（香港：清松觀香港道教學院），1999 年 6 月，頁 123～139。

117. 黃國清：〈小乘實有論或大乘實相論？——分析明末三大師的〈物不遷論〉解釋立場〉，《中華佛學學報》第十二期，1999 年 7 月，頁 393～409。

118. 牧田諦亮著，釋依觀譯：〈關於肇論之流傳〉（上）、（下），《妙心雜誌》第四十四期，1999 年 8 月 1 日（網路版）。

119. 杜保瑞：〈肇論中的般若思維〉，收錄於《第十一屆國際佛教教育文化研

討會論文集》（臺北：華梵大學）（抽印本），1999 年 7 月（網路版）。

120. 邱敏捷：〈從僧肇到印順導師——《肇論》研究史的回顧與檢討〉，收錄於藍吉富主編：《印順思想——印順導師九秩晉五壽慶論文集》（新竹：正聞出版社），2000 年 4 月 16 日，頁 329～343。

121. 賴鵬舉：〈中國佛教義學的形成——東晉外國羅什「般若」與本土慧遠「涅槃」之爭〉，《中華佛學學報》第十三期（卷上），2000 年 5 月，頁 349～391。

122. 廖明活：〈東晉佛教的「即色」義〉，《大陸雜誌》第一百卷第五期，2000 年 5 月 15 日，頁 212～218。

123. 吳汝鈞：〈從睿智的直覺看僧肇的般若智思想對印度佛學的般若智的創造性詮釋〉，收錄於《第三屆國際漢學研討會論文集》（臺北：中研院）（抽印本），2000 年 6 月 29 日，頁 1～66。

124. 江建俊：〈論四玄〉，《成大中文學報》第八期，2000 年 6 月，頁 179～206。

125. 崔大華：〈莊子思想與兩晉佛學的般若思想〉，收錄於陳鼓應主編：《道家文化研究》第二輯（臺北：文史哲出版社），2000 年 8 月，頁 236～247。

126. 申俊龍、劉立夫：〈魏晉玄學向佛學轉變的內在哲學根據〉，《哲學研究》，2000 年 10 月，頁 22～28。

127. 盧桂珍：〈僧肇「狂言」說的理論與實踐〉，收錄於《第三屆中國語文教育之學理與應用研討會論文集》，2000 年 12 月 1 日，頁 1～29。

128. 馬粼：〈佛教中國化的再探討〉，《楚雄師專學報》第十六卷第一期，2000 年 1 月，頁 81～85。

129. 張兆勇：〈《涅槃無名論》佛學思想評述——兼論僧肇對玄學因惑的反思與超越〉，《淮北煤師院學報（哲學社會科學版）》第二十二卷第一期，2001 年 2 月，頁 37～39。

130. 高興智：〈僧肇哲學思想述評〉，《玉溪師範學院學報》第十七卷第二期，2001 年，頁 44～47。

131. 朱伯崑：〈老莊哲學中有無範疇的再檢討〉，收錄於《燕園耕耘錄——朱伯崑學術論集》（臺北：臺灣書局），2001 年 3 月，頁 545～560。

132. 賴鵬舉：〈東晉道安將中國禪法由「禪數」提昇至「禪智」〉，收錄於《第四屆魏晉南北朝文學與思想學術研討會論文集》（臺南：成功大學）（抽印本），2001 年 3 月，頁 1～10。

133. 涂艷秋：〈從禪數到禪智〉，收錄於《第四屆魏晉南北朝文學與思想學術研討會論文集》（臺南：成功大學）（抽印本），2001 年 3 月，頁 1～23。

134. 王金凌：〈論王弼的崇本息末〉，收錄於《第四屆魏晉南北朝文學與思想學術研討會論文集》（臺南：成功大學）（抽印本），2001 年 3 月，頁 1～20。

135. 蔡振豐:〈六家七宗之説所反映的格義問題〉,收錄於《第四屆魏晉南北朝文學與思想學術研討會論文集》(臺南:成功大學)(抽印本),2001年3月,頁1～23。

136. 黃淑齡:〈《肇論》思想體系探析──兼論其與魏晉玄學中幾個主題的關係〉,《宗教哲學》第七卷第一期,2001年3月,頁150～163。

137. 顏永春:〈同一與差異──從唯物辯證法之基本原理來看龍樹的中道思維〉,《揭諦》第三期,2001年5月,頁271～302。

138. 孫世民:〈從六家七宗的思想析論東晉時期老莊思想對般若學的影響〉,收錄於《第二十屆中部地區中文研究所研究生論文發表會論文集》(南投:暨南大學)(抽印本),2001年5月19日,頁1～34。

139. 沈順福:〈論僧肇對中國哲學的貢獻〉,《山東大學學報(哲學社會科學版)》第五期,2001年,頁40～45。

140. 王月秀:〈僧肇〈不眞空論〉對般若三宗「有」、「無」概念之駁正〉,《輔大中研所學刊》第十一期,2001年6月,頁79～98。

141. 錢奕華:〈修辭哲學中轉識成智過程之析論──以僧肇〈不眞空論〉爲例〉,收錄於《第三屆中國修辭學學術研討會論文集》(桃園:銘傳大學),2001年6月1日,頁1064～1087。

142. 羅因:〈僧肇〈物不遷論〉後設基礎的檢視〉,《中國文學研究》第十五期,2001年6月,頁75～108。

143. 蘇樹華:〈《物不遷論》中的體用思想探微〉,《宗教哲學》第七卷第二期,2001年7月,頁166～173。

144. 秦准:〈僧肇在兩種文化之間〉,《安徽大學學報(哲學社會科學版)》第二十五卷第四期,2001年7月,頁106～110。

145. 張彬:〈論慧遠與佛教的中國化〉,《宗教哲學》第七卷第二期,2001年7月,頁141～148。

146. 陳作飛、張兆勇:〈讀《涅槃無名論》二題〉,《淮北煤師院學報(哲學社會科學版)》第二十二卷第三─第四期,2001年7月,頁3～4。

147. 龔雋:〈僧肇思想辯證──《肇論》與道、玄關係的再審查〉,《中華佛學學報》第十四期,2001年9月,頁135～158。

148. 王月秀:〈僧肇之動靜觀再議〉,收錄於《現代佛學的研究──第十二屆佛學論文發表會論文集》(嘉義:南華大學佛學研究中心),2001年9月,頁107～126。

149. 釋妙日:〈道安格義佛教思想述評〉,《普門學報》第五期,2001年9月,頁163～193。

150. 孫炳哲:〈《肇論》對時空眞假的認識──以《物不遷論》與《不眞空論》爲中心的探討〉,收錄於《詮釋與建構──湯一介先生七十五年周年華

誕暨從教五○周年紀年文集》（北京：北京大學出版社），2001 年 12 月一
刷，頁 319～325。

151. 王仲堯：〈僧睿、僧肇、周顒合論——中國佛教般若學之理論建設〉，《中國文化月刊》二六七期，2002 年 6 月，頁 41～62。

152. 孫金波：〈牛頭禪與般若空觀的關涉〉，《普門學報》第十期，2002 年 7月，頁 61～69。

153. 邱敏捷：〈從僧肇到印順——《肇論》研究史的回顧與檢討〉，行政院國家科學委員會補助專題研究計畫成果報告（計畫編號：NSC90-2411-H-160-001-），2002 年 7 月 31 日結案。

154. 李明芳，〈慧皎《高僧傳·僧肇傳》疑點考釋〉，《東吳哲學學報》第七期，2002 年 12 月，頁 35～54。

155. 徐文明：〈《涅槃無名論》眞僞辨〉，《圓光佛學學報》第七期，2002 年 12月，頁 29～48。

156. 盧桂珍：〈僧肇哲學論述中「狂言」之研究——兼論其思想史上的意義〉，《鵝湖學誌》第二十九期，2002 年 12 月，頁 27～66。

157. 王仲堯：〈僧肇般若學與王弼易學〉，《普門學報》第十四期，2003 年 3月，頁 65～98。

158. 孫豔萍：〈關於《物不遷論》〉，《滄桑》，2003 年 6 月，頁 44～46。肖虹：〈關於僧肇“空”觀思想的本體論解讀〉，《雲南師範大學學報》第三十五卷第四期，2003 年 7 月 15 日，頁 80～83。

159. 康中乾：〈僧肇“空”論解義〉，《南開學報（哲學社會科學版）》第四期，2003 年 7 月 20 日，頁 57～62。

160. 李振綱：〈論僧肇的大乘中觀般若學思想〉，《哲學研究》第八期，2003年八月，頁 87～92。

161. 李明芳：〈「肇論鈔」初探——以「宗鏡錄」所見佚文爲主〉，《東吳哲學學報》第 8 期，2003 年 8 月，頁 30～153。

162. 董運庭：〈論僧肇與王維輞川絕句“字字入禪”〉，《重慶師院學報》（哲學社會科學版）第三期，2003 年九月十五日，頁 38～44。

163. 孫長祥：〈僧肇對動靜問題的辨治——〈物不遷論〉析義〉，收錄於《第七屆儒佛會通暨文化哲學學術研討會論文集》（臺北：華梵大學哲學系），2003 年 9 月，頁 246～254。

164. 福永光司著，邱敏捷譯註：〈僧肇與老莊思想——郭象與僧肇〉，《正觀》第二十六期，2003 年 9 月 25 日，頁 157～194。

165. 陳平坤：〈僧肇〈涅槃無名論〉疑義與析〉，收錄於《印順文教基金會九十二年論文獎學金論文集》，2003 年（網路版）。

166. 王貽社：李秋麗：〈論僧肇「空」的視野下的宇宙人生〉，《齊魯學刊》卷

二（總第一七九期），2004 年 3 月 15 日，頁 36～39。

167. 林傳：〈僧肇的“物不遷論”與文化交流的意義〉，《哲學研究》，頁 110 ～114。

二、學位論文：

（一）學士論文

1. 黃淑滿：《論肇論對三宗之批判》，華梵大學哲學系第一屆學士論文，2000 年。

（二）碩士論文

1. 古正美：《肇論淺釋》，臺灣大學中國文學研究所碩士論文，1970 年 8 月。

2. 馮健生：《僧肇、吉藏、智顗三家維摩詰經註疏中——「不思議」義的 發展》，香港大學新亞研究所碩士論文，1976 年 8 月。

3. 何充道：《僧肇三論哲學研究》，香港能仁書院哲學研究所碩士論文，1983 年 9 月。

4. 蔡纓勳：《僧肇般若思想之研究——以「不眞空論」爲主要依據》，臺灣 師範大學中國文學研究所碩士論文，1984 年。

5. 翁正石：《僧肇之物性論－空及運動之討論》，香港大學新亞研究所哲學 組碩士論文，1986 年 6 月。

6. 蘇順子：《中國格義佛教之研究》，中國文化大學哲學研究所博士論文， 1987 年。

7. 楊雪珠：《般若學與中國玄學之交接研究——般若思想初入中土之歷程 探討》，香港能仁學院哲學研究所碩士論文，1986 年 6 月。

8. 江建俊：《魏晉玄理與玄風之研究》，1987 年，文化大學中國文學研究所 博士論文，1987 年。。

9. 黃百儀：《僧肇〈物不遷論〉思想研究》，東海大學哲學研究所碩士論文， 1991 年 5 月。

10. 楊士偉：《知識與行動——僧肇聖人概念的批判分析》，臺灣大學哲學研 究所碩士論文，1991 年 12 月。

11. 李春蕙：《莊子思想詮釋的分際》，臺灣師範大學國文研究所碩士論文， 1993 年。

12. 羅安琪：《魏晉「有、無」思想之研究》，臺灣師範大學國文研究所碩士 論文，1995 年 6 月。

13. 羅因：《僧肇思想研究——兼論玄學與般若學之交會問題》，臺灣大學中 國文學研究所碩士論文，1995 年。

14. 陶文本：《慧遠與僧肇般若學的比較研究》，臺灣師範大學國文研究所碩

士論文，1995 年 5 月。

15. 曾俞翔：《支遁「即色義」之考察》，東海大學哲學研究所碩士論文，1999
    年 7 月。

16. 鄭梅珍：《僧肇與吉藏的般若中觀思想比較研究》，玄奘人文社會學院宗
    教學研究所碩士論文，2001 年 6 月。

（三）博士論文

1. 蔡振豐：《魏晉佛學格義問題的考察——以道安爲中心的研究》，臺灣大
   學中國文學研究所博士論文，1998 年 7 月。

2. 羅因：《「空」、「有」與「有」、「無」：玄學與般若學交會問題之研究》，
   臺灣大學中國文學研究所博士論文，2002 年。

3. 李明芳：《僧肇中觀思想研究》，文化大學哲學研究所博士論文，2002 年
   7 月。

三、外文期刊論文

1. 松本文三郎：〈「肇論中吳集解」に就いて〉，《支那佛教史學》第一卷第
   四號，1937 年 12 月 25 日，頁 1～11。

2. 板野長八：〈慧遠僧肇の神明觀を論じて道生の新説に及ぶ〉，《東洋學報》
   第三十卷第四號，1943 年 11 月（昭和十八年），頁 447～505。

3. 松山善昭：〈羅什の入寂年代をめぐって——僧肇による般若教學展開
   の一樣相——〉，《印度學佛教學研究》第二卷第一號（通卷第三號）（龍
   谷大學における第 2 回學術大會紀要），1953 年 9 月 30 日（昭和二十八
   年），頁 149～150。

4. 永[火＊田]恭田：〈魏晉佛教史に關する一考察〉，《印度學佛教學研究》
   第二卷第二號（通卷第四號）（駒澤大學における第 3 回學術大會紀要），
   1954 年 3 月 30 日（昭和二十九年），頁 167～168。

5. 藤堂恭俊：〈僧肇の般若無知攷〉，《印度學佛教學研究》第三卷第一號（通
   卷第五號）（大谷大學における第四回學術大會紀要），1954 年 9 月 25
   日（昭和二十九年），頁 133～134。

6. 塚本善隆：〈佛教史上にわける肇論の意義〉，收錄於塚本善隆編：《肇論
   研究》（京都：法藏館），1955 年（昭和三十年），頁 113～166。

7. 橫超慧日：〈涅槃無名論とその背景〉，收錄於塚本善隆編：《肇論研究》
   （京都：法藏館），1955 年（昭和三十年），頁 167～199。

8. [木＋尾]山雄一：〈僧肇における中觀哲學の形態〉，收錄於塚本善隆編：
   《肇論研究》（京都：法藏館），1955 年（昭和三十年），頁 200～219。

9. 服部正明：〈肇論における中論の引用をあぐつて〉，收錄於塚本善隆編：
   《肇論研究》（京都：法藏館），1955 年（昭和三十年），頁 220～237。

10. 村上嘉實：〈肇論における眞〉，收錄於塚本善隆編：《肇論研究》（京都：法藏館），1955 年（昭和三十年），頁 238～251。

11. 福永光司：〈僧肇と老莊思想〉，收錄於塚本善隆編：《肇論研究》（京都：法藏館），1955 年（昭和三十年），頁 252～271。

12. 牧田諦亮：〈肇論の流傳について〉，收錄於塚本善隆編：《肇論研究》（京都：法藏館），1955 年（昭和三十年），頁 272～298。

13. 宋・悟初道全集：《夢庵和尚節釋肇論》（尊經閣文庫藏），收錄於塚本善隆編：《肇論研究》（京都：法藏館），1955 年（昭和三十年），頁 1～98。

14. 藤堂恭俊：〈僧肇と曇鸞──『論註』における僧肇の役割〉，《印度學佛教學研究》第四卷第二號（通卷第八號）（佛教大學における第 6 回學術大會紀要（二）），1956 年 3 月 30 日（昭和三十一年），頁 371～379。

15. 橋本芳契：〈註維摩詰經の思想構成──羅什・僧肇・道生三師說の對比〉，《印度學佛教學研究》第六卷第二號（通卷第十二號）（高野山大學における第八回學術大會紀要（二）），1958 年 3 月 30 日（昭和三十三年），頁 198～202。

16. 鎌田茂雄：〈華嚴思想史におよぼした僧肇の影響〉，《印度學佛教學研究》第十卷第二號（通卷第二十號）（東京大學における第十二回學術大會紀要（二）），1962 年 3 月 31 日，頁 51～56。

17. 三桐慈海：〈中國初期般若教學について〉，《印度學佛教學研究》第十一卷第一號（通卷第二十一號）（龍谷大學における第十三回學術大會紀要（一）），1963 年 1 月 15 日（昭和三十八年），頁 231～234。

18. 望月一憲：〈維摩經義疏の本義について〉，《印度學佛教學研究》十一卷第二號（通卷第二十二號）（收錄於（龍谷大學における第十三回學術大會紀要（二））），1963 年 3 月 31 日（昭和三十八年），頁 110～115。

19. 鎌田茂雄：〈寶藏論と三論元旨〉，《印度學佛教學研究》第十一卷第二號（通卷第二十二號）（龍谷大學における第十三回學術大會紀要（二）），1963 年 3 月 31 日，頁 260～263。

20. 桐谷征一：〈肇論「答劉遺民書」の成立時期について〉，《印度學佛教學研究》第十五卷第一期（通卷第二十九號）（高野山大學における第十七回學術大會紀要（一）），1966 年 12 月 25 日（昭和四十一年），頁 180～181。

21. Walter Liebenthal, Chao Lun: The Treatises of Seng-chao. Hong Kong U.P., 1968.

22. Sung-peng Hsu, A Buddhist Leader in Ming China: The Life and Thought of

23. 橋本芳契：〈僧肇における大悲心の問題──『肇論』の一考察（上）〉，《印度學佛教學研究》第十六卷第二號（通卷第三十二號）（佛教大學における第十九回學術大會紀要（二）），1968 年 3 月 31 日（昭和四十三

年），頁 68～72。

24. 橋本芳契：〈僧肇における大悲心の問題『肇論』の一考察（下）〉，《印度學佛教學研究》第十七卷第二期（通卷第三十四號）（佛教大學における第十九回學術大會紀要（二）），1969 年 3 月 31 日，頁 97～100。

25. 古坂龍宏：〈羅什・僧肇における「成實論」の果した意義〉，《佛教學研究會年報》第六號，1972 年 2 月，頁 56～68。

26. 谷川理宣：〈『注維摩經』（仏国品・方便品）僧肇注における中国的思考について〉，《印度學佛教學研究》二十四卷一號（通卷第四十七號），1975 年 12 月，頁 242～245。

27. 林傳芳：〈「本無義」考〉，《印度學佛教學研究》二十五卷二號（通卷第五十號），1977 年 3 月（昭和五十二年三月），頁 242～245。

28. 臼田淳三：〈注維摩詰經の研究〉，《印度學佛教學研究》第二十六卷第一號（通卷第五十一號），1977 年 12 月 31 日（昭和五十二年），頁 262～265。

29. 田中現詠：〈般若無知論の聖心について〉，《印度學佛教學研究》二十七卷二號（通卷第五十四號），1979 年 3 月 31 日，頁 261～263。

30. 谷川理宣：〈僧肇における「仏」の理解——至人と法身〉，《印度學佛教學研究》二十九卷一號（通卷第五十七號），1980 年 12 月 31 日（昭和五十五年），頁 302～305。

31. 橫超慧日：〈魏晉時代の般若思想——僧肇の不眞空論にみえる三家異說を中心として——〉，收錄於橫超慧日《中國仏教の研究》第二（京都：法藏館），1980 年 7 月 15 日二刷（昭和五十五年），頁 162～176。

32. 伊藤隆壽：〈唐の元康について〉，《印度學佛教學研究》第二十九卷第一號（通卷第五十七號）（龍谷大學における第三十一回學術大會紀要（一））第二十九卷第一號，1980 年 12 月 31 日，頁 335～339。

33. 伊藤隆壽：〈宋代の華嚴學と肇論〉，《印度學佛教學研究》三十二卷一號（高野山大學における第三十四回學術大會紀要（一）），1983 年 12 月（昭和五十八年），頁 249～254。

34. 服部純雄：〈『往生論註』所說「紹隆三寶常使不絕」の一考察——鳩摩羅什・僧肇の理解とをめぐって〉，《佛教論叢》卷二十九，1985 年 9 月（昭和六十年），頁 151～154。

35. 谷川理宣：〈僧肇における「涅槃」の理解〉，《印度學佛教學研究》三十四卷二號（通卷第六十八號），1986 年 3 月（昭和六十一年），頁 22～29。

36. 奧野光賢：〈吉藏における僧肇說の引用について〉，《印度學佛教學研究》三十四卷二號（通卷第六十八號），1986 年 3 月（昭和六十一年），頁 30～33。

37. 池田宗讓:〈竺道生の空について〉,《印度學佛教學研究》三十五卷二號,1987 年 3 月 25 日,頁 112～115。

38. 柿市裏子:〈六朝期における理について（その 1）—— 肇論を中心として——〉,《東洋大學大學院紀要（文學研究科)》第二十五集,1988 年 2 月 28 日,頁 293～306。

39. 伊藤隆壽:〈鳩摩羅什の仏教思想—— 妙法と実相——〉,《佛教學》三十號,1991 年 3 月,頁 1～27。

40. 林凡音:〈傷哉英傑—— 僧肇法師〉,《廣東佛教》,1992 年第二期（總二十四期),頁 65。

41. 藤凡智雄:〈曇鸞と僧肇—— 不思議の語をめぐって〉,《印度學佛教學研究》第四十四卷第二號,1995 年 3 月（平成八年),頁 74～76。

42. 三桐慈海:〈物不遷論に對すゐ一見解〉,《印度學佛教學研究》四十六卷二號（通卷第九十二號),1997 年 3 月（平成十年),頁 1～6。